武鹏程 ◎ 编著

YING GUO

海洋与文明 英国

非凡海洋
Fei Fan Hai Yang

海洋出版社
北京

图书在版编目（CIP）数据

海洋与文明. 英国 / 武鹏程编著. — 北京：海洋出版社，2025.1. — ISBN 978–7–5210–1347–4

Ⅰ. K109

中国国家版本馆CIP数据核字第2024JC2966号

非凡海洋大系

海洋与文明
英国

HAIYANG YU WENMING
YINGGUO

总　策　划：刘　斌	总 编 室：(010) 62100034
责任编辑：刘　斌	网　　址：www.oceanpress.com.cn
责任印制：安　淼	承　　印：保定市铭泰达印刷有限公司
排　　版：海洋计算机图书输出中心 晓阳 版	次：2025 年 1 月第 1 版
出版发行：海洋出版社	2025 年 1 月第 1 次印刷
地　　址：北京市海淀区大慧寺路 8 号	开　　本：787mm×1092mm　1/16
100081	印　　张：16.5
经　　销：新华书店	字　　数：316 千字
发 行 部：(010) 62100090	定　　价：68.00 元

本书如有印、装质量问题可与发行部调换

前 言

英国位于大西洋的东部地区，是一个四面环海的岛国，拥有悠久的航海历史，在跟北欧海盗缠斗的几百年中，英国人掌握了高超的造船技术以及丰富的航海经验。

到了15世纪末期，葡萄牙、西班牙为了避开威尼斯、热那亚等国家对环地中海地区的贸易控制，率先开始了对海洋的探索，拉开了欧洲大航海时代的序幕。在此之后500年的时间里，葡萄牙、西班牙、荷兰、英国等先后成为殖民大国，为了保护自己的海外殖民地，它们之间频繁地爆发战争。海洋霸权不同于陆地霸权，并不像"跑马圈地"那么简单，在海洋上各国需要先进的航海技术及经验丰富的航海人才，只有这样才能保证自己的殖民利益。

当然，作为海洋霸主，回报也是极其丰厚的，除了从美洲、非洲以及亚洲殖民地攫取巨额财富外，依靠数百年的殖民积累，海洋霸权国家比大陆帝国提前进入了工业时代。

英国在公元1546年创建皇家海军；在伊丽莎白一世时代，向海盗颁发私掠许可证，并在公元1588年击败西班牙无敌舰队，从此走上了崛起之路。之后，英国又通过三次英荷战争夺走了本属荷兰的海洋贸易和殖民地；又与法国开战，独占印度和北美殖民地。精明的英国人不管战争输赢，只论实际利益，因此每一次的战争都赚得盆满钵满。

自18世纪末期到20世纪初期，英国以绝对优势的海军力量，在世界三大洋上纵横驰骋,所向披靡,开辟和保护了大英帝国广阔的殖民地,形成了殖民地大于英国本土150倍的疆域面积,成为世界历史上第二个"日不落"帝国。

英国是如何从一个相对隔绝的岛国,依靠海洋的梦想,牢牢掌握海洋的力量,不断地在海洋时代孕育出划时代的进程,不仅改变了自己的命运,也影响了整个世界的呢?本书以精美的图片、生动的文字、翔实的史料向读者讲述英国的海洋与文明故事。

目 录

第一章　罗马时代的不列颠岛

恺撒来到不列颠岛 / 1
  神秘的远古英格兰人种 / 1
  克劳狄一世入侵不列颠岛 / 2
  女王布狄卡英勇反抗罗马人 / 3
罗马帝国统治下的不列颠岛 / 4
  拔地而起的城市，里面住着的还是粗俗的不列颠人 / 4
  不断增多的防御长城 / 5
  学会祷告的英格兰人 / 6
  自求多福的不列颠尼亚行省 / 6

第二章　英格兰的诞生 / 8

不列颠岛"请"来的援军 / 8
  西罗马帝国境内战火四起 / 8
  日耳曼人入侵 / 9

海洋与文明：英国 ｜ v

英格兰诞生，宗教统一 / 11
    教会入侵之肯特王国 / 11
    教会入侵之诺森布里亚王国 / 12
    林第斯法恩修道院 / 14
    不列颠岛上的基督教正式统一 / 15
    英格兰正式诞生 / 16

七国时代 / 16
    首任英格兰老大——麦西亚王国的奥法 / 16
    继承奥法地位的是威塞克斯国王埃格伯特 / 18

林第斯法恩修道院的灾难 / 19
    靠海而生的斯堪的纳维亚人 / 19
    林第斯法恩修道院的灾难仅仅是开始 / 20
    为父报仇的海盗王"白衣"哈夫丹和"无骨者"伊瓦尔 / 21

第三章 不列颠岛上最后的堡垒——威塞克斯王国 / 26

阿尔弗雷德也无能为力，只能和维京人和谈 / 26
    面对维京人的进攻，阿尔弗雷德也无能为力，只能缴纳赎金和谈 / 26
    再起战祸并和谈，短期和平之后战火又起 / 28

爱丁顿之战 / 29
    阿尔弗雷德以少胜多，包围爱丁顿 / 29
    双方又一次和谈，确定了维京人的居住地为丹麦法区 / 30

争夺威塞克斯，维京人彻底败北 / 30
    阿尔弗雷德的军事改革 / 31
    统治丹麦法区以外的领土 / 32
    维京人企图再次和谈，但是被拒绝 / 32

继承父亲遗志的"长者"爱德华 / 32
    平定叛乱后，国内依旧内忧外患 / 33
    继承父亲遗志，保家卫国，成为不列颠岛的共主 / 33

"光荣者"埃塞尔斯坦和"和平者"埃德加缔造的和平期 / 34
    "光荣者"埃塞尔斯坦为何光荣？ / 34
    缔造了英格兰长达 50 年和平期的埃德加 / 34

威塞克斯王国跨越千年的危机 / 35
    王室的公信力被前所未有地削弱 / 35
    被海盗们踩蹦的威塞克斯王国 / 37
    丹麦海盗王"八字胡"斯温的报复 / 37

第四章　从北海大帝克努特到"征服者"威廉 / 40

英格兰的新国王——海盗国王克努特 / 40
    克努特成为英格兰唯一的国王 / 40
    与神圣罗马帝国皇帝结交 / 42
    北海大帝的陨落 / 42

英格兰王位几经易手，被"征服者"威廉获得 / 43
    "忏悔者"爱德华成了英格兰国王 / 44
    "忏悔者"爱德华没有子嗣 / 44
    来自诺曼底的维京后裔："征服者"威廉 / 45

"征服者"威廉死后的王位之争 / 48
    威廉二世穷奢极欲 / 48
    为满足极奢的生活，威廉二世大肆敛财，使得贵族反叛 / 49
    罗伯特参加了十字军东征，威廉二世被冷箭射死 / 50

海洋与文明：英国 | vii

第五章　金雀花王朝 / 53

亨利二世创立金雀花王朝 / 53
- 斯蒂芬与玛蒂尔达公主争夺英格兰王位 / 53
- 小亨利遇到了他生命中最重要的女人 / 54
- 小亨利顺利加冕为英格兰国王 / 55

亨利二世对英格兰的改革 / 56
- 贝克特为小王子提亲 / 57
- 保护教会，不惜与国王撕破脸 / 59
- 贝克特被刺杀身亡 / 60
- 亨利二世受到"天谴" / 60

"狮心王"理查一世的传奇一生 / 62
- 热衷战争、搁置内政的英雄国王 / 63
- 犹如西天取经般的回国之路 / 63
- 被花光家底的英格兰经济 / 65
- 理查一世为钱而死，受到惩罚 / 65

"无地王"约翰与《自由大宪章》/ 66
- 屡战屡败，使得国内税收高涨 / 66
- 英格兰法律基石——《自由大宪章》/ 67
- 祸不单行的英格兰 / 69

亨利三世时期诞生了议会 / 69
- 英法战争频发 / 70
- 最没存在感的国王 / 71
- 教皇的阴谋点燃英格兰局势 / 72
- 诞生了议会 / 73
- 英国历史上第一次国会 / 73
- 议会后的英格兰内政 / 75

"苏格兰之锤"爱德华一世 / 76
- 爱德华一世的议会政策 / 76
- 爱德华一世的军事改革 / 77
- 爱德华一世铁腕没收贵族非法土地 / 77
- 爱德华一世征服威尔士 / 78
- 苏格兰之锤 / 79
- 痛苦与不安的晚年 / 81
- 有品位的爱德华二世发展了英格兰的文化和艺术 / 82

英法百年战争 / 84
- 法兰西王位之争 / 85
- 斯卢以斯海战拉开英法百年战争的序幕 / 86
- 克雷西大捷 / 86
- 爱德华三世令人发指的战争热情 / 87

昏庸的晚年，"黑太子"爱德华去世，传位给孙子 / 89

金雀花王朝的最后一任国王 / 91

强征人头税逼民反，刺杀起义领袖 / 91

强硬夺权引灾祸，理查二世为了保命不得不放弃王位 / 92

第六章　血色玫瑰踏出大航海步伐 / 94

玫瑰战争 / 94

玫瑰战争起因 / 94

第一次圣奥尔本斯战役开启玫瑰战争 / 95

以两个家庭的联姻为结束 / 96

成立海外贸易护航队 / 98

花小钱，办大事，成立护航队 / 98

巴结海洋大国，为国家稳定护航 / 100

英国人的第一次航海探险 / 100

亨利八世时代的皇家海军 / 101

亨利八世战争初体验 / 101

亨利八世扩建皇家海军 / 103

海上贸易的发展需要海军护航 / 104

迅速壮大的英国皇家海军 / 104

"天佑英王亨利"号 / 105

"君主"号 / 105

"玛丽·罗斯"号 / 106

扩展阅读：亨利八世的6任妻子 / 106

都铎玫瑰的血腥权力追逐 / 109

在位仅13天的简·格蕾女王 / 110

血腥玛丽女王 / 110

海洋与文明：英国　｜　ix

第七章 "海盗女王"伊丽莎白一世时代 / 112

"海盗女王"的海盗政策 / 112
    英格兰与西班牙从盟友走向仇敌 / 113
    皇家海盗让英格兰人扬眉吐气 / 113
    征用海盗的无奈之举 / 114

御用海盗霍金斯和德雷克 / 115
    普利茅斯首富 / 115
    海外探险很顺利 / 116
    与女王合作 / 117
    出师不利 / 118
    与西班牙交恶 / 118
    探险家德雷克 / 119
    少年船长 / 120
    有生之年一定要向西班牙复仇 / 120
    英格兰的民族英雄 / 120
    发现德雷克海峡 / 121
    第一个环绕地球航行的英国人 / 122

造舰备战 / 123
    与西班牙交恶,这可不是闹着玩的 / 123
    钱,钱?钱! / 124
    霍金斯的改革 / 125

西班牙入侵英格兰,双方撕破脸 / 127
    英格兰助战尼德兰 / 127
    处死苏格兰女王玛丽,给了腓力二世借口 / 127
    主动出击或坐以待毙,德雷克突袭卡迪斯港 / 128
    西班牙发誓要入侵英格兰,各国纷纷站队 / 130
    格拉沃利讷海战 / 130

英格兰反攻西班牙失利 / 131
    女王欲全歼西班牙无敌舰队残余船只 / 132
    没有按照女王的命令,科伦纳·里斯本远征失败 / 132

越打越穷,和平成为期盼 / 134
    西班牙海军迅速恢复作战力量,英格兰海盗的日子不好过了 / 134
    弗洛雷斯海战:袭击西班牙新编无敌舰队失败 / 135
    康沃尔之战 / 137
    霍金斯和德雷克的远征 / 138
    战争消耗,使得双方都疲惫不堪,期盼和平 / 141
    "海盗女王"时代的英国海权 / 142

第八章　大不列颠的统一 / 144

英格兰断头国王：查理一世 / 144
  绅士查理，而不是国王查理一世 / 144
  国王军队不敌议会军队，查理一世被砍头 / 146
知识链接：英格兰法律《民权宣言》 / 148
护国主克伦威尔统治英格兰、苏格兰、爱尔兰 / 149
  远征爱尔兰 / 150
  吞并苏格兰：与其等苏格兰人进攻，不如主动出兵 / 151
  生前荣耀，死后被鞭尸 / 152
  克伦威尔的海权战略 / 153
欢乐王查理二世的上位传奇 / 153
  从"叛国者之子"到国王 / 154
  从"享乐主义者"到人人喜爱 / 155

第九章　英荷战争 / 157

荷兰崛起，与英国之间的海洋贸易纷争开始 / 157
  荷兰飞速崛起 / 158
  曾经的盟友因利益反目 / 159
第一次英荷战争 / 160
  第一次英荷战争的大幕就此拉开 / 160
  荷兰海军实力优于英格兰，但是同样疲惫不堪 / 161
  签订《威斯敏斯特和约》 / 162
第二次英荷战争 / 163
  面对英国人的挑衅，荷兰人不得不再次拿起武器 / 164
  第二次英荷战争爆发 / 164
  荷兰海军统帅德·鲁伊特沿泰晤士河而上，空袭梅德韦港 / 166
  签订《布雷达和约》 / 167
第三次英荷战争 / 169
  法国从陆路攻击，英国从海上进攻 / 169
  三次英荷战争，荷兰虽是战胜国，却越打越疲软 / 171

海洋与文明：英国　|　xi

第十章　英法争夺印度 / 172

英国东印度公司的发展 / 172
  英国东印度公司的成立 / 172
  英国东印度公司在印度的立足 / 173
  英国东印度公司在印度发展 / 173
卡纳蒂克战争 / 176
  莫卧儿帝国的困境 / 176
  第一次卡纳蒂克战争 / 179
  第二次卡纳蒂克战争 / 180
  第三次卡纳蒂克战争帮英国获得印度洋控制权 / 183

第十一章　英法争夺美洲 / 185

英法在美洲的殖民利益争夺 / 185
  威廉三世期间的北美争夺战 / 186
  安妮女王之战 / 188
  路易斯堡要塞争夺战 / 190
英法苦战夺北美 / 192
  英法七年战争爆发 / 192
  魁北克遭遇 / 193
  双方主帅阵亡，法国丧失了在加拿大的所有殖民地 / 195
  七年战争结束后的英属殖民地 / 197

第十二章　丢失美利坚 / 198

英属北美殖民地的叛乱 / 198
- 最富庶的国王乔治三世 / 199
- 加征印花税 / 200
- 美洲殖民地的叛乱："不输入运动" / 200
- 波士顿大屠杀 / 202
- 火上浇油的《茶税法》/ 203

大陆会议 / 205
- 第一届大陆会议，鼓励所有英属北美殖民地联合起来 / 205
- 第二届大陆会议，组建了联合军队 / 205
- 第三届大陆会议，发表独立宣言 / 206

美国独立战争 / 207
- 扩展阅读：海盗约翰·保罗·琼斯加入美国海军 / 210

第十三章　美国独立后英国与法国的战争 / 213

圣文森特角海战——打击了法国的同盟国西班牙 / 213
- 拿破仑企图完全切断英国的海外贸易线 / 214
- 圣文森特角海战，西班牙舰队战败 / 215

特拉法尔加海战——终结法国统治世界的梦想 / 216
　　维尔纳夫成了法国舰队司令 / 216
　　特拉法尔加海战 / 219
日不落帝国的海上版图扩大至南非 / 220
　　趁荷兰被法国吞并的契机，英国成功接管了非洲南端布尔人的地盘 / 220
　　三方势力的平衡被打破 / 222
法俄战争使法国彻底没有能力再和英国纠缠 / 224
　　拿破仑集结61万军队向俄国进军 / 225
　　俄军边打边撤，不与法军大规模正面交战 / 225
　　法军被俄军打败，损失惨重 / 226
　　法国已经无力和英国对抗，英国变得更加强大了 / 227

第十四章　第一次世界大战导致英国海权收缩 / 229

英国"无畏"号下水，巨舰大炮时代来临 / 229
　　英国皇家海军舰队升级 / 230
　　各国掀起了建造新舰的狂潮 / 231
第一次世界大战爆发 / 232
　　第一次世界大战的导火线 / 232
　　欧洲列强的主要矛盾 / 234
德国放弃无限制潜艇战，默认英国的封锁 / 236
　　英国封锁德国进口贸易 / 236
　　德国军舰伪装成商船，被英军识破 / 236
　　海面上玩不过，那就从海底入手 / 237
　　碍于强大的美国，德国被迫放弃了潜艇战 / 238
达达尼尔海峡战役 / 239
日德兰海战 / 244
"一战"后全球海洋秩序的变化 / 247

第一章
罗马时代的不列颠岛

英格兰在诞生之初,经历了自相残杀、争夺地盘,到团结一致对抗北欧海盗,最后统一建国的独特之路。

恺撒来到不列颠岛

英格兰位于欧洲西方外海不列颠岛,这里早在旧石器时代就已经有人居住。

神秘的远古英格兰人种

在远古,不列颠大陆的多佛(英国东南部港口)和加莱(法国)间没有海洋阻隔,而且从地中海到奥克尼群岛(英国)间也有一片宽阔的陆地。

⊙ **环形石柱阵**

环形石柱阵,又名环状列石、斯通亨治石栏等,位于英国索尔兹伯里城以北约 11 千米处。约建造于公元前 2500 —前 1500 年,这些巨石最高的有 8 米,平均重量近 30 吨,呈环形分布,直径超过 100 米,极具震撼力。是人类史上的一大奇迹,也是英国最著名的标志之一。

◉ 恺撒

盖乌斯·尤利乌斯·恺撒（公元前102年7月12日—公元前44年3月15日），史称恺撒大帝，罗马共和国（今地中海沿岸等地区）末期杰出的军事统帅、政治家，并且以其卓越的才能成了罗马帝国的奠基者。

公元前60年与庞培、克拉苏秘密结成前三头同盟，随后出任高卢总督，在8年的时间里征服了高卢全境（今法国一带），还袭击了日耳曼和不列颠。

这片土地上有两个最古老的民族：一个是竖立环形石柱阵的人种，这是一个神秘的人种，何时来到这里，从哪来的，有什么特征，这些都不得而知。

之后，雅利安人来到不列颠大陆，他们用原始的方法建造蜂窝一样的房子，用树枝覆盖屋顶，用泥巴糊墙，在墙壁上悬挂一些恐怖的饰品，比如悬挂敌人的头颅，用来表示对残暴可怕的督伊德教的虔诚。

这些就是最早可追溯的古英格兰人。

克劳狄一世入侵不列颠岛

公元前55年，时任高卢总督的恺撒率军来到不列颠岛，他在看到这些古怪的英格兰人后一脸的嫌弃，因此并没有统治这里，只是把罗马旗帜插在了这片土地上。

恺撒之后的100年，罗马也并没有完全将不列颠岛纳入管理，直到公元45年古罗马皇帝克劳狄一世入侵不列颠岛，才正式将此地变成了罗马疆域。

雅利安人个头矮小，颅骨也不太成熟。根据现有的资料显示，他们是巴斯克人和伊比利亚人的后裔。

◉ 克劳狄一世

克劳狄一世是罗马帝国朱里亚·克劳狄王朝的第4任皇帝，公元41—54年在位。曾统帅27个军团入侵不列颠岛。

女王布狄卡英勇反抗罗马人

罗马的入侵引起了不列颠岛居民的顽强反抗，其中最著名的是发生在英格兰的东英吉利亚地区古代艾西尼王国女王布狄卡的起义。

布狄卡是古凯尔特部落艾西尼国王普拉苏塔古的妻子，普拉苏塔古是罗马人的傀儡，在他死后，因为没有男性继承人，罗马人不想再扶植傀儡，而是想趁机彻底吞并艾西尼王国。

为了粉碎罗马人的阴谋，艾西尼王国推选布狄卡为女王。公元61年，布狄卡率领凯尔特部族大军大规模反抗罗马人。

布狄卡率凯尔特士兵奋勇作战，士兵们将他们自身涂画成蓝色以惊吓敌人，妇女们带着马车和牛车坚守在战场后方。有时妇女们会穿着黑色长袍、擎着火炬出现在战场前线附近，模仿德鲁伊祭司那样高喊诅咒以恐吓罗马人。

就这样，布狄卡摧毁了罗马在不列颠岛上的三座主要城市，但是由于战术错误，布狄卡的艾西尼军在惠特灵大道战

德鲁伊教徒（督伊德教）是自然的崇拜者和维护者，为了保护自然界可以与任何势力战斗。凯尔特人信奉德鲁伊教，在早期因凯尔特人为母系社会，所以只有女性可担任德鲁伊，而后逐渐由男性加入。

古凯尔特部落的发源地是法国东部塞纳河、罗亚尔河上游、德国西南部莱茵河、多瑙河上游地区。公元前5世纪起，便开始向全欧洲渗透和扩张。大约从公元前500年开始，凯尔特人从欧洲大陆进犯并占领了不列颠诸岛，一部分凯尔特人在今天的爱尔兰和苏格兰定居下来，其余的一部分占领了今天的英格兰的南部和东部。

⊙ **女王布狄卡和她的女儿们的雕像**
女王布狄卡和她的女儿们驾驶刀轮战车的雕像就矗立在横跨泰晤士河的威斯敏斯特大桥的西端，与大本钟隔街相望。布狄卡是艾西尼王室谱系中的最后一位统治者，据说整个王国的财富都与她一同葬入坟墓。电影《勇敢的皇后》讲的就是布狄卡的故事。

役战败，牺牲了近 7 万的凯尔特士兵性命，艾西尼军队完全崩溃了，布狄卡逃到了诺福克地区，为了不遭受罗马人的侮辱，她吞服毒药自尽了。从此，不列颠岛彻底划归罗马不列颠尼亚行省管辖。

罗马帝国史学家迪奥·卡西乌斯曾在《布狄卡起义》中这样描述对布狄卡的印象："身材高大，外貌可怖，并且有着一副粗嘎刺耳的嗓音，茂密的鲜红色头发直披到膝部。她戴着一条粗大的编织的黄金项链，穿着一件颜色繁多的束腰外衣，在束腰外衣上罩着一顶厚斗篷，用一枚领针扣紧。"

不列颠尼亚行省的疆域包括英格兰和威尔士的绝大部分地区，其北侧以哈德良长城作为和苏格兰之间的边境。哈德良长城以北地区，罗马人称作加勒多尼亚。不列颠尼亚被罗马人神化，称不列颠女神。后来成为现代英国的化身和象征，她的现代形象通常是身披盔甲，手持三叉戟和盾。

罗马帝国统治下的不列颠岛

不列颠岛上虽然还有零星的叛乱，但最终都未能成事。罗马帝国兵强马壮，经过几十年的平乱，到公元 100 年左右，不列颠岛基本归于平静，罗马民众陆续来到这里，不列颠岛开始由内而外地改变。

拔地而起的城市，里面住着的还是粗俗的不列颠人

罗马人用他们的智慧和文明改变着不列颠岛上的模样：曾经沟渠纵横、树木层叠的村庄外面竖起了城墙，村庄变成了城市；这里的庙宇、澡堂和广场就像罗马城里的一样，外

◉ 英国出土的古罗马时期的戒指

这是一枚在英国出土的古罗马时期的戒指，戒指由纯金镶嵌黑色玛瑙和绿色宝石制成，戒指的绿色宝石上面刻有爱神丘比特，可见不列颠岛在罗马时期不一般的文明程度。

◉ 塞贡提恩城堡遗迹

塞贡提恩城堡是公元 77—78 年建立的。这是威尔士北部地区的主要罗马堡垒，用于部署约 1000 名辅助步兵。这座堡垒由罗马将领阿格里科所建，是不列颠这个地区最重要的军事基地和行政中心。

墙由整齐的石块建成，里墙挂上了精美的画作，地板由原来肮脏的泥土变成了干净的大理石；一座座新型城市拔地而起，切斯特、科尔切斯特、林肯、约克、伦敦……罗马人建立了一座座精致的城市，但是里面住着的还是粗俗的不列颠人。

为了将不列颠岛变得精致、华美，统治者们大肆征税，逼迫不列颠人交纳贡品，让他们交出他们的全部，所以在华美的城市之下，不列颠人依旧住在肮脏的、泥草糊墙的简陋小屋里，依旧说着他们的语言，似乎旁边的精美与之无关，他们依然保持着民族的独立。

不断增多的防御长城

不列颠岛上的状况越来越好，周围的民族就开始对它虎视眈眈。公元78年，罗马将领阿格里科在英格兰北部修建了第一条防御城墙，从东部海域一直绵延到西部海域，就像我国的长城一样，希望它能够防御北部高地的皮克特人和苏格兰人。但是一条城墙怎么能抵抗入侵呢？英格兰的"长城"仅仅只是一段城墙而已，所以不列颠岛上的罗马人需要更多的长城来保护自己。

公元120年，罗马皇帝哈德良又建立了一座"长城"，后来安东尼纳斯和塞维鲁斯两位皇帝也分别在不列颠岛上修筑城墙。

不仅如此，为了加强殖民属地与意大利的罗马之间的沟

⦿ 古罗马著名将领阿格里科

阿格里科是古罗马弗拉维王朝时期的著名将领。公元77—84年担任罗马帝国不列颠尼亚行省总督，并在任期内发动了入侵苏格兰和爱尔兰的战争，扩展了帝国的疆域。后遭皇帝忌惮，被解职召回罗马，但仍获得凯旋式的荣耀，后来再没有获得任何公职。

⦿ 哈德良长城上的豪塞斯特兹罗马堡垒

豪塞斯特兹罗马堡垒是英格兰诺森伯兰郡哈德良长城上的一座辅助堡垒。这座堡垒约建于公元124年，即哈德良长城建造完工后不久，此后经历过数次重建，直至公元409年被弃守。

◉ **哈德良长城遗迹**

在不列颠岛上有一处哈德良长城遗迹，这是罗马帝国占领时修建的，它一直是罗马帝国的西北边界。哈德良长城包括城墙、瞭望塔、里堡和城堡等，完整地代表了罗马帝国时代的戍边系统。

> 圣公会的正式名为安立甘宗（英国国教），常用名"安立甘教会"或"主教制教会"，是基督教新教三个原始宗派之一，也是带有盎格鲁－撒克逊人礼仪传统的宗徒继承教会。

> 祷告是基督教徒用来与上帝沟通或赞美、或祈求、或忏悔，或仅仅是表达自己的思想和愿望的基本仪式。

通，罗马人开始花大力气修建罗马大道，一条条当时的"高速公路"不仅加强了罗马对不列颠岛的管理，使得援军能够更快地到来，同时也给不列颠岛带来了各种文化。

学会祷告的英格兰人

不列颠岛经过多个世纪的发展后，农业、商业和工业迅速发展，一座座城市焕发出勃勃生机，财富不断的积累。罗马人在这里的生活处处奢华，但是处在罗马人重压之下的不列颠人依然生活困苦，他们急需一种方式排解心中的苦闷。于是，罗马人将基督教带到了不列颠岛，使得这些底层的土著学会了祷告。

如今的英国成了世界上重要的基督教新教国之一，基督教的圣公会被英国尊为国教。

自求多福的不列颠尼亚行省

公元 395 年，罗马帝国因为继承问题正式分为东、西两个罗马，东罗马（即拜占庭帝国）迁都拜占庭；西罗马却日渐衰弱。公元410年，日耳曼的西哥特人在领袖阿拉里克率领下进入意大利，围攻罗马城。

在这种背景下，罗马属地不列颠岛也开始不太平了起来，周边的皮克特人和苏格兰人开始不断骚扰不列颠岛上的城市和村庄。罗马的不列颠尼亚行省向西罗马帝国求助，但是自顾不暇的西罗马帝国皇帝霍诺里乌斯答复："帝国已经无能为力，请不列颠尼亚行省的罗马人自求多福！"

在得不到西罗马帝国援军支援的情况下，不列颠岛的罗马军队纷纷溃逃。原来浩浩荡荡的罗马军队不见了，曾经车水马龙的街道和人声鼎沸的城市只剩下手无寸铁的平民和到处横冲直撞的皮克特人和苏格兰人。

◉ 硬币上的西罗马帝国皇帝霍诺里乌斯
霍诺里乌斯统治期间，西罗马帝国各地反叛不断。不列颠尼亚行省建立了自治机构，彻底与西罗马帝国的直接统治分离。

◉ 1887年凹版蚀刻版画《征服者阿拉里克在雅典》
西哥特人的首领阿拉里克（公元395—410年）曾在罗马帝国军队中服役并远征波斯，一度毁灭了波斯王城巴格达。公元410年，趁西罗马帝国衰弱之际率西哥特人起事，进入意大利，围攻罗马城。在城内奴隶的配合下打开城门，掠夺而去，他是西哥特王国的缔造者。

第一章 罗马时代的不列颠岛

第二章
英格兰的诞生

西哥特人打败了西罗马帝国,使得不列颠岛失去了保护,为了抵御外族入侵,不列颠岛人请来了援军,然而这些援军却反客为主,分割了不列颠岛。

日耳曼人在罗马帝国时期与凯尔特人、斯拉夫人一起被罗马人称为欧洲的三大蛮族。古希腊作家皮提亚斯的旅行记、恺撒的《高卢战记》等都有关于日耳曼人的最早文字记载。如今的德意志人、丹麦人、瑞典人、盎格鲁-撒克逊人等都是日耳曼人。

◉ 不列颠岛上的西哥特风格建筑——威斯敏斯特大教堂

不列颠岛"请"来的援军

面对来势汹汹的西哥特人,西罗马帝国很快就被打趴下了。公元410年9月初,西哥特人扶植了一个傀儡皇帝,以维持着西罗马帝国的名号。

西罗马帝国境内战火四起

8年之后,西哥特建国,首都为图卢兹(如今法国境内)。曾经不可一世的西罗马帝国,不仅皇帝被要挟,而且在西罗马帝国境内赫然建立了一个"蛮族王国"。

之后,西罗马帝国广袤的国境内就开始不太平了,日耳曼人纷纷来到西罗马帝国境内建立卫国;公元457年,勃艮第人占领高卢东南部罗纳河流域,建勃艮第王国。

此时,西罗马帝国就像一块肥肉一样,谁都想咬上一口,陆地上除了日耳曼人的入侵外,还有(匈人)中亚大帝阿提拉在要求娶西罗马帝国皇帝的妹妹不成之后,发动了对西罗马帝国的战争;海上也不平静,汪达尔人建立了汪达尔—阿兰王国,他们频繁地从海上进攻西罗马帝国，先后占领了科西嘉岛和西西里岛。

这个时期，整个西罗马帝国疆域内战火四起，日耳曼各部族、西罗马帝国以及匈人帝国之间混战不断，而此时的不列颠岛因为外族的骚扰，日子也并不好过。

汪达尔—阿兰王国

阿兰人是源自伊朗的游牧民族。约公元 370 年被匈人打败的一支伊朗游牧民族分散成几支，其中一支与汪达尔人等日耳曼部落汇合后向西迁徙，入侵高卢。

公元 409 年，这两个民族越过比利牛斯山进入伊比利亚半岛（今西班牙）。作为西罗马帝国的同盟者，汪达尔人占据西北部和南部，阿兰人占据了西部。

大约公元 426 年，西哥特人入侵阿兰人的地界，杀死阿兰王阿达克斯。剩下的阿兰人拥戴汪达尔王君德里克为阿兰国王。公元 435 年，阿兰国王君德里克的继承者盖萨里克占领了迦太基，从此建立汪达尔－阿兰王国，成为海上强国，也成为当时西罗马帝国的噩梦。

⦿ 汪达尔－阿兰王国钱币上的盖萨里克

日耳曼人入侵

不列颠人摆脱了西罗马帝国的统治，同时也失去了西罗马帝国的保护。为了不受外族欺凌，不列颠人"请"来了日耳曼人作为自己的保护者。

面对不列颠岛这个被罗马统治过的地方，日耳曼人欣然前来，日耳曼大军朝不列颠岛进发，绕过克洛维一世率领的法兰克人的阻击，来到北海，到达不列颠岛。他们来到不列颠岛后通过暴力、残杀，彻底征服了英格兰东部的古不列颠人，并且消灭了古不列颠人的文化。

不仅如此，日耳曼人来到不列颠岛后，不断地向西侵略，随着日耳曼人的声势壮大，西进的队伍也变得壮大了起来，这时在西进的日耳曼人队伍中，还有之前已经来到不列颠岛的朱特人、弗里斯人、盎格鲁人和撒克逊人。

⦿ 中亚大帝阿提拉

阿提拉（406—453 年），古代亚欧大陆匈人的领袖和皇帝，欧洲人称之为"上帝之鞭"。他曾率领军队两次入侵巴尔干半岛，包围君士坦丁堡；亦曾远征至高卢（今法国）的奥尔良地区，沙隆之战后被迫停止向西进军。

克洛维一世（466—511 年）是法兰克王国的奠基人、国王，公元 486 年，他率军打败了西罗马帝国在高卢的最后一任总督西格里乌斯，独占整个北高卢，这一年被认为是法兰克王国的开国之年。克洛维一世还放弃了日耳曼人信奉的阿里乌斯教，皈依天主教，在西欧历史上产生了重要影响。

未被同化的盎格鲁－撒克逊人

罗马人将基督教带到了不列颠岛，岛上的居民开始信奉基督教，但是盎格鲁－撒克逊人来到不列颠岛之后，依然坚持自己的宗教、礼仪、个性和语言，原来经过3个世纪形成的罗马式生活方式被完全推翻，转而开始流行盎格鲁－撒克逊人的生活方式。

盎格鲁－撒克逊人蓄着胡须，皮肤白皙，面色红润，头发呈亚麻色，蓝色的眼珠里飘出的是冷淡的神情，他们爱喝酒，不注重文化，非常注重个人英雄主义，更享受强壮身体所带来的大胃口，渐渐地，不列颠岛上也开始流行这样的风格。

◉ 亚瑟王

根据吉尔达斯的资料显示，在5、6世纪之交时，有位名叫安普罗修·安布罗修斯的罗马－不列颠人后裔在一个叫作巴顿山的地方打败撒克逊人，成为这个时候的英雄。

基于他的事迹，衍生出后人所描绘的亚瑟王，后来不列颠人、撒克逊人、诺曼人和都铎王朝都声称亚瑟王是自己的祖先。

此时的不列颠岛已经被外来入侵者分割成了许多小国家和城邦，不同国家的信仰也互不相同，他们的足迹遍布泰晤士河流域，形成了如今的埃塞克斯（东撒克逊）、米德尔塞克斯、威塞克斯和苏塞克斯的疆土。这些人被称为撒克逊人，他们的语言被称为盎格鲁－撒克逊语。

不列颠岛上经过3个世纪形成的罗马式生活方式被推翻，而不列颠岛的原住民则东躲西藏地逃避着战祸。

盎格鲁人从德国最北边与丹麦毗邻的石勒苏益格－荷尔斯泰因来到不列颠岛，并且在这里有了属地，此后用自己的名字命名了东盎格利亚，并且最终得名英格兰。

◉ 英国的罗马人（维多利亚时代的插图）

英格兰诞生，宗教统一

失去了西罗马帝国的保护后，不列颠岛上的入侵者如赶鸭子一般驱赶着古不列颠人，以趁机扩大自己的地盘。在不列颠岛群雄纷争的时候，一位重要的罗马教皇走到了历史舞台，他就是格里高利一世。

出身名门的格里高利一世

格里高利一世出生于公元 540 年，他的家族拥有巨大的财富，并且家族成员是古罗马元老院中的贵族，在罗马教会中占据要职。格里高利一世的曾祖父菲利克斯三世在公元 483 年被选为罗马主教。

公元 573 年，格里高利一世被当时统治意大利部分疆土的拜占庭帝国任命为罗马城执政官，但他受到隐修生活的吸引，在任职一年后便辞官走上了隐修之路。他把全部家产捐给教会，兴建了隐修院并自愿成为修士，在自己创设的圣安德烈修道院担任院长，同时大量接济穷人，这一系列的行为大大提高了他在教会中的声望。

公元 586 年，被时任教皇任命为罗马教区总辅祭，管理教会财务。

公元 590 年，罗马发生瘟疫，教皇贝拉吉二世不幸染病身亡，格里高利一世凭借超高的人气被推选担任教皇。

教会入侵之肯特王国

格里高利一世上台之后，非常注重传教，他将目光聚焦在偏于一隅的不列颠岛。公元 579 年，格里高利一世向不列颠岛派出一名叫奥古斯丁的主教，带领由 40 人组成的本笃会传教团，来到肯特王国所在的赛尼特岛。

肯特王国的国王埃塞尔伯特亲自接见了教皇的传教团，埃塞尔伯特在 6 世纪末的英格兰称霸，据说他的霸权范围一直延伸到亨伯河以南区域。

在主教奥古斯丁的影响下，埃塞尔伯特接受了洗礼，成为盎格鲁－撒克逊诸王国中第一位接受基督教的国王。奥古斯丁在这里站稳了脚跟，不仅修订了法典，还在坎特伯雷建立教堂，成为第一位坎特伯雷大主教。

◉ 格里高利一世

◉ 坎特伯雷大教堂

坎特伯雷大教堂位于英国肯特郡郡治坎特伯雷市，建于公元 598 年，是英国最古老、最著名的基督教建筑之一，教堂的正式名称是"坎特伯雷基督座堂和大主教教堂"。

朱特人建立了肯特王国

为了抵御北方的皮克特人，古不列颠人首领沃蒂根花重金聘请来了朱特人，朱特人来到不列颠岛后，一边帮助古不列颠人对抗皮克特人，一边壮大自己的队伍。

随着朱特人的队伍逐渐壮大，不列颠人给予的财宝已经无法满足他们的欲望。终于在不久之后，朱特人首领亨吉斯特和他的儿子埃斯克，与邀请他们前来的古不列颠人闹翻，朱特人调转枪头很快就打败了当地的古不列颠人，建立了一个新的王国——肯特王国。

肯特王国经过1个多世纪的发展后，到了7世纪末，肯特王国在英格兰（不列颠）称霸。一位卓越的国王再次诞生，他就是埃塞尔伯特，在统治期间与法兰克国王克洛维一世的孙女贝莎公主联姻。作为交换条件，法兰克人要求肯特国王尊重并接受公主信奉基督教的习俗，所以，贝莎与埃塞尔伯特结婚时，不仅带来了大量嫁妆，还带来了自己的牧师，并且在首都坎特伯雷圣马丁古老的罗马教堂中举行了礼拜活动。

公元597年，埃塞尔伯特在首都坎特伯雷接待了罗马教皇格里高利一世派出的传教使节圣奥古斯丁，并在圣奥古斯丁的影响下接受了洗礼，成为盎格鲁-撒克逊诸王国中第一位接受基督教的国王。

埃塞尔伯特从公元580年开始统治肯特王国，直到公元616年去世，巩固了与海峡对岸法兰克人的联盟。

● 亨吉斯特和霍萨

1842年钢版画《亨吉斯特和霍萨兄弟率领盎格鲁-撒克逊人》

亨吉斯特是英格兰传说中的一位国王，相传他与弟弟霍萨同为第一批迁到不列颠岛的盎格鲁-撒克逊人的领袖。

公元450年亨吉斯特和霍萨被罗马人和古不列颠人后裔沃蒂根聘为雇佣兵而出现在不列颠岛的肯特。

● 圣奥古斯丁

另一边，同在不列颠岛上的东盎格里亚的瑞德瓦尔德国王却在忙着征战，他正在从英格兰中央地带扩大疆域，逐渐形成了麦西亚王国。

教会入侵之诺森布里亚王国

再说不列颠岛上盎格鲁人建立的伯尼西亚王国的艾塞弗里斯国王，他不断扩张自己

伯尼西亚王国由盎格鲁-撒克逊人艾塞弗里斯在公元593年正式建立。由于地处在北的原因，盘踞在爱丁堡山的葛德丁部落的不列颠人经常出来骚扰，于是他便下令建立了防御工事，用来对抗不列颠人的进攻。

的疆域，先吞并了与自己同根同源的一些不列颠岛上的势力，将王国的疆域扩张至包括今天英格兰的约克郡的北部和东部地区，就在他继续北上的时候，更北方的同为盎格鲁人的德拉王国的国王爱德温感受到了威胁，出兵抵抗伯尼西亚王国的大军。

爱德温凭借强大的实力击败并吞并了伯尼西亚王国，形成了一个更强大的王国——诺森布里亚王国。

◉ 诺森布里亚王国国旗

撒克逊人统治英格兰的疆域初步形成

盖尔人（古代的苏格兰人）在公元5世纪建立了横跨爱尔兰海、横亘于阿盖尔和安特里姆之间的达尔里亚达王国，定都于纳德。

公元603年，达尔里亚达王国派出一支由苏格兰人和爱尔兰人组成的军队，与伯尼西亚王国的艾塞弗里斯打了起来，这就是著名的德格沙斯坦战役，双方交战的地点在罗克斯堡附近。

德格沙斯坦战役最后胜利的一方是伯尼西亚王国，伯尼西亚王国大军乘胜追击，挥军南下，沿着西海岸吞并了罗马遗族威尔士人的地盘。

公元613年，伯尼西亚王国的国王艾塞弗里斯与1200名威尔士基督教徒，在古罗马小镇切斯特爆发一场遭遇战，或许是由于信仰偏差，艾塞弗里斯将这些人全部杀死。之后，伯尼西亚王国又与威尔士大军大战了一场，伯尼西亚王国的疆域扩张到了迪河沿岸。

伯尼西亚王国的撒克逊人统治英格兰的疆域初步形成，南至哈德良长城，东至塞文河和德文郡边境，这也意味着撒克逊人已经将古不列颠人排挤到了潘宁高以及约克郡西部的艾尔麦特，不过他们并未平静太久，公元627年，约克郡成为撒克逊人的属地。

爱德温同时还掠夺了伯尼西亚王国信奉基督教的埃泽布嘉公主和一位名叫保林的传教士。

公元627年，在传教士保林的主持下，爱德温及其手下举行了受洗仪式，又在约克城建立了约克大教堂。

◉ **约克大教堂**

约克郡位于英国英格兰东北部，是英国最大的郡，拥有近2000年的悠久历史，号称"上帝之郡"。约克郡是英国著名的文化之乡。约克大教堂是欧洲现存最大的中世纪时期的教堂，也是世界上设计和建筑艺术最精湛的教堂之一。

约克大教堂始建于公元627年，当时是一座全木结构的建筑，后来在内战中被战火摧毁，如今的哥特风格始建于公元1220年。

第二章 英格兰的诞生 | 13

按照当时诺森布里亚王国的实力，完全可以荡平与之接壤的麦西亚王国，但是爱德温放弃了这个机会。可强大的诺森布里亚王国让不列颠岛上的其他城邦国颇为不安，遵循"敌人的敌人是朋友"的原则，麦西亚王国国王彭达与威尔士的格温尼德王国的国王卡德瓦尔隆联合了起来，于公元632年在约克郡与诺森布里亚王国开战。此战爱德温大败，被卡德瓦尔隆杀死，诺森布里亚王国陷入混乱之中。

林第斯法恩修道院

公元633年，伯尼西亚的奥斯瓦尔德获得了诺森布里亚王位，他请来传教士圣埃丹到诺森布里亚传教，并于公元635年在诺森布里亚海边的林第斯法恩建立了一座修道院，这就是著名的林第斯法恩修道院。

◉ 林第斯法恩修道院废墟

◉ 林第斯法恩修道院废墟

不久之后，奥斯瓦尔德被麦西亚国王彭达杀死，继承王位的是他的弟弟奥西乌，在他统治时期，诺森布里亚的国力持续衰退，不过奥西乌在宗教方面还是有所建树的，他在惠特比宗教会议上确立了罗马基督教会对凯尔特基督教会的领导权。

不列颠岛上的基督教正式统一

在不列颠岛上，各王国对基督教教义的理解也都不同。早先，诺森布里亚王国信仰的是由约克郡传入的罗马式宗教礼仪，但对其斋戒和复活节等问题有争议。

直到公元657年，在不列颠岛北部海崖的一个小镇的惠特比修道院召开的宗教会议上，才基本确定并统一了宗教仪式等，同时暂时搁置之前争论的问题。

公元669年，罗马教皇圣维塔利安派西奥多特使来到不列颠岛，为他们解惑并传教，还向他们提供福利和公共管理服务。由于他驻扎在林第斯法恩修道院，其所书写的许多福音书也都保存在这里，因此林第斯法恩修道院在欧洲就像一朵文明之花，对于当时的人们来说，它不仅是一座修道院那么简单，它还是一个符号、一个文化的象征。

◎ 麦西亚国王彭达

麦西亚国王彭达战胜诺森布里亚国王埃德温后，使得麦西亚王国成了当时不列颠岛上最强大的盎格鲁-撒克逊统治者。当时，许多盎格鲁-撒克逊王国都已皈依了基督教，但他仍然坚持异教信仰。

◎ 林第斯法恩修道院内收藏的《福音书》之一

该《福音书》以皮革装订，银质封面上镶满珠宝，内部有华美的插图和装饰图案，是现存最早的英语福音书，堪称国宝。

第二章 英格兰的诞生 | 15

英格兰正式诞生

公元674年，不列颠岛上的贾罗的泰恩又建立了一座新的修道院，在这里的主教比思考普非常有阅历，不仅曾5次前往罗马朝圣，而且每次朝圣回程时都会带来大批工匠、乐师、书籍和捐款，为当地的传教做出了巨大的贡献。不仅如此，在这所修道院里还收留了当时的一位伟大的历史学家"可敬的比德"。正是由于他对英格兰的独特见解，才有了最早使用的"Angle-land"（盎格鲁的土地）一词，由此开始，英格兰正式诞生了。

● 惠特比修道院

惠特比修道院坐落于惠特比城内东岸悬崖上，是一座地标建筑，后来在维京人入侵不列颠岛时遭到破坏，之后便被遗弃。

七国时代

七国时代或七大王国是指公元5—9世纪居住在英格兰的盎格鲁-撒克逊部落的非正式联盟，由肯特、萨塞克斯（南撒克逊）、威塞克斯（西撒克逊）、埃塞克斯（东撒克逊）、诺森布里亚、东盎格利亚和麦西亚7个小王国组成。

首任英格兰老大——麦西亚王国的奥法

麦西亚的领土范围大体相当于如今英国的米德兰地区。该王国大约建立于公元500年，在彭达统治时期，麦西亚才逐渐强大起来，王国的势力范围扩张到威塞克斯以及东盎格利亚，成为亨伯河以南的英格兰霸主。彭达死后，麦西亚的霸权一蹶不振。在这个时期，诺森布里亚王国派来的一名传

● 可敬的比德

比德是英国盎格鲁-撒克逊时期的历史学家、神学家。7岁入修道院，30岁任神父，毕生居住在修道院中，从事宗教活动和撰述。其史学成就卓著，为英国留下了许多珍贵的文化遗产，被后人尊为"可敬的比德"，也被尊为英国历史之父。

教士使麦西亚皈依了基督教。到了 8 世纪后期，麦西亚的实力达到鼎盛，这时的国王是奥法。

奥法成了英格兰的主人

奥法出生于公元 730 年左右，于公元 757 年登上王位。奥法之前的麦西亚国王是他的堂兄埃瑟博尔德，因为错信奸臣而被杀害了（"被自己养的狗咬死了"），之后，奥法继位，继续着堂兄的事业——扩张疆域。

在奥法的带领下，麦西亚接连与威塞克斯、肯特发生战争，逐渐控制了东盎格利亚、肯特、萨塞克斯。总之只要是能够扩张领土范围，他无所不用其极。比如，他把女儿分别嫁给了诺森布里亚和威塞克斯的国王，这些地区的国王都是他女婿，所以自然对他表示敬意，但是在利益面前，他谋杀了两个女婿，迫使诺森布里亚和威塞克斯臣服。之后奥法还与教皇交好，建立了利奇菲尔德主教区。

建造了奥法堤坝

奥法也颇为英明，在国内他建造了奥法堤坝，这是一项长达 270 千米的土方工程，向西大致沿着麦西亚和威尔士定居点的边界延伸，到达迪伊河口。到今天，这条堤坝的部分仍然屹立着，与其说它是一座堤坝，倒不如说它是一个堡垒、一条分界线，使麦西亚西部地区免遭威尔士人的侵扰。

一代英主终将老去，虽然麦西亚的强大建立在奥法对敌人甚至是对女婿的屠杀中，这让他得到了暴君的恶名，但是在他统治的 39 年内，麦西亚王国维持着对英格兰和威尔士的大部分地区的霸权地位。

◉ **银币上的奥法头像**
这是一枚公元 757—796 年麦西亚国王奥法时期的银便士，奥法统治时期的成就之一就是铸造了带有他的名字和头衔的硬币。

◉ **奥法**
中世纪画家对于麦西亚国王奥法以及圣奥尔本斯修道院的描绘。

◉ 奥法堤坝

自奥法堤坝建造开始,英格兰和威尔士的边界线、土地范围便被确定了。虽然经过了历史的洗礼,如今奥法堤坝已经面目全非,但是奥法堤坝原来的位置大部分依旧是英格兰和威尔士的分界线。

◉ 奥法堤坝分界线

◉ 奥法堤坝指示标

奥法堤坝起点处的指示标。

继承奥法地位的是威塞克斯国王埃格伯特

奥法死后,他的子孙没能延续他的辉煌,麦西亚的霸权地位逐渐衰落,最后被不列颠南部的威塞克斯取代。

公元814年,威塞克斯国王埃格伯特侵入威尔士人居住的康沃尔,将其纳入撒克逊人的统治之下,由于威尔士人和撒克逊人的风俗不同,埃格伯特允许该地区可以保留自己的语言和地方官员,实现完全的自治。之后,埃格伯特继续向麦西亚王国进发。公元825年,威塞克斯的军队在史云顿附近击败麦西亚军队,麦西亚被迫承认威塞克斯的宗主地位。由此,英格兰的权力中心向南转移,并一直延续至今。

奥法是个绝对不吃亏的人

在奥法统治末期,法兰克王国的查理曼大帝提议自己的儿子娶他的女儿时,奥法表示同意,但是作为交换条件,他希望查理曼大帝的女儿也嫁给自己的儿子,这个条件看起来是如此"平等",有点像"交换人质",所以令查理曼大帝勃然大怒,并且宣布与麦西亚绝交,甚至一度还禁止本国人与麦西亚人贸易。

征服了麦西亚后,埃格伯特并没有停止扩张的脚步,不久之后,威塞克斯又进攻了东盎格利亚和诺森布里亚，东部的盎格鲁-撒克逊王国几乎都臣服于威塞克斯，埃格伯特成了全英格兰的宗主。

经历了2个世纪的战火纷飞之后，英格兰人终于迎来了和平期，就在他们准备发展经济的时候，一个盘踞在英格兰附近300年的恶魔悄然逼近。

林第斯法恩修道院的灾难

在麦西亚国王奥法在位时，来自斯堪的纳维亚的维京人泛舟海上，在海洋上讨生活，他们一路南下来到不列颠海域。公元793年，一伙维京海盗洗掠了英格兰东北部林第斯法恩岛上的修道院，杀死了其中的修道士，掠夺其中的金银，最后又一把火烧毁了修道院。

靠海而生的斯堪的纳维亚人

在不列颠岛对岸生活着一群靠海而生的斯堪的纳维亚人。他们精于航海，骁勇嗜战，他们是战士、居民，同时又是凶残的海盗……

来自斯堪的纳维亚的挪威海盗长期袭击苏格兰和爱尔兰海沿岸的居民。同样来自斯堪的纳维亚的丹麦人则沿北海掠

◉ 埃格伯特

埃格伯特被史学家定为英国第一任国王，于公元9世纪开始统治，当时英国被分割成多个小国，遭到北欧人的攻击。他被称为"布莱特瓦尔达"，即盎格鲁-撒克逊土地的"广泛统治者"。

◉ 威塞克斯王国发行的硬币

第二章 英格兰的诞生 | 19

夺，行迹深入法兰克王国境内。不仅如此，斯堪的纳维亚的海盗们甚至去到了俄罗斯，并在那里繁衍生活，建立了基辅公国。与斯堪的纳维亚隔海相望的不列颠岛，自然也是他们洗劫的对象。

林第斯法恩修道院的灾难仅仅是开始

在林第斯法恩修道院被洗劫之前，公元790年，来自斯堪的纳维亚的维京人就已经驾驶着龙头船来到了威塞克斯沿岸，他们以贸易为名出售动物皮毛和其他制品。3年之后，他们居然杀死了当地的官员和林第斯法恩修道院的修士，成百上千份手稿和福音书被夺走，没有被杀死的修士也被这些海盗贩卖为奴隶……如此行径令不列颠岛上的诸国大为震惊。

公元806年，相似的可怕事件再度上演，苏格兰爱奥那岛上昔日由圣科伦巴建立的、具有200多年历史的修道院也被北欧海盗洗劫，他们抢走了福音书和贵重物品，杀死或掳走修士，放火烧毁了修道院。

◉ 林第斯法恩修道院遗址

公元793年维京人在此对英格兰发动大规模袭击，残暴地洗劫了林第斯法恩岛上的著名修道院，"野蛮人大肆蹂躏践踏、烧杀抢掠，把林第斯法恩岛上的上帝的教堂夷为废墟"。

◉ 圣科伦巴

公元 563 年圣科伦巴登上爱奥那岛，开始在苏格兰传播基督教，公元 597 年死后葬于该岛。公元 795 年至 10 世纪末，该岛遭维京海盗洗劫，教堂被焚，修士被害。11 世纪时北欧人皈依基督教，重建教堂，该岛一直为圣地。

这一切跟林第斯法恩修道院的遭遇非常相似，这样两座意义重大的修道院被毁事件发生之后，维京人似乎尝到了抢劫的甜头，贸易也不做了，纷纷投身到抢劫活动中，不列颠岛从此饱受维京人的摧残和肆虐。

为父报仇的海盗王"白衣"哈夫丹和"无骨者"伊瓦尔

维京海盗的施暴行为让英格兰（不列颠岛上）的国王们非常愤怒，纷纷组织军队抵抗入侵的维京海盗，但是各国的抵抗都没有什么大的成效，因为维京人往往是一窝蜂地上岸抢劫，抢完后又一窝蜂地消失。

早期维京人的袭击都是零散的，抢完就走，之后发展为定居，最后发展到建立政权。

◉ 《凯尔经》插图之一

《凯尔经》插图为四福音书的作者：人代表马太、牛犊代表路加、狮子代表马可、老鹰代表约翰。这部书是由苏格兰西部爱奥那岛修道院的修士绘制的，由《新约圣经》四福音书组成，由拉丁文写成，共有 2000 幅插图。公元 806 年，维京海盗侵袭爱奥那岛修道院，将其毁坏。修士们带着手稿逃到爱尔兰的凯尔镇，新建了凯尔镇修道院。《凯尔经》因此得名。

● 维京人的龙头船

公元790年，麦西亚国王奥法就开始组织人员抵抗维京人入侵。

斯堪的那维亚半岛上的国家在13世纪前主要以海盗掠夺为生，曾经是威震北海的霸主，欧洲称其为维京人，意为海盗或者北欧海盗。

海盗王拉格纳·洛德布罗克被毒蛇咬死

公元835年，英格兰遭遇了史上最大规模的维京海盗袭击，维京海盗们从肯特王国的谢佩岛登陆，四散涌向岛上各地……如果说此前维京人的抢劫都是随机的、毫无章法的，但是这之后，维京人的入侵变得更有目的性了。

公元865年，丹麦海盗王拉格纳·洛德布罗克在抢劫不列颠岛后，其装满战利品的长船遭遇了暴风雨，在诺森布里亚王国搁浅，拉格纳被诺森布里亚国王埃拉抓获，并将其投入了蛇盆中，被毒蛇咬死了。

以复仇的名义肆掠不列颠岛

拉格纳·洛德布罗克有两个著名的海盗王儿子，一个叫"白衣"哈夫丹，另一个就是身患奇病的"无骨者"伊瓦尔。

这两个人都是凶残的海盗，他们率领北欧维京人首先来到了爱尔兰，在征服了爱尔兰后，便以复仇为名指挥维京海盗大军从爱尔兰岛上的都柏林向不列颠岛进军。

● 拉格纳·洛德布罗克

拉格纳·洛德布罗克是北欧传说中的半传奇英雄，是一位生活于维京时期的海盗领袖，其统治范围可能包括今日的丹麦和瑞典南部。他曾于公元845年劫掠了巴黎，获得了秃头查理缴纳的大笔赎金。据传说，他最终在公元865年因为遭遇海难，漂流至英格兰的诺森布里亚国王埃拉的领地，被俘后遭处死。

公元865年，在"无骨者"伊瓦尔的统帅下，维京海盗大军在不列颠岛上一路疯狂地烧、杀、抢、掠，凡是有抵抗者，攻城后必被残杀。

公元866年，维京大军血洗了诺森布里亚的约克城。伊瓦尔的杀父仇人、诺森布里亚国王埃拉被海盗们抓住后受尽折磨，最后海盗们把他的肺从背部揪出来，拉成"血色苍鹰"的形状。埃拉死后，约克城成为海盗们南下的中转站，并从此被维京人占领了约一个世纪之久。

公元868年，伊瓦尔和哈夫丹率领海盗大军越过亨伯河直取诺丁汉，迫使麦西亚老国王伯雷德求和。

随后，不列颠岛上的东盎格利亚被海盗们攻下，东盎格利亚国王埃德蒙被海盗们作为祭品献给了主神奥丁。他受到了求生不得、求死不能的虐待，不仅身中数箭而不死，而且还被海盗

◉ 维京人-工艺品

维京人给人的印象是无情的劫掠者和勇敢的探险者，而实际上维京人的主要职业是农夫、渔民、商人、造船工人、水手、铁匠或木匠。不过，他们中的大多数人可以充当多种不同的角色。

◉ "血色苍鹰"刑罚示意图

根据维京人报仇的规矩，儿子应该向杀死他们父亲的仇人进行报复。仇人的肉和肋骨必须砍成或锯成老鹰形，然后，孝顺的儿子用双手掏出仇人还在悸动的肺。这种报仇方法叫作"血色苍鹰"。据传说，埃拉国王就是落得这样的下场。

第二章 英格兰的诞生

绑在大树上，任凭风吹雨打。之后，海盗们才砍掉了他的脑袋，并将他的脑袋扔到丛林中喂了野狼。埃德蒙之死标志着独立的东盎格利亚王国已不复存在，这片土地被维京人直接统治。

"无骨者"伊瓦尔和"白衣"哈夫丹带领下的维京海盗大军基本摧毁了东盎格利亚、诺森布里亚和麦西亚的盎格鲁－撒克逊政权。最后，只剩下威塞克斯在不列颠岛南方苦苦支撑。维京人在英格兰地区的霸权已经初步建立。

◉ 维京海盗

拉格纳·洛德布罗克有5个著名的儿子："勇士"比约恩、"白衣"哈夫丹、"蛇眼"西格德、"无骨者"伊瓦尔和乌比。

伊瓦尔，绰号"无骨者"，在萨迦文学中提及他无法行走，需要别人抬着走，于是史学家判断他患有先天性脆骨症。

◉ 东盎格利亚国王埃德蒙被绑在大树上

⊙ 伊瓦尔的军队

第一条边界诞生

公元871年，海盗们到达了雷丁；公元876年，他们抵达了韦勒姆……凶残的维京海盗很快就掌控了这些被攻破的国家的疆域。

抢劫了近百年的维京海盗们来到不列颠岛后学会了占领土地。他们在这些占领的地方定居下来，为了更好地融入当地人的生活，开始与当地人通婚，向当地人学习语言以及他们的信仰，于是以亨伯河为界分为南北两部分：南边归英格兰人管辖，而北部则划给海盗们，被称为丹麦法区，第一条边界诞生。

第二章 英格兰的诞生

第三章

不列颠岛上最后的堡垒——威塞克斯王国

"无骨者"伊瓦尔在公元870年之后前往爱尔兰进行探险和掠夺，留下哈夫丹继续在英格兰的冒险之旅。东盎格利亚被伊瓦尔掌控后，不列颠岛上像样的抵抗力量只剩下威塞克斯王国了。

传说伊瓦尔要求部下将他埋在一处容易发生战斗的地方，这样他就可以保佑维京人永不战败。而历史似乎也正如伊瓦尔的预测：在英格兰国王威廉一世将伊瓦尔的墓地挖开、将他的骨架烧成灰烬之前，维京人从未被赶出埋葬伊瓦尔的都柏林市。

阿尔弗雷德也无能为力，只能和维京人和谈

"白衣"哈夫丹在经过近一年的准备后，联合附近的几股维京海盗，于公元871年对不列颠岛上的威塞克斯王国正式发起进攻。

面对维京人的进攻，阿尔弗雷德也无能为力，只能缴纳赎金和谈

在维京海盗进攻前，威塞克斯王国已经几次更换国王了。公元856年，威塞克斯国王埃塞尔沃夫的次子埃塞尔巴德阴

威塞克斯王国的老国王埃塞尔沃夫看到英格兰土地上的王国一个个被维京人干掉后，吓坏了，于公元858年撒手人寰，留下了4位继承人。大儿子娶了继母后继承王位，统治了没2年就死了。王位落到了老二的身上，在维京人进攻那年，老二也死了，老三埃塞尔雷德成了国王，抵抗维京大军的任务就落到了他和老四阿尔弗雷德的身上。

● 雕刻精美的维京战斧

这把维京战斧制作于公元9世纪左右，发现于丹麦的一处沼泽内，是北欧维京人曾使用过的武器实物。维京战斧分为长柄斧（1.4～1.8米）和短柄斧（0.4米左右），短柄斧既可手持，也可投掷，杀伤力可观，长柄斧虽然不能投掷，但是对阵敌方的兵阵和骑兵时更有威慑力。

战斧是维京人的常用武器，在维京人中流传甚广，并且要比刀剑等武器普及许多，因为制作刀剑的成本过高且用处单一，一般仅限于战斗中使用，日常生活中极少能用到刀剑。

谋篡位，威塞克斯王国笼罩在内战的阴影之中，最终国内的贵族都不支持战争，并在贵族都参与的会议中达成以下协议：由埃塞尔沃夫统治东部，主要包括新占领的土地；由埃塞尔巴德统治西部，也就是原来威塞克斯王国的领土。埃塞尔沃夫于公元858年去世，威塞克斯王国再度成为统一王国，并由阿尔弗雷德的3位兄长依次继承。

此时率领民众抵抗维京海盗的是威塞克斯王国的新国王、阿尔弗雷德的三哥埃塞尔雷德，面对凶猛来袭的海盗大军，埃塞尔雷德和弟弟阿尔弗雷德奋勇杀敌，双方互有胜负。公元871年4月22日，双方又在梅雷顿激战，此时维京海盗由"无骨者"伊瓦尔率领，威塞克斯王国不敌，国王埃塞尔雷德战死，其23岁的四弟阿尔弗雷德继位。

当阿尔弗雷德忙于兄长葬礼的时候，维京海盗发动了对英格兰的战争并取得胜利，并在很快发动的由阿尔弗雷德参与的第二次威尔顿战役中再次取胜。在威尔顿战役之后，维京人掌握了战争的主动权，并且占领了威塞克斯王国东部以及西北部部分领土。阿尔弗雷德彻底丧失了将维京海盗驱逐出英格兰的希望，只能祈求与他们"和平共处"，无奈之下，阿尔弗雷德请求维京人和谈，这是维京人愿意看到的结果，于是哈夫丹索要了一笔丰厚的赎金并要求威塞克斯王国成为维京人又一个"附属国"之后便撤走了。

◉ 埃塞尔雷德（一世）

公元5—6世纪，不列颠岛上渐渐形成7个小国，它们互相征战不休，争当英格兰之主，彼此间不团结，使得维京人有机可乘，入侵英格兰。在危难之际，不列颠岛上的小国家开始把抵御维京人的希望寄托在威塞克斯王国身上，威塞克斯王国成了抵抗维京人的盟主，同时也使得维京人对其敌视加重。

◉ 阿尔弗雷德雕像
阿尔弗雷德是盎格鲁-撒克逊英格兰时期威塞克斯王国国王，也是英国历史上第一个以"盎格鲁-撒克逊人的国王"自称且名副其实之人。其率众抗击北欧海盗的侵略，使英格兰大部分地区回归盎格鲁-撒克逊人的统治，故得享大帝尊称。同时也是英国唯一一位被授予"大王"名号的君主，被后人尊称为"英国国父"。

● 阿尔弗雷德与农妇

阿尔弗雷德在与维京海盗作战失败后,隐藏于一农家中,他只顾思考与丹麦人作战,把留给他照看的糕点烤煳了,被不知情的农妇责骂。

整个公元 871 年被称为"阿尔弗雷德战争年",威塞克斯人在埃塞尔雷德和阿尔弗雷德的共同领导下与维京人发生了 9 次大大小小的战争,其中 5 次被著于《盎格鲁-撒克逊编年史》,其余 4 次没有留下相应的文字记载。

在阿尔弗雷德逃亡期间,民间流传着许多关于这位逃亡国王的故事,故事中的阿尔弗雷德如战神一般与维京人周旋,虽然这些故事都是民间虚构出来的,但是不难发现民众对他的爱戴和期待。

再起战祸并和谈,短期和平之后战火又起

哈夫丹解决了威塞克斯王国之后,离开了不列颠岛,在后来的一次征战中死亡。

哈夫丹死了,威塞克斯王国与他达成的协议自然失效,这块肥肉再次沦为了维京人争夺的对象。阿尔弗雷德不得不再次召集大军以抵抗维京人的进攻。

这次来到不列颠岛的是丹麦维京海盗的新首领古特伦。公元 876 年之后,古特伦占领了英格兰南部多塞特郡的维尔汉姆。尽管阿尔弗雷德封锁了古特伦的军队,但依然无法夺回维尔汉姆。僵持之下,双方同意和解。和解内容包括交换人质和对丹麦人的托尔神的灵戒发誓停止战争。但是,丹麦人马上又违背了誓言,在杀掉了所有的人质之后,连夜转移到了德文郡的埃克塞特。阿尔弗雷德在那里再次对丹麦人进行了封锁,由于给养船只被暴风雨摧毁,丹麦人不得不投降。他们从麦西亚撤退,但在公元 878 年 1 月,他们再一次突袭了位于切本哈姆的城堡,而过完圣诞节的阿尔弗雷德正在此

地逗留。丹麦人杀了大部分的人，阿尔弗雷德带着一小队人马逃到树林和沼泽中躲避。

爱丁顿之战

阿尔弗雷德作为一国之君一直有着捍卫领土完整的决心。他虽然在与丹麦维京人的战争中败多胜少，却一直在钻研着他们的战术，期望能够打败这些海盗。

阿尔弗雷德以少胜多，包围爱丁顿

公元878年春，阿尔弗雷德调集了萨默塞特郡、威尔特郡以及汉普郡的军队向维京人进攻，在爱丁顿利用盾墙阵型赢得了与维京步兵的正面对决，大败丹麦维京军队，将丹麦维京海盗围困在爱丁顿整整14天。

◉ 阿尔弗雷德乔装成吟游诗人

据传在爱丁顿战役发生前，阿尔弗雷德利用自己的音乐家天赋，乔装打扮成吟游诗人，背着竖琴走进维京人的营地，刺探对手的情报，阿尔弗雷德甚至还在维京人首领古特伦的帐篷中弹奏吟唱，用歌声聚来了大批维京人。

◉ 阿尔弗雷德率领的盎格鲁－撒克逊人大军

虽然是势如水火的两个族群，阿尔弗雷德率领的盎格鲁－撒克逊人大军和维京人古特伦的大军，其实都起源于今天的欧洲北部地区。两者在很多文化习俗、社会结构与战斗风格上如出一辙。维京人的优势主要在于先下手为强，在对方完成集结之前就获得先机。一旦落入阵地决战，那么这种优势就会被降到最低。

⦿ 维京盾牌

维京人的作战战术中，特有的"维京盾墙"具有攻防两面的作用。对于维京人来说，一面盾牌比任何武器都管用。

与罗马盾牌相比，维京盾牌呈圆形，更加适合单兵作战，在行军时可以将沉重的战盾挎在身上，很是省力。

⦿ 剧照：维京人首领古特伦

双方又一次和谈，确定了维京人的居住地为丹麦法区

丹麦维京人由于轻敌而被英格兰人围困，他们一边发出求援信号，一边向阿尔弗雷德提出和谈。

阿尔弗雷德虽然围困了爱丁顿，但是带来的士兵已经失去了近一半，丹麦维京人的援军一旦抵达，英格兰人必败，于是他答应了维京人提出的和谈要求，双方签订了协议。协议内容包括：阿尔弗雷德承认丹麦维京人在不列颠岛上对其他3个王国的统治，另外，威塞克斯王国需向丹麦维京人继续缴纳贡金，但是古特伦必须从威塞克斯王国撤军，皈依基督教，并且还要承认威塞克斯王国的主权。

之后，古特伦遵循协议，率领他的30名得力部下在阿塞尔纳接受基督教的洗礼。另外，双方就自己的领地做了如下约定：

威塞克斯王国和已占领的麦西亚王国西部的领土归阿尔弗雷德所有；麦西亚王国东部和东盎格利亚属于丹麦维京人的势力范围，双方按各自习惯在各自的领土上生活。

此后，归古特伦所有的丹麦维京人的领地被称为丹麦法区，其合法地位一直保持到了12世纪末，古特伦没有像其他的海盗那样继续抢劫，他选择了平静地度过余生，于公元890年在东盎格利亚逝世。

争夺威塞克斯，维京人彻底败北

为了保护王国，抵抗丹麦维京人，提高英格兰人的战斗力，阿尔弗雷德对军队内部做了大的改革。

◉ 借鉴罗马和拜占庭帝国技术建造的威塞克斯战船

阿尔弗雷德的军事改革

首先，阿尔弗雷德广泛招募军队以加强各个地区的防御。同时精选了一些人作为战场部队的士兵，这些士兵与来自军事贵族和富商巨贾侍从所组成的精选部队共同作战。他把精选部队分成两个部分，从而解决了长期防御的问题：一部分在战场，以随时对敌人的进攻做出反应；另一部分则留在家中，这些部队有规律地按时轮换。他也根据相同的模式，动员富商巨贾们的私人武装。

其次，为了抵抗丹麦维京人海上的进攻，通过修建特殊战船扩建了海军部队，把拥有60支桨的船作为标准战船。公元896年，阿尔弗雷德借鉴弗里西亚船和维京长船的优点制造新型战船，组建了英格兰历史上的第一支正规海军。新型战船很快在不久后的海战中发挥了作用，增强了威塞克斯王国海岸地带的防御能力。此后直至公元899年阿尔弗雷德逝世，丹麦维京人再也没有侵扰过英格兰人的领土。

最后，阿尔弗雷德还成功地建造和修复了相当多的防御工事，一些是在罗马时代的旧城基础上修复其石墙及壕沟，另一些则是完全新建的临时据点和城镇。每个堡垒相距20英里，可以为周边地区的居民提供庇护。由此建立的防御体系不仅有效地改善了威塞克斯王国的安全状况，也减少了丹麦维京军队对内陆地区的侵扰。

◉ 阿尔弗雷德的王旗

> 为了免受海盗的侵扰，阿尔弗雷德扩充了海军，建造了比丹麦战舰更大的船，每艘船有多达60支桨，船身是维京船的两倍，速度也更快。这种新式战船吃水浅，即使在海水低潮时也可以操纵自如，并且船舷较高，可以有效防止海盗接舷登船。此后，维京海盗便再也不能轻易席卷英格兰的海岸线了。

第三章 不列颠岛上最后的堡垒——威塞克斯王国

统治丹麦法区以外的领土

古特伦死后，威塞克斯王国这块大肥肉又使得维京人蠢蠢欲动。公元892年，一支丹麦维京大军由欧洲大陆进攻英格兰，阿尔弗雷德予以迎头痛击。丹麦人见难以获胜，只好宣布停战，撤回了他们的海盗队伍。丹麦人之所以未能再度进攻，主要是阿尔弗雷德在交战期间采取极为稳妥的防御措施，他加固了旧有的要塞，在战略要地修建新的堡垒。此外，此时的威塞克斯王国已在他的领导下建造了更大的军舰并拥有许多训练有素的水兵。

为了进一步扩大自己的影响，他将女儿艾塞尔弗列德嫁给了北部的麦西亚国王，从此与麦西亚结盟。英格兰除了丹麦法区仍然在丹麦人的控制之下，其他地方基本上都在阿尔弗雷德的统治之下了。

维京人企图再次和谈，但是被拒绝

两年后的公元894年，维京人又来了，但却被早早就部署在泰晤士河的威塞克斯军发现，威塞克斯军迅速包围了他们，趁他们登岸之际，烧掉了他们的船只，这使得维京人慌乱不堪，企图再次和谈，但是这次维京人未能获得任何贡金，只能灰溜溜地撤走了。威塞克斯军队在阿尔弗雷德的指挥下，再次保卫了自己的家园。

威塞克斯王国乃至整个不列颠岛就像个蜜糖，吸引着维京海盗如蚂蚁般前赴后继地扑向这里。但此后由于维京人北迁，兵力短缺严重，对于不列颠岛的入侵始终没有大的进展。

继承父亲遗志的"长者"爱德华

公元899年10月26日，阿尔弗雷德离世，享年50岁，虽然算是寿终正寝，但不列颠岛上丹麦法区的存在，始终是他心里无法抹掉的遗憾。阿尔弗雷德死后，他的儿子"长者"爱德华继承了王位。

> 英格兰历任国王中名叫爱德华的，没有10个起码也有5个，而这位"长者"爱德华则是"爱德华"第一人。

● "长者"爱德华

阿尔弗雷德去世之后，"长者"爱德华继承了威塞克斯王位。在位期间，"长者"爱德华多次带领国人迎击丹麦海盗的入侵，并收服了部分不列颠部落和得到苏格兰人形式上的臣服，成为不列颠岛的共主。

● 维京人乘坐长船 – 贝叶挂毯（局部）

维京人、盎格鲁 – 撒克逊人、法兰克人等系出同源，同属于日耳曼人，但是盎格鲁 – 撒克逊人、法兰克人都是农耕民族，而维京人则是海上民族，天生的海盗。

平定叛乱后，国内依旧内忧外患

"长者"爱德华继位不久，阿尔弗雷德的长兄埃塞尔伯特的儿子埃塞尔瓦德不满他的统治，僭越称王。被"长者"爱德华打败后，逃至诺森伯兰。埃塞尔瓦德在诺森伯兰再次聚集起了自己的部队，并与跨海而来的丹麦海盗结盟，丹麦法区（东盎格利亚和麦西亚）的维京人也起兵响应。

"长者"爱德华集结军队迎头痛击叛军，为征服东盎格利亚的丹麦人，"长者"爱德华大肆劫掠了该地区。在"长者"爱德华回国途中，肯特人由于贪恋掳掠的财富，迟迟不肯随他的大军离去而留了下来。然而，留下来的肯特人大营遭到了丹麦人的袭击，虽然丹麦人此次袭击取得了胜利，但叛军首领埃塞尔瓦德却在这场战役中丢掉了性命。

埃塞尔瓦德的叛军虽然被平定，但是诺森伯兰人、丹麦法区的维京人、丹麦海盗一直不断地侵扰着威塞克斯王国本土。

继承父亲遗志，保家卫国，成为不列颠岛的共主

"长者"爱德华终其一生不断带领大军四处讨伐敌人，在多场战役中大获全胜。他还率领威塞克斯军队和丹麦法区作战，经过多年的奋战，迫使丹麦法区的维京人大首领索克蒂尔率部撤离了不列颠岛，"长者"爱德华收复了不列颠岛大部分地区。随后，又率部讨伐诺森伯兰，迫使其臣服，并绥服了威尔士和苏格兰，成为不列颠岛的共主。

"光荣者"埃塞尔斯坦和"和平者"埃德加缔造的和平期

公元 927 年，威塞克斯王国迎来了他们的第 8 位国王、"长者"爱德华的长子埃塞尔斯坦，他是英格兰历史上很重要的一位国王。

"光荣者"埃塞尔斯坦为何光荣？

埃塞尔斯坦是"长者"爱德华和他的第一任妻子艾格温的儿子，被誉为威塞克斯王国最杰出的君主之一。公元 927 年，他不仅征服了斯堪的纳维亚约克王国的维京人，还在布鲁南堡战役之中名声大噪，使其成了整个英格兰的第一位统治者，即第一位英格兰国王（并不是法律上的第一个英格兰国王，但事实上却是第一个）。他自称为英格兰国王，同年，苏格兰和威尔士国王投降，使得他可以自称为不列颠岛国王，因其对整个英格兰历史的重要性，所以被认为是最伟大的威塞克斯国王之一，故而得名"光荣者"。

缔造了英格兰长达 50 年和平期的埃德加

埃塞尔斯坦统治下的英格兰对 10 世纪整个欧洲的政治发展有着非同凡响的意义，因为他为英格兰此后长达 50 年的和平期打下了良好的基础。

埃塞尔斯坦一生未婚，公元 939 年去世后，他同父异母的兄弟埃德蒙一世和埃德瑞德相继加冕为王，并将位于英格兰最北边的诺森布里亚纳入控制之下。

埃德瑞德去世后，埃德蒙一世的长子埃德加继位，在他的统

- **"光荣者"埃塞尔斯坦**
埃塞尔斯坦在公元 927 年的布鲁南堡战役中击溃苏格兰和维京军队，从而确立了他的威望。但实际上，他的统治被完全笼罩在他的祖父阿尔弗雷德大帝的阴影下，以至于经常被忽视。

- **萨福克郡萨顿胡古墓中出土的陪葬品**
古墓中没有尸体，只有一份献给死于公元 7 世纪的盎格鲁－撒克逊国王的精美纪念品。

治时期，大兴文教，止息干戈，因此被誉为"和平者"。为了巩固统治，埃德加在南征北战的同时软硬兼施，把妹妹们都嫁给外国国王联姻，比如法兰克王国和勃艮第王国的国王们。

公元 973 年，埃德加邀请各国国王到柴郡参加会议，希望能够和平解决土地问题（说白了就是解决一下纳贡的问题），参会代表包括威尔士、坎布里亚、斯特拉思克莱德、苏格兰和挪威人统治下的爱尔兰。

在会议上，他和平地解决了威尔士及新领地（诺林伯利亚）的问题，并把它们纳入威塞克斯王国的统治之下。

英格兰人民享受了一段和平时光。经过几代有为君主的统治，威塞克斯王国已经悄然变成了西欧地区最为兴盛的国家。

◉ "和平者" 埃德加

埃德加因大兴文教，便得英格兰人民享受了一段时间的和平，因此被誉为"和平者"。

威塞克斯王国跨越千年的危机

公元 978 年，10 岁的埃塞尔雷德二世在母亲艾芙丽达全程操控下，设计杀害了王位继承人爱德华王子（埃德加的儿子），突然登上了威塞克斯王位，史称"仓促王"（绰号"邋遢大王"）。

王室的公信力被前所未有地削弱

自阿尔弗雷德大帝开始，威塞克斯王国的国王们一直频繁用兵，导致军事封建贵族

◉ 邓斯坦大主教

邓斯坦大主教是英格兰坎特伯雷大主教。埃塞尔雷德二世通过非正常手段获得了王位，使得朝野震惊，虽然古稀的邓斯坦大主教被任命为新国王的辅佐，但是大主教却对新国王的篡权行为大为不满，于是被埃塞尔雷德二世流放到国外，禁止他回国。

势力崛起。到了埃德加时代，他们的势力已经相当强大。出于制衡他们的政治考量，埃德加有意将政治资源往教会倾斜，支持教会发展，并给予教会更多的土地。因此，教会与封建贵族之间的矛盾逐渐加深。这些矛盾在他去世后，立刻集中爆发出来。

因为管理不善，英格兰教会出现了大量的腐败现象。修士们忙于娶妻、敛财，淫乱现象也层出不穷。原本教会是威塞克斯王权的支柱，如今成了损害政府权威的蠹虫。

◉ "仓促王"埃塞尔雷德二世
埃塞尔雷德二世是英国历史上臭名昭著的昏君，在他统治期间，史上著名的"丹麦金"出现了。

◉ 损害政府权威的蠹虫

加上"仓促王"埃塞尔雷德二世通过阴谋的手段登位，难以服众，整个威塞克斯宫廷正在撕裂，王室的公信力被前所未有地削弱。教会与贵族的矛盾、贵族与王室的矛盾以及教会与王室的矛盾，还有卷土重来的维京海盗，让威塞克斯王国处于风雨飘摇之中。

被海盗们蹂躏的威塞克斯王国

威塞克斯王国的内部矛盾，使得曾经慑于威塞克斯王国强大霸权的维京人又卷土重来。公元980年，丹麦维京人大肆入侵，埃塞尔雷德二世抵抗失败，导致几乎整个英格兰都遭到蹂躏，成了维京海盗们的围猎场。面对这些来去无踪的劫掠者，埃塞尔雷德二世显得束手无策。

公元991年，一支由80艘船只组成的丹麦维京人舰队进攻了威塞克斯王国，在马尔顿遭遇战中，埃塞克斯的郡长和他的防卫力量被维京人全歼，让英格兰人饱尝了久违的挫败感。埃塞尔雷德二世只得支付"丹麦金"后与维京人和谈。

⊙ 埃塞尔雷德二世发行的金币

从此，来到英格兰的维京海盗越来越多。因为他们认为只要发出战争威胁，英格兰就会乖乖献出"丹麦金"。在此后近10年的时间里，维京海盗们在英格兰掠走了大量财富，这里面不仅有"丹麦金"，还包括洗劫教堂和修道院得到的财物。

> "丹麦金"是一笔王室专用税金，用于贿赂兴风作浪的维京入侵者，以此达成停火协定。"丹麦金"的出现从根本上削弱了英格兰人对抗维京入侵者的士气，让整个国家的经济不堪重负。这样非但没有保住埃塞尔雷德二世的王冠，还让他的统治陷入泥潭。时至如今，"丹麦金"在英语中依旧是懦弱、屈辱和鼠目寸光的代名词。

丹麦海盗王"八字胡"斯温的报复

公元1002年11月13日，埃塞尔雷德二世下令杀光英格兰境内所有的丹麦人，一场英国历史上最血腥的大屠杀开始

第三章　不列颠岛上最后的堡垒——威塞克斯王国

了。因为当天正值圣布莱斯节,这一事件史称"圣布莱斯节大屠杀"。丹麦海盗王"八字胡"斯温的妹妹和妹夫也在这次大屠杀中被杀害,埃塞尔雷德二世又为英格兰引来了大祸,后果可想而知。

公元1012年,"八字胡"斯温率军前来报复,击败了埃塞尔雷德二世。为了缴纳"丹麦金",埃塞尔雷德二世几乎穷尽了英格兰的所有财力。据称,当时需要缴纳的"丹麦金"是英格兰每年现金收入的4倍。然而,"八字胡"斯温不仅要钱,还要地,而且不仅仅是原来丹麦人居住的区域,还包括英格兰的其他疆土。埃塞尔雷德二世在塞文·弗克比尔德的带领下,仓皇逃到诺曼底公国避难,因为几年前他娶了诺曼底公爵的妹妹埃玛。

公元1013年,"八字胡"斯温被接纳为英

◉ 诺曼底公国建立者罗洛雕像

◉ 维京人扛着船上岸

格兰国王。第二年,"八字胡"斯温去世,埃塞尔雷德二世复位,但条件是他死后要由"八字胡"斯温的儿子克努特来继位。公元 1014 年,已无力控制英格兰的埃塞尔雷德二世死在了法国的诺曼底,其子埃德蒙二世继位,又称作"勇敢王"。

诺曼底公爵领地成了维京海盗的保护伞

公元 911 年,罗洛进军塞纳河并围攻巴黎,虽然最后撤退了,但是却沿海岸线占领了大量的殖民地并定居下来,并迫使法王查理三世在公元 911 年与其签订了《埃普特河畔的圣克莱尔条约》,封他为公爵,将塞纳河口一带地方划归他统治,他成为基督教徒并被查理三世封臣,起法文名罗洛。此后大批维京人前来这里定居,这片土地被北欧海盗慢慢侵占蚕食,逐渐形成诺曼底公国领地。

与英国隔海相望的诺曼底公国成了维京冒险者的保护伞,因为它与这些斯堪的纳维亚的来客沾亲带故,海岸和港口对维京冒险者们敞怀而迎。维京人可以先南下法国西北部的诺曼底公爵领地休整,再直接渡过海峡入侵英格兰。

◉ 丹麦海盗王"八字胡"斯温

"八字胡"斯温在公元 1014 年征服了英格兰大部,成为第一个被英格兰人承认为国王的丹麦人。

公元 1013 年,"八字胡"斯温逼得埃塞尔雷德二世渡海投奔海峡对面的诺曼底公爵理查二世,因为几年前诺曼底公爵将自己的妹妹嫁给了埃塞尔雷德二世,这场政治婚姻使得理查二世的孙子威廉二世后来在继承了诺曼底公爵爵位之后,又带兵征服了英格兰,成为英格兰国王。

而他争夺英格兰王位的理由就是因为他的姑奶奶埃玛嫁给了埃塞尔雷德二世,这样他便有了英格兰王位的继承权。

◉ 诺曼底公爵理查二世

理查二世在公元 996 年继承诺曼底公爵爵位,他试图通过联姻的方式改善与英格兰的关系,这让他的孙子"征服者"威廉拥有了继承英格兰王位的资格(理查二世的妹妹是埃塞尔雷德二世的妻子,即"忏悔者"爱德华的母亲埃玛)。

第三章　不列颠岛上最后的堡垒——威塞克斯王国

第四章
从北海大帝克努特到"征服者"威廉

威塞克斯王国最后的希望被海盗们彻底剿灭了,英格兰在被多次易手后日渐强大了起来。

英格兰的新国王——海盗国王克努特

丹麦海盗王"八字胡"斯温死后,克努特继承了父亲斯温在英格兰的地盘和王位,但是英格兰人拒绝克努特来当他们的国王,他们只承认"勇敢王"埃德蒙二世为国王,克努特被迫回到丹麦。

公元1015年,克努特在其兄丹麦国王哈拉尔的帮助下,率领维京大军,乘坐200艘长船驶向英格兰。

克努特成为英格兰唯一的国王

克努特和"勇敢王"埃德蒙二世率领的大军展开了激战,原本城墙四立的伦敦沦陷,威塞克斯、麦西亚和诺森布里亚也相继失守。但是"勇敢王"埃德蒙二世有舅舅诺曼底公爵的支持,克努特一时不能将其歼灭。

公元1016年圣诞节,克努特与"勇敢王"埃德蒙二世达成妥协,英格兰被以泰晤士河为界一分为二,他与"勇敢王"埃德蒙二世分治,并且两位国王之间先离世的那一位要把自己的土地让给另一位活着的国王,后者的后裔将统治整

● 克努特大帝

克努特是英国历史上非常有名的大人物,英国国王中称大帝(the Great,或者翻译成大王)的只有两位,一位是阿尔弗雷德大帝,另外一位便是克努特大帝。

◎ 埃玛王后

埃塞尔雷德二世的王后是诺曼底公爵的妹妹埃玛，他们的儿子是"勇敢王"埃德蒙二世。而克努特一世娶了埃玛，就等于成了"勇敢王"埃德蒙二世的长辈，所以在"勇敢王"死后，克努特顺理成章地继承了他的地盘。

个英格兰。克努特在伦敦加冕称王，史称克努特一世。6个月之后，克努特娶了埃塞尔雷德二世的遗孀、诺曼底公爵的妹妹埃玛，并许诺与埃玛所生的孩子将继承英格兰，这使得诺曼底公爵站到了克努特这边，让他的国王身份更加牢固。几个月后，"勇敢王"埃德蒙二世去世，克努特顺理成章地成了英格兰唯一的国王。

公元1018年，克努特的兄弟丹麦的哈拉尔国王突然去世，克努特又继承了丹麦的王位，同时成了丹、英两国的国王。这些并未满足这位帝王的野心，之后，他继续南征北战，扩张着海盗帝国的版图。最终，克努特的帝国版图从威塞克斯到丹麦，并延伸到挪威北部地区（瑞典的部分地区）。这个帝国被称为北海帝国，北海则成了帝国的内湖。

克努特是当时西北欧真正的霸主，是诺曼人征服时代的风云人物，他使丹麦国势达到鼎盛。

克努特大帝先后有过两位王后：与第一位王后北桑普顿的艾芙温生有两个儿子：斯韦恩·克努特森（1016—1035年）和哈罗德一世（即兔足王）。与第二位王后诺曼底的埃玛生有一儿一女：哈德克努特（1018—1042年，英格兰国王，1040—1042年在位）和丹麦的贡希尔达。

"八字胡"斯温留下了两个儿子：哈拉尔和克努特，兄弟俩瓜分了父亲的帝国，哈拉尔当丹麦国王，克努特当英格兰国王。

◎ 罗马皇帝康拉德二世

公元1024年，神圣罗马帝国皇帝亨利二世无嗣而终后，康拉德二世被德意志贵族拥立为皇帝，开创了萨利安王朝。公元1026年在米兰加冕为意大利国王，公元1027年，罗马教皇为康拉德二世加冕，成为罗马人的皇帝。

与神圣罗马帝国皇帝结交

罗马一直是欧洲信仰的中心,只有被这个地方承认,欧洲的皇帝才算真正地被认可。

公元 1027 年,罗马教皇约翰十九世亲自邀请克努特出席神圣罗马帝国皇帝康拉德二世的加冕礼,这不是简单的邀请,而是变相确认了克努特作为欧洲重要君主的地位。

康拉德二世与克努特年纪相仿,两人兴趣相投,一见如故。加冕仪式上两人并肩前行,然后并排而坐。为表示对这位新结识的兄弟君主的喜爱,康拉德二世将石勒苏益格地区送给了克努特,克努特则把自己的女儿丹麦的贡希尔达嫁给了康拉德二世的儿子。

除此之外,罗马皇帝的加冕礼本身也给克努特留下了难以磨灭的印象,他一回到英格兰,就给自己定做了一顶皇冠。

◉ 罗马教皇约翰十九世

北海大帝的陨落

身兼丹麦、挪威、瑞典、爱尔兰、英格兰多国王位的克努特,在之后的时间里励精图治,政治清明,政绩卓越。公元 1035 年,克努特逝世后,英格兰人民举国哀悼。克努特的遗体被安葬在温切斯特大教堂内。

◉ 温切斯特大教堂

在 11 世纪伦敦成为英国首都之前,温切斯特从盎格鲁-撒克逊时代一直都是威塞克斯王国的都城。今天的温切斯特虽然不再是首都,却是英国最宜居的城市之一。

坐落于温切斯特的温切斯特大教堂的地位丝毫不亚于伦敦的威斯敏斯特教堂(西敏寺),近千年来,英国王室不少婚丧嫁娶的重大活动都在此举行。教堂的地上和墙上有许多纪念碑,都是长眠于此的国王、贵族或名人。温切斯特大教堂在战火中几经摧毁,王室遗骸也随之散落各地,直到公元 1661 年才被放回。现在的教堂唱诗班席位外面两侧摆放着 6 个大箱子,里面装着主教和包括克努特在内的英格兰早期国王的遗骸。

克努特是基督徒,却得到异教徒(对尚未皈依基督教人的称谓)诗人的颂扬。同时他也曾是异教徒,却被基督教奉为英雄。从很多方面来说,这位伟大的维京海盗王并不是一个真正的海盗,他为了建立自己公正有序的统治而煞费苦心,曾先后两次去罗马朝圣,还利用自己的影响力让罗马给自己的子民免除关税。克努特与自己那些抢掠成性、专门破坏教堂的海盗祖先相反,不仅出资修建过很多教堂,还向国内的很多教堂捐赠了无数珍贵的圣餐杯、十字架及经书抄本。

克努特的统治大大促进了北海沿岸各国的交流,加快了北欧国家基督教的传播速度。即便是今天,英格兰、苏格兰和丹麦、挪威的语言文化之间,还可以找出众多的相似之处。

英格兰王位几经易手,被"征服者"威廉获得

克努特去世之后,他的3个儿子克努特森、哈罗德一世、哈德克努特分别加冕为挪威国王、英格兰国王、丹麦国王。

◉ 克努特与大臣们

克努特大帝去世后,北海帝国也随之解体了。北海帝国是维京海盗们在历史上最辉煌的时刻,在此之后,维京海盗开始没落,再也没有人能重现北海帝国的辉煌。

第四章 从北海大帝克努特到"征服者"威廉 | 43

"忏悔者"爱德华成了英格兰国王

克努特并没有遵守与诺曼底公爵的约定，让其与埃玛王后所生的子女继承英格兰，而是让与第一位王后艾芙温所生的儿子哈罗德一世所继承。因此引起了诺曼底公爵极大的不满，最后两派达成妥协，分邦而治，泰晤士河以北连同伦敦归哈罗德一世，其余归埃玛王后的儿子哈德克努特。

● 古钱币上的哈德克努特
哈德克努特（英格兰的克努特二世，1035—1042年），丹麦国王（克努特三世）。

但哈罗德一世带大军占领了哈德克努特的国土，埃玛王后与儿子"忏悔者"爱德华（埃塞尔雷德二世与埃玛所生）害怕被哈罗德一世迫害，渡海逃亡。

不久之后，哈罗德一世不幸早逝，哈德克努特继承了哈罗德一世的王位，并将同母异父的兄弟"忏悔者"爱德华邀请回国。不久，哈德克努特也去世了，"忏悔者"爱德华在英格兰的威塞克斯伯爵戈德温的支持下，于公元1041年加冕称王，英格兰正式回到威塞克斯王朝的统治。

英格兰后面的事情就跟维京人没什么关系了。而维京人在英格兰的辉煌自克努特之后宣告结束。此后的"征服者"威廉等身上虽然流淌着维京人的血，但并不是全部维京人的血统，只能算是维京人的后裔。

哈罗德一世（1015—1040年）是英格兰1035—1040年的国王，外号"飞毛腿"，来自他打猎时的速度和技巧。

埃玛王后是个很厉害的女人，她的两任丈夫和两个儿子都成了国王。第一任丈夫埃塞尔雷德二世是英格兰国王，第二任丈夫克努特是北海大帝；两个儿子哈德克努特和"忏悔者"爱德华都相继成了英格兰国王。

"忏悔者"爱德华没有子嗣

"忏悔者"爱德华是盎格鲁-撒克逊的威塞克斯王朝的王裔，其母亲是曾嫁给克努特的埃玛，但他从小生活在诺曼底宫廷。公元1041年，38岁的"忏悔者"爱德华才回国继承王位。因其毕生心血都注入了修道院中，对基督教信仰有无比的虔诚，因此被称为"忏悔者"。他认为男女之事是对上帝的亵渎，所以没有子嗣。

"忏悔者"爱德华始终不育，王储问题备受瞩目，大家忧虑他去世后招致维京人入侵，这是那个年代英格兰人最恐惧的祸事。公元1051年，在诺曼底公爵威廉访英期间，"忏悔者"爱德华曾答应让威廉继承他的王位。而爱德华的内弟、另一个王位的有力竞争者哈罗德被困在诺曼底公国时，也曾承认过威廉对英格兰王位的继承权。

来自诺曼底的维京后裔："征服者"威廉

公元1066年，"忏悔者"爱德华去世，贤人议会推选威塞克斯家族最后的男丁、爱德华的表亲埃德加继承英格兰王位。但是哈罗德没有遵照议会的决定，也没有信守同威廉的誓言；他集合自己的党羽，在约克大教堂举行加冕仪式，自立为王，称哈罗德二世。哈罗德的行为引起了威廉的震怒，于是起兵夺取英格兰王位。同时，哈罗德的兄长托斯蒂格也以平分英格兰为条件获得了挪威国王哈拉尔三世的支持，从而引发了英格兰王位争夺战的三方争霸。

将篡位者打败

威廉一面怒斥哈罗德背信弃义篡夺王位，一面着手集结远征部队。同时依靠外交活动获得了国际支持，除了他的岳父佛兰德斯伯爵外，他还赢得了教皇亚历山大二世的支持，

⦿ "忏悔者"爱德华
这是中世纪教堂彩色玻璃上的"忏悔者"爱德华形象。

诺曼底公爵的儿子吉约姆二世（就是下文所说的"征服者"威廉）尽管因私生子的身份而颇令人诟病，但没妨碍他继承父亲诺曼底公爵的爵位，另外，加上自己的努力，早在公元1050年他就被西欧各地的统治者认为将在未来拥有巨大的权势。

根据传说，"忏悔者"爱德华死前，曾用手指指过当时英格兰的辅政近臣哈罗德，至于指他是什么原因，那就不好说了，但是却被哈罗德解释为先王要将王位传给自己，于是就有了哈罗德迅速继位的事情。

因而获得了一面代表教廷的圣十字旗，使自己成为正义的一方。

受此影响，神圣罗马帝国皇帝亨利四世与丹麦国王斯温二世也站在威廉一边。这让威廉的声望大涨，他毫不费力地集结了一支庞大的舰队，舰只达到了696艘，舰队运载的军队除了包括来自威廉自己的领地诺曼底和曼恩的军队之外，还有大量的雇佣军，以及来自布列塔尼、法兰西东北和佛兰德斯的盟军和志愿者，加上少部分来自法兰西其他地区和诺曼人在南意大利的殖民地军队。哈罗德也征召了一支军队防守英吉利海峡，以阻止威廉的登陆。

对威廉幸运的是，他的横渡计划被长达8个月的恶劣大风所推迟。在等待期间，威廉设法把他的军队保持在一起。但是哈罗德的军队由于粮草供应不足和收获季节到来，导致士气下降而减少，他于9月8日解散了军队。之后哈罗德于9月25日再次召集军队击败了哈拉尔三世和托斯蒂格。

公元1066年9月27日，威廉的舰队终于起航，9月28日在英格兰的佩文西海湾（萨塞克斯）登陆。威廉从那里前往向东几英里的黑斯廷斯，在那里筑起了预制的木制城堡作为军事行动的基地。他从那里劫掠内陆地区，对肯特和萨塞克斯地区进行扫荡，以此引诱哈罗德前来决战。哈罗德率领一支由8000人组成的英格兰军队迎战，二人爆发了黑斯廷斯战役，结果哈罗德在战斗中阵亡，威廉扫清了继承英格兰王位的一

> 黑斯廷斯战役后，"征服者"威廉从诺曼底公爵变成了英格兰国王，直接使得法兰西的封地诺曼底脱离了法兰西，成了英格兰王国的一部分，这为14世纪英法百年战争的爆发埋下了伏笔。

◉ **黑斯廷斯战役**

在黑斯廷斯战役中，哈罗德被弓箭射中，受到了致命伤。通常认为他的眼睛被一支弓箭穿透，但是诗人卡门认为哈罗德被威廉亲自带领的诺曼骑士砍成了碎片。贝叶挂毯中显示了哈罗德被诺曼骑士砍倒的画面，与诗人卡门的描述相符。

切障碍，同时也是以来自斯堪的纳维亚的维京人后裔诺曼人的身份，对英格兰人的一次征服。在此之后1000年的英国王室仍流淌着威廉的血脉。

威廉一世在位时对英格兰的贡献

黑斯廷斯战役获胜后，威廉直取伦敦，12月25日在威斯敏斯特教堂加冕为英格兰国王，称威廉一世（号称"征服者"威廉），有时叫"杂种威廉"，开启了英格兰的诺曼王朝。

威廉一世在刚上位时，为了镇压国内盎格鲁－撒克逊人的叛乱，将英格兰的1/5土地作为自己的领地，将手下的骑士封为男爵，分别派驻各地镇守，并在全国修建了很多城堡。伦敦塔和温莎城堡都是在那个时期修建的。

◉ "征服者"威廉

> 威廉夺得英格兰王位之后的300年中，英格兰的贵族中开始流行说法语，因为"征服者"威廉成长于法国的诺曼底，所以法语得到了重视，这也是为什么现代英语中有许多法语演变而来的词汇的原因。

◉ 温莎城堡
温莎城堡位于英国英格兰东南部区域，目前是英国王室的家族城堡，也是现今世界上有人居住的城堡中最大的一个。
这座城堡是"征服者"威廉统治时期建造的，在温莎城堡中央的高岗上耸立着一座圆塔，这是古代的炮垒，现在城垣上还设有古炮。

威廉一世改变了英格兰的历史进程，不论是商业、宗教或文化上，都由以往趋向斯堪的那维亚的风俗，变成了和欧洲相承继的局面。他引入了法语和法国的生活习惯，其中一些词汇和习俗对英格兰产生了很大的影响。同时，威廉一世也改变了英格兰以农业为主的社会模式，引入欧洲的封建制度，如骑士取代了家奴的地位，农夫地位也降为农奴阶级。

威廉一世执政期间，还致力于保护那些不受法律保护的、受尽歧视的犹太人。因为犹太人一直有着较高的艺术修养和较多的财富，这些都是他需要的，也是英格兰人需要的。在威廉一世的大力支持下，英格兰人跟着犹太人学会了建造石头房屋，同时用精美的木头装扮房屋内部，形成了本土特有的建筑业；英格兰人还通过犹太人开始学习自然科学，并开创了科学启蒙的时代，经过一个半世纪的发展，英格兰自然科学等都已经非常发达，诞生了罗吉尔·培根这样的思想家、科学家。

◉ 罗吉尔·培根
英国早期的一位哲学家和科学家、方济各会修士、实验科学的前驱和英国牛津大学的教授。具有广博的知识，素有"奇异的博士"之称。

"征服者"威廉改变了英格兰的历史进程，甚至连英语都发生了改变，大量新的词汇加入英语中。他将许多新事物带入了这个孤岛，如陪审制度，后来英国法律自成体系，就是以此发端的。

"征服者"威廉死后的王位之争

在中世纪，君主更迭是国家最危险的时候。公元1087年7月，"征服者"威廉在镇压长子罗伯特·柯索斯反叛时落马受重伤，9月9日在鲁昂的圣热尔韦女修道院去世。罗伯特·柯索斯继承了家族在法国的领地诺曼底，成了新一任的诺曼底公爵；而英格兰王位则由"征服者"威廉的次子威廉二世继承；小儿子亨利却没有分得合适的领地，这让他的心里难免有点不舒服。

威廉二世穷奢极欲

威廉二世拥有欧洲人最显著的特点，那就是面色红润，因而又被称为"红脸汉"。为了自己的王位不发生意外，他快马加鞭地从鲁昂出发，前往威斯敏斯特教堂举行加冕礼。为了赢得声望，他把父亲威廉一世遗留的大量财富赠送给教会，并向其治下的每个县郡发放100英镑，用来接济穷人。

"征服者"威廉像个守财奴一样一辈子简朴"存钱"，到了威廉二世时期风向大变，大兴穷奢极欲之风。威廉二世的宠臣兰那夫·弗兰巴德喜爱法国的时尚事物，所以英格兰宫廷无论是服装、娱乐，还是建筑、装饰，均向法国宫廷看齐，极其奢华。

在兰那夫·弗兰巴德的建议下，威廉二世最先建造了奢华的达勒姆城堡和大教堂，后来又在泰晤士河畔建造了威斯敏斯特大厅，这是一座当时欧洲顶级奢华的建筑。

为满足极奢的生活，威廉二世大肆敛财，使得贵族反叛

极致奢华需要大量的财税供给，为了敛财，

◉ 英格兰国王威廉二世
威廉二世是个具有战斗力的军人，但他也是一个冷酷无情的统治者。

◉ 达勒姆城堡和大教堂
达勒姆城堡和大教堂位于英国达勒姆郡，是英国最典型的诺曼式教堂，耸立在威尔河湾陡峭的石坡顶上。达勒姆城堡和大教堂被认为是英国最大、最杰出的诺曼式建筑遗产，其拱顶的大胆革新已预示着哥特式建筑的诞生。达勒姆城堡和大教堂内有为数众多的具有历史与建筑价值的遗迹，1986年作为文化遗产列入《世界遗产名录》。

第四章 从北海大帝克努特到"征服者"威廉 | 49

威廉二世没收了反对派大贵族的所有收入，将其充公，更过分的是到了公元1089年，坎特伯雷大主教兰弗朗克去世，威廉二世为了收缴他的财产，竟将此职务空置。

为了敛财，威廉二世无所不用其极，导致许多贵族对他心怀不满。终于，威廉二世的叔叔奥都首先跳了出来。奥都有财有势，害怕自己的财富被侄子威廉二世搜刮，于是开始支持威廉二世的哥哥罗伯特·柯索斯。此外，除了奥都，其他英格兰贵族和属地贵族也都站到了罗伯特公爵那边。这对威廉二世来说是个坏消息。公元1088年，拥护罗伯特的贵族们发动叛乱，而威廉二世凭借手中的银子和对建立更好的政府的许诺获得了英格兰人民的支持，镇压了叛乱。罗伯特没能在英格兰重整旗鼓，从此再也没有踏上英格兰的土地。公元1090年，威廉二世进攻诺曼底，摧毁了罗伯特的抵抗力量，并强迫他放弃了自己的一部分领地。两兄弟事后达成了一致，威廉二世同意帮助罗伯特恢复他在法国的失地，特别是法国的缅因省。

罗伯特参加了十字军东征，威廉二世被冷箭射死

公元1095年，教皇乌尔班二世宣布发动第一次十字军东征，呼吁欧洲各国搁置国内纷争，全力夺回圣城耶路撒冷。

公元1096年，威廉二世的哥哥罗伯特参加了第一次十字军东征。他需要支持这次冒险活动的资金，于是向威廉二世抵押了诺曼底公国，以换取10 000马克的贷款，这等于威廉二世整年税收的1/4。在罗伯特出征在外的时候，威廉二世以摄政王身份统治诺曼底公国。公元1100

◉ 教皇乌尔班二世

教皇乌尔班二世是中世纪四大拉丁神父之一，他在神圣罗马帝国皇帝的重压下另辟战场，发起了十字军东征，重振了教皇的权威。

年8月2日，威廉二世在一次围猎中被冷箭射中，当场死亡。而罗伯特一走5年，一直到威廉二世死后一个月后才回到诺曼底。

威廉二世死后，由于他终生未娶，也没有私生子，而他的大哥罗伯特又出征在外，所以他的弟弟亨利抢先在威斯敏斯特教堂加冕为国王，称为亨利一世，也被称为"儒雅者"亨利。亨利一世在加冕礼上承诺废除威廉二世的许多不合民意的政策，这让他获得了英格兰人的支持。

罗伯特对于亨利一世继承英格兰王位十分不满，他于公元1101年发起对亨利一世的进攻，双方互有胜负，获得英格兰人民支持的亨利一世于公元1106年渡海至法国，在坦什布赖战役中击败并俘虏了哥哥罗伯特，将他判处终身监禁并关押在迪韦齐斯，后又改押在卡迪夫。

◉ 第一次十字军东征

公元1095年11月27日，教皇乌尔班二世号召教徒拿起武器，夺回圣城耶路撒冷，参加远征的人可获赦罪，战死疆场者可升入天堂。

● 安条克之围

威廉二世的哥哥诺曼底的罗伯特·柯索斯公爵作为十字军的一支主力,参与了著名的安条克之围。

安条克作为拜占庭帝国在叙利亚最后的要塞,被穆斯林攻占。第一次十字军东征期间,十字军于公元1097年和1098年包围了穆斯林掌控下的安条克,虽然最后攻克了城堡,但是期间十字军中发生了严重的饥荒,导致1/7的士兵饿死。

罗伯特、威廉和亨利三兄弟之间感情不和源于公元1077年或1078年发生在雷加的一段往事:威廉和亨利因为无聊想要作弄一下罗伯特,他们在楼上的门廊上对准罗伯特泼污水。这一行为激怒了罗伯特,他深以为耻,导致三兄弟间的争吵,最后他们的父亲威廉一世都被迫介入,在他的调解劝和下才勉强恢复了兄弟间的关系。

亨利一世认为国家必须要有固定的制度。在亨利一世统治期间,他有位顾问叫罗杰,以"首席法官"身份治理英格兰,由他开始有了年度纳税的制度。就像我国明朝朱元璋时代一样:每年开春,郡县官员会预估当年的收成或者税金,到第二年3月,将自己预估的固定数量上交国王,完不成则需要说明原因,否则就会有特定的惩罚。

第五章
金雀花王朝

公元1120年，亨利一世的儿子、王位继承人威廉·艾德林在乘坐皇家轮船"白轮船"号从诺曼底返回英格兰时不幸溺死。失去了唯一的继承人后，亨利一世不得不宣布其女儿玛蒂尔达公主为王位继承人，同时拥有法国诺曼底封地，而且亨利一世逼迫贵族宣誓效忠其女儿。这样的做法不仅激化了贵族与下一任国王的矛盾，而且在英格兰传统上还从来没有女王的先例，这为日后的祸患埋下了种子。

亨利二世创立金雀花王朝

斯蒂芬与玛蒂尔达公主争夺英格兰王位

玛蒂尔达公主的第一任丈夫是神圣罗马帝国皇帝亨利五世，但他在玛蒂尔达26岁时就死了，接着她又嫁给了法兰西的安茹伯爵富尔克年仅14岁的长子杰弗里（后来的安茹伯爵戈德弗鲁瓦五世）。

公元1135年，亨利一世在诺曼底去世，他死前又将王位传给了外甥布洛瓦的斯蒂芬，此时英格兰王位的合法继承人就有两个：一个是嫁给安茹伯爵的玛蒂尔达公主，另一个就是布洛瓦的斯蒂芬。双方因王位之争爆发了长达15年的内战，史称"混乱时代"。

亨利一世死后，斯蒂芬第一个赶到英格兰宣布继承舅舅的王位，玛蒂尔达公主也从法兰西赶回，与已经继承王位的

◉ 英格兰国王亨利一世

◉ 亨利五世

神圣罗马帝国皇帝亨利五世（1106—1125年），亨利四世和默林女伯爵的次子，公元1111年加冕为帝。亨利五世在位期间，罗马教皇和皇帝互相敌视，混战不休，德意志诸侯则利用皇帝和教皇的矛盾，自行扩张他们的领土和主权，德意志王权衰微，从此开始了德意志诸侯林立的时代。亨利五世的妻子是英王亨利一世的女儿玛蒂尔达，他死后无嗣，皇位落到了亨利五世的政敌、萨克森公爵洛泰尔二世手中，萨利安王朝结束。

斯蒂芬作战。公元 1138 年，玛蒂尔达的支持者被斯蒂芬的大军击败。第二年，玛蒂尔达再次抵达英格兰，一些主教和贵族们便开始转到她的阵营。公元 1141 年，双方军队在林肯交战，此战斯蒂芬落败，玛蒂尔达当上了英格兰女王。但很快斯蒂芬卷土重来，玛蒂尔达在牛津城堡被围，敌人来势汹汹，女王只得乔装打扮，趁着月色徒步穿过冰封的泰晤士河才逃出生天。

小亨利遇到了他生命中最重要的女人

公元 1148 年，玛蒂尔达回到安茹，而此时她的儿子小亨利已经 9 岁了，玛蒂尔达将夺取英格兰王位的大任转交给了儿子小亨利。

小亨利身材魁梧，长着一头红发，据说有一副非常好的相貌，是一个"面容令人百看不厌"的美男子，又称为"短斗篷亨利"。

公元 1157 年，小亨利（18 岁时）以领主的身份正式拜见法兰西国王路易七世及其 29 岁的妻子埃莉诺王后。

● 中世纪捕捞七鳃鳗的油画
据传说英格兰国王亨利一世因过度食用七鳃鳗而在痛苦中死去。

斯蒂芬的两个儿子都没有后代，只有次女玛丽有后代，而且都很有名。
后来的勃艮第公爵无畏的约翰、好人腓力、大胆的查理、神圣罗马帝国皇帝查理五世、法兰西国王路易十五等都是玛丽的后代；爱德华三世的王后海诺尔特的菲利帕是玛丽的五世孙女，所以爱德华三世以后的英格兰国王都是斯蒂芬的后代。

● 斯蒂芬
斯蒂芬，英格兰诺曼王朝最后一位国王（1135—1154 年在位）。威廉二世和亨利一世外甥，法国的布洛瓦伯爵之子，母亲是威廉一世的第 4 个女儿。
斯蒂芬从小被送到舅舅英格兰国王亨利一世的宫廷抚养，并得到舅舅的宠爱。之后又继承了法国的莫坦伯爵和布劳涅伯爵的爵位和封地。
英格兰国王亨利一世死后，他第一个赶到英格兰宣布继承王位兼领诺曼底公爵爵位。

埃莉诺王后同时也是阿基坦女公爵，据称在嫁给法兰西国王路易七世之前，是整个欧洲的男人都想娶的女人。她年轻时还曾率领军队参加过第二次十字军东征，就是这样的一个女人对小亨利一见钟情，随后两人发展为情人关系，埃莉诺王后还向教皇提出要与路易七世离婚（理由是生育问题），第二年她便成功地嫁给了小亨利。这令欧洲各国震惊不已，但木已成舟，路易七世也无能为力，只能眼睁睁地看着埃莉诺给小亨利生了8个孩子。

小亨利从母亲那里继承了法国的诺曼底公国，又从父亲那里继承了安茹，还得到了埃莉诺作为嫁妆的阿基坦，这让他成了法兰西最大的领主，而他与路易七世的宿怨也越来越深。在小亨利的大部分生命里，他都企图以武力或智力战胜路易七世。

◉ **阿基坦女公爵埃莉诺**

阿基坦女公爵埃莉诺是法兰西国王路易七世和英格兰国王亨利二世的王后，英王理查一世（"狮心王"）和约翰（"无地王"）的母亲，也是中世纪欧洲最有财富和权力的女人之一。

小亨利顺利加冕为英格兰国王

小亨利第一次来到英格兰是在公元1142年，以支持其母亲玛蒂尔达对英格兰王位的要求，但玛蒂尔达最终未能从布洛瓦的斯蒂芬手中夺得王位。不过根据斯蒂芬与玛蒂尔达的一项协定，即斯蒂芬死后，由小亨利继承英格兰王位。公元1154年，斯蒂芬死了，小亨利顺利登上了英格兰王位，为了与外祖父亨利一世相区别，在历史上小亨利被称为亨利二世。

◉ **法兰西国王路易七世**

路易七世与神圣罗马帝国皇帝康拉德三世一起领导了第二次十字军东征（1147—1149年），这次东征并无成果。而且更为严重的是，此次东征导致了他和埃莉诺王后的矛盾，由于东征开支浩大，王室入不敷出，埃莉诺王后坚决反对该次行动，最终导致两人在公元1152年离婚（埃莉诺和路易七世离婚的另一个原因是她和路易一直没有生下孩子，但埃莉诺改嫁英王亨利二世后，给亨利二世生了8个孩子）。

第五章 金雀花王朝 | 55

由他所创立的金雀花王朝是英格兰中世纪最强大的封建王朝。该王朝本名叫安茹王朝，但是因为纹章用金雀花的小枝做装饰，所以人们通常称为金雀花王朝。

亨利二世对英格兰的改革

亨利二世在英格兰进行了一系列改革。

在军事上，亨利二世命令骑士交纳免役金（"盾牌钱"），同时通过其他手段使王室领地收入提高，再用这些钱招募建立了一支装备精良的常备军。在作战时间上不再受传统骑士役规定的40天固定服役期的限制。除了改革封建军队之外，亨利二世还改革了英格兰在诺曼征服前存在的民兵制度。根据他的指令，每一个自由人都必须拿起武器来保护国王。民兵的武器是世袭的，禁止剥夺。

在司法上，亨利二世扩大了国王法庭的权力，他于公元1178年组成中央常设法庭，还设立巡回法庭和陪审制度，接受民间诉讼。

在经济上，亨利二世于公元1188年在英格兰实行什一税。

◉ 英格兰国王亨利二世

亨利二世是金雀花王朝的首位英格兰国王（1154—1189年在位）、诺曼底公爵（1150—1189年在位）、安茹伯爵（1151—1189年在位）及阿基坦公爵（1152—1189年在位），号称"短斗篷亨利"，他所创立的金雀花王朝是英格兰中世纪最强大的一个封建王朝。

什一税是欧洲基督教会向居民征收的宗教捐税。公元6世纪，教会利用《圣经》中农牧产品的1/10"属于上帝"的说法，开始向基督教信徒征收此税。所征实物按产品性质分为大什一税（粮食）、小什一税（蔬菜、水果）、血什一税（牲畜）等。税额往往超过纳税人收入的1/10，负担主要落在农民身上。

◉ 萨顿胡古墓中出土的古英格兰最早的头盔

贝克特为小王子提亲

公元 1155 年，托马斯·贝克特在坎特伯雷大主教西奥巴尔德的推荐下，被亨利二世任命为英格兰的大法官，成为年轻国王的密友与重臣，负责为国王处理复杂的宫廷和政府事务。

自此，贝克特迅速成为金雀花王朝的风云人物，很多权贵甚至亨利二世自己都把孩子送到贝克特家里接受教育。

> 托马斯·贝克特出身于商人家庭，在苏塞克斯的修道院和伦敦的文法学校接受了早期教育，在巴黎学习神学和法律——这是中世纪文人所必然要接受的教育。在机缘巧合之下，贝克特后来为坎特伯雷大主教西奥巴尔德服务。他的文书工作非常出色，得到西奥巴尔德的赏识，被提拔重用。公元 1154 年，贝克特成为坎特伯雷总执事。在总执事任上，贝克特与亨利二世结识。这一年，意气风发的国王 20 岁出头，贝克特也才 36 岁。

◉ 托马斯·贝克特

托马斯·贝克特是英格兰国王亨利二世的大法官兼上议院议长，坎特伯雷大主教。

◉ 坎特伯雷教堂

坎特伯雷是一座位于英国东南部的非都市城市，在英格兰，坎特伯雷被人们形象地比喻为基督教信仰的摇篮。英王的加冕礼常由坎特伯雷大主教主持，大主教还拥有管辖众多主教区的权力。作为大主教驻地，坎特伯雷成了英国的宗教中心、基督教信仰的摇篮。

第五章　金雀花王朝 | 57

> 按中国人的逻辑，这桩婚姻怎么也无法成功，亨利二世夺取了路易七世的妻子，路易七世又怎么可能将女儿嫁给亨利二世的儿子呢？但在中世纪欧洲皇家、贵族缔结的婚约通常是政治联姻，一切都不那么单纯。

> 托马斯·贝克特创造了英国第一部法典，也就是普通法（Common Law），这是英国案例法的起源。

坎特伯雷教堂玻璃花窗上身披绿色斗篷的托马斯·贝克特形象。

● 亨利二世发行的银便士

鉴于王国内战多年，银便士的打制发行没有很好的控制，不合法银便士充斥市面，亨利二世命令全面废除市面上的银便士，于公元1158年发行了全新设计的银便士。

公元1158年，贝克特携大法官头衔，带领一支盛装队伍进入巴黎，他此行的目的是为亨利二世的儿子理查和法兰西国王路易七世的女儿玛格丽特公主缔结婚约。贝克特深知此行任务艰巨，于是通过这支求亲队伍向法兰西人展现了英格兰强大的一面，在威廉·菲茨斯蒂芬所著的《编年史》中这样描述：

"他（贝克特）的扈从有200位骑士、文书、仆役、佣人，他们整齐排列，身着光鲜的服装，他还带了大量的衣服、丝绸斗篷作为礼物……他的车队里有两辆车运送啤酒，这对只知道葡萄酒的法兰西人很新鲜……队伍最后由250人组成，几人一排唱着英格兰风格的歌曲，之后是携带猎犬与鹰隼的人，之后是携盾的武士和牵着马的骑士……抵达巴黎后，他向每一位贵族、骑士、绅士、学者乃至市民馈赠餐具、衣物和金钱。"

面对这样的实力，路易七世虽然与亨利二世有宿怨，但是依旧欣然同意了婚约，并许诺金雀花王朝小王子理查（理查一世）与玛格丽特公主结婚后，将会获得法兰西的一些城堡作为"嫁妆"。

保护教会，不惜与国王撕破脸

公元1161年，坎特伯雷大主教西奥巴尔德去世，亨利二世希望由英格兰人出任大主教（历来大主教都是由教皇指派），教会为了更好地在欧洲大陆施展拳脚，便顺从了王权，于是选中了亨利二世身边的红人托马斯·贝克特。同年6月，贝克特辞去大法官的职务，被任命为坎特伯雷大主教。

贝克特成为大主教后，为了加强教会的地位，不断给教皇写信，要求加强坎特伯雷大主教的权力来压制王权。对于自己密友的这些行为，亨利二世一开始是忍耐的，然而，当改革英格兰法律的时候，这些尖锐的冲突摆上了台面。

自亨利二世继位以来，英格兰有上百起教士谋杀案悬而未决，亨利二世希望教会法庭将犯罪的教士移交给世俗法庭。贝克特虽做了一些让步：将几名犯罪的教士判处终身监禁，但这并不能让亨利二世满意。

公元1163年，教会与国王在伍德斯托克和威斯敏斯特召开了两次会议，就司法改革和税金问题进行大辩论。亨利二世和贝克特撕破脸皮，互不让步，愤怒的亨利二世把自己的儿子从贝克特家中领走。第二年，在亨利二世的威胁下，贝克特被迫同意了《克拉伦登宪章》，规定国王负责圣职的提名，当选的圣职人员在受职前要先向国王行臣服礼，这部宪章将英格兰国王对教会拥有的权力以法律形式确认下来，大大削减了教会的权力。贝克特虽然签了字，但他很快就反对该法律。

为了防止教会权力再次限制王权，亨利二世决心除掉贝克特。公元1164年年底，亨利二世传唤贝克特参加指控他在大法官任上贪污的审判，贝克特闻讯后仓皇逃往法兰西。

⊙ 贝克特加冕为坎特伯雷大主教

⊙ 中世纪欧洲教士

在中世纪，教士犯罪无需接受世俗法庭的审判，只是接受教会法庭的轻微处罚，通常没有肉体惩戒。在12世纪的英格兰，每6个人中就有一个教士，大部分教士目不识丁，与农民无异，但是他们犯了罪仍可以借助教士身份脱罪。

第五章　金雀花王朝

教皇亚历山大三世

教皇亚历山大三世力图确立独立于帝国之外的教皇统治，大力推行教皇格里高利七世的改革政策。身为教皇威权的捍卫者，他支持托马斯·贝克特反对英格兰国王亨利二世。他批准给法兰西圣殿骑士团首领和教廷管辖的骑士团许多特权，允许他们拥有抢掠到的一切财富。

贝克特被杀－插画

据说贝克特死后，教士们发现他贴身穿着长满虱子的毛衣，这在当时说明他是一个恪守教义、禁欲、忠于上帝的圣人。

贝克特被刺杀身亡

贝克特出逃法兰西后，到处活动，搞了个流亡教会，建立了情报系统和武装，影响力很大。几次征剿没辙后，亨利二世只能安抚，把贝克特迎回坎特伯雷，并赦免了他的追随者；但是贝克特脾气没这么好，他回到坎特伯雷后，开始驱逐并打击追随亨利二世的教会人员。

曾经最信任的人如今却成了自己的对手，亨利二世对贝克特恨之入骨，有一天他对侍候他的近臣抱怨说："我宫廷养的都是些可悲的懒汉、叛贼，没有人能帮我摆脱这个麻烦的神父吗？"

有4位皇家骑士"领悟"了主子亨利二世的意图。公元1170年12月29日，这4名全副武装的皇家骑士闯进坎特伯雷大教堂，用重剑劈下了贝克特的脑袋。

在神权至上的中世纪，这起大主教被谋杀事件震惊了基督教世界，教皇亚历山大三世宣布拒绝与任何英格兰人说话，甚至威胁要对亨利二世处以绝罚。

亨利二世虽非主谋，但却理亏。为了缓和与教廷之间的矛盾，他在征服爱尔兰后，积极在爱尔兰传播基督教，又到法国阿夫朗什教堂赤身公开赎罪，并表示将率领十字军东征。最后教会和国王各让一步，双方缔结和约，亨利二世表示教士们不必遵守《克拉伦登宪章》，同时教会宣布贝克特为圣徒，这个事件被看作是教会的一次重大胜利。

亨利二世受到"天谴"

亨利二世和埃莉诺共生了5个儿子，除了

长子威廉早夭之外，共有4个儿子长大成人。二儿子小亨利深受亨利二世喜爱，被立为英格兰王储、诺曼底公爵、安茹伯爵；三儿子"狮心王"理查被封为阿基坦公爵，继承了母亲的领地，这也是埃莉诺最喜爱的儿子；四儿子杰弗里继承布列塔尼公国；小儿子约翰出生后，领土已经分得差不多了，于是就将征服的爱尔兰分给了他。

亨利二世和埃莉诺的感情随着时间的推移变了味，他开始专宠年轻的情妇罗丝蒙德，并且连生了3个私生子。在生下小儿子约翰之后，埃莉诺就回到了阿基坦。

公元1173年，因为父母失和，小亨利、理查和杰弗里3兄弟站在母亲埃莉诺一边对父亲开战，还联合了法王路易七世，但是很快他们就被亨利二世打败了。亨利二世宽恕了他们兄弟几个，却囚禁了他们的母亲。亨利二世认定自己的妻子怂恿儿子们反对他，遂秘密请求教皇允许他与埃莉诺离婚，未获同意。

● 亨利二世的忏悔

这场战争持续了一年左右，虽然亨利二世取得了胜利，但是他在杀害贝克特的事情上心有愧疚，笃信这是上帝给他的"天谴"，在战争中他前往坎特伯雷教堂，接受了所有在场主教的鞭笞——每人至少在国王身上抽3下。亨利二世向上帝发誓自己没有杀害贝克特的意思，双眼不合的祈祷斋戒了3天，请求宽恕。

公元1188年，亨利二世的儿子理查联合新法王腓力二世再次叛乱。这一次，亨利二世再也没有精力对付自己的儿子了。第二年，亨利二世带着众叛亲离的悲痛在法国希农离开人世，

绝罚是教会制裁的一种形式，即将某人从信徒团契中排除，不许他参加教会的圣礼，剥夺他作为教会成员的权利，但不一定剥夺他现有的教会成员身份，是神职人员和教徒所受的重大处分。按天主教神学所说，受此处分者死后不能升天。在中世纪欧洲，遭绝罚者无人能同他往来，教皇曾以此对付世俗帝王。绝罚按不同程度分三种：自我施行的绝罚；教会禁止参与圣事的绝罚——同时神职人员亦不可为其举行圣礼；教会禁止与信徒交往的绝罚——信徒们也要回避之。

第五章 金雀花王朝 | 61

死后葬在法国，这距离贝克特离世已经过去了 20 年。

> **吵架吵出来的牛津大学**
>
> 　　牛津大学是英语国家中最古老的大学。在 12 世纪之前，英国是没有大学的，相传公元 1167 年英格兰国王亨利二世同法兰西国王路易七世发生争吵，亨利二世一气之下召回了在巴黎的英国学者，并且禁止他们去法国进行讲学或从事研究。这批英国学者被安排到了牛津，从而使牛津迅速发展成为英国经院哲学教学和研究的中心。
>
> 　　于是，继博洛尼亚和巴黎之后，牛津成了欧洲的第三个学术研究中心，这实际上就是牛津大学的雏形。
>
> 　　另一种说法是，公元 1167 年两位国王争吵完后，英国的学者就被路易七世赶出了法国。

◉ 牛津大学校徽

"狮心王"理查一世的传奇一生

　　公元 1189 年 9 月，理查在威斯敏斯特教堂举行盛大的加冕仪式，史称理查一世，绰号"狮心王"。之后他释放了被父亲亨利二世囚禁的人。理查一世虽然出生于伦敦，但在法国长大，终其一生都不会说英语，所以他对英格兰并不是那么热情。他只想从英格兰捞钱，支撑自己参加第三次十字军东征的事业。他曾说过："如果能找到买家，我愿意出售伦敦。"

◉ "狮心王"理查一世东征

热衷战争、搁置内政的英雄国王

加冕礼4个月后,理查一世便离开了英格兰,率十字军前往巴勒斯坦,而英格兰的内政则由他的母亲埃莉诺和王弟约翰代理。这位热衷圣战(即第三次十字军东征)的国王,为了能够在英格兰搜刮到更多的资金,命令约翰及大臣们在英格兰境内实施高税收政策。

第三次十字军东征的规模是历次东征中最大的,由英格兰国王"狮心王"理查一世、神圣罗马帝国皇帝"红胡子"腓特烈一世还有法兰西国王"狐狸"腓力二世挂帅出征,穆斯林那边的主帅则是埃及阿尤布王朝的萨拉丁。

理查一世远征巴勒斯坦,并未收获他想象的荣耀。几路人马浩浩荡荡,不料神圣罗马帝国皇帝"红胡子"腓特烈一世在以少胜多击败突厥人后在小亚细亚坠水而亡,神圣罗马帝国军队随即散去大半。英法联军经海路到达圣地,前进到阿克城。理查一世和腓力二世爆发了冲突,腓力二世也撤军回国了,只剩下理查一世孤军作战。到了公元1192年,理查一世被迫与萨拉丁谈判,谈判的结果是准许非武装的天主教朝圣者自由前往耶路撒冷朝圣,基督徒可以保留先前收复的领地,十字军国家与伊斯兰国家互开商路。

就在这时,英格兰国内传来消息,约翰推翻了理查一世任命的摄政威廉·朗香,这对他的统治造成了严重威胁。

犹如西天取经般的回国之路

约翰企图谋反得到了法兰西国王腓力二世的帮助。腓力二世为什么会帮助约翰谋反呢?

◉ "狮心王"理查一世和法兰西国王腓力二世一起接受穆斯林守军的投降

◉ 法兰西国王腓力二世

腓力二世是卡佩王朝的第7任君主,法兰西国王路易七世之子,母亲为香槟的阿黛勒,生于巴黎。腓力二世通过努力,使法兰西王权由弱转强,王室领地扩大了3倍,使法国向中央集权迈出了最关键的一步。

迪恩施泰因城堡

公元1192年,"狮心王"理查一世在东征回程途中,被奥地利公爵利奥波德五世俘虏,囚禁在迪恩施泰因城堡。在理查一世被囚禁期间,法兰西趁机夺走了英格兰在法兰西境内的诺曼底领地。

奥地利公爵利奥波德五世

这是因为在公元1191年,理查一世结婚了,娶的是塞浦路斯的贝伦加丽亚,而他在12岁时就已经与腓力二世的妹妹玛格丽特公主订有婚约,而如今玛格丽特公主33岁了,理查一世却娶了别人,只字不提与玛格丽特公主的婚约。加上英格兰的版图越来越大,而且在法兰西腹地还有大量的英格兰属地,这些仇怨使得腓力二世参与了英格兰的王位内乱之中。

当理查一世得知约翰已与腓力二世联手后,便快马加鞭地返回英格兰。他首先来到了德国境内,德国皇帝亨利六世因为西西里归属问题与理查一世有隙;好不容易过了德国边境,来到奥地利,而奥地利公爵利奥波德五世也因为东征中的纠纷对他恨之入骨,如今有了报仇的机会,当然不容错失。

公元1192年秋,理查一世化装成商人,企图通过奥地利进入英格兰,在维也纳附近被人识破,成为奥地利公爵利奥波德五世的俘虏。第二年年初,利奥波德五世把他解送给亨利六世。亨利六世又将理查一世囚禁了近两年的时间,在要求他缴纳15万马克的巨额赎金后才予以释放。

> 德国皇帝腓特烈一世在小亚细亚溺亡后,德国军队大部分散去,利奥波德五世所部继续留在十字军中,当阿克城被十字军占领时,利奥波德五世在城上升起自己的旗帜并与理查一世的旗帜并列,英格兰士兵将此举视为忤逆。他们拔掉了公爵的旗帜,将它掷入护城河中,这对利奥波德五世是莫大的耻辱。

64 | 海洋与文明:英国

被花光家底的英格兰经济

理查一世之弟"无地王"约翰利用其兄被俘，密谋发动叛乱，夺取王位。休伯特·沃尔特依靠忠于理查一世的贵族和伦敦市民的支持，将约翰击败。理查一世被囚禁期间托人传话到英格兰，表示如果约翰能从亨利六世手上赎回自己，便能成为英格兰王位的合法继承人。约翰欣然同意筹备赎金。

15万马克几乎相当于英格兰财政年收入的两三倍。为了凑足这么一大笔钱，英格兰不得不开征"皇冠税"，连同教会和外国人加一起，约翰终于在法兰西的友情资助下，凑足了这笔赎金。公元1194年3月，理查一世回到英格兰，伦敦市民热烈欢迎他的归来。理查一世赦免了约翰，并立他为王位继承人。

理查一世获得自由后，并没有安分下来。公元1194年，他发动战争夺回了被腓力二世抢走的诺曼底，并从公元1196年开始，在塞纳河上修建雄伟险峻的盖扬城堡，这是中世纪最著名的要塞。但这笔费用及其他军事开支使英格兰的经济雪上加霜。

在理查一世执政期间，他向国内下达最多的指令就是：要钱！这让英格兰的国民不堪重负，于是在修建盖扬城堡当年，就发生了抗税的暴动。

理查一世为钱而死，受到惩罚

钱对于理查一世来说太重要了，而英格兰人民已经无力再为他提供更多的财富，这时一个关于宝藏的谣言激起了他的贪欲："在法国沙露堡发现了12个黄金铸造的骑士和一张金桌。"为了获得传说中的财宝，公元1199年，理查一世率军包围了这座城堡，命令城堡主人利摩日子爵艾马尔五世交出宝藏，否则要绞杀城堡内的全部居民。他在战斗中身先士卒，不料被堡中一支弩箭射中肩头，箭伤本身并不致命，但是伤口

◉ 亨利六世

在塞纳河上修筑城堡有一个问题，那就是选址处并非英王所属地区，而是里昂大主教戈蒂埃·德·库坦斯的领地。为了避免不必要的冲突，理查一世不得不用其他几处公爵领换取了这片战略要地。
理查一世花费巨资修建的盖扬城堡堪称是当时英格兰最雄伟的城堡。理查一世毫不掩饰地将这座城堡称为自己的"女儿""掌上明珠"。

◉ "狮心王"理查雕像

● 战马上的"狮心王"

理查一世虽然不是一个合格的国王,但却是一个伟大的战士,战斗中身先士卒,以打仗不穿盔甲而闻名,他是英明的统帅,他的"狮心王"称号名副其实。

却发生了坏疽。公元1199年4月6日,理查一世在母亲埃莉诺的怀抱中与世长辞,时年42岁。在之前,他亲自赦免了射中他的凶手。

理查一世临终前要求部下将他的遗体分为三份,心脏、头、身体分别埋葬,其中身体埋在其父亨利二世脚下,以示忏悔。因为理查一世觉得,自己从16岁开始就与外人勾结,起兵造父亲的反,在父亲战败之后,逼他签下屈辱的条约,令父亲亨利二世含恨而终,自己罪大恶极,所以自罚死后没有全尸。

> 理查一世与贝伦加丽亚没有子女,私生子腓力不能继位。他最初以自己的侄子、后来成为布列塔尼公爵的亚瑟为储,后又改以幼弟约翰为储并由他继承了王位,为日后叔侄相争埋下了祸根。

"无地王"约翰与《自由大宪章》

"无地王"约翰是亨利二世和埃莉诺的幼子,在父亲分配封地时,到他这里已经无地可封了,因此得名"无地王"。

理查一世死后,他承袭了英格兰庞大的国土,也不得不面对英格兰窘迫的经济状况。

屡战屡败,使得国内税收高涨

约翰继位后与法兰西国王腓力二世于公元1200年签订协议,腓力二世承认约翰在法兰西境内的安茹、诺曼底及阿基坦的统治权。但在公元1202年,腓力二世以领主的身份宣布

● 制作精美的金皮带扣(萨顿胡古墓陪葬品)

66 | 海洋与文明:英国

没收约翰在欧洲大陆的全部领地,约翰一怒之下挑起了战争。在米拉堡,约翰与受法王支持的兄长理查一世的外甥亚瑟交战,战斗中约翰打败并俘虏了亚瑟和200多名贵族。他残酷地对待他的前王位竞争者亚瑟。在一次醉酒后失去理智的愤怒中,约翰杀死了亚瑟,并将他抛尸野外。他还残酷地虐待被俘的贵族,致使其中的21人被饿死。约翰的举动激起了大陆贵族们的强烈义愤,他们与法王腓力二世同仇敌忾,将他赶回了英格兰。约翰失去了除阿基坦以外的所有海外领地。

为了筹集战争经费,约翰把贵族的领地财产据为己有,还任意增加税收。据记载,约翰将兵役免除税提高了16倍,同时把贵族们对封号和领地的继承税提高了100倍,动产税增加了一倍。他还发明了商税,所有进出口货物按价值的1/15收税。接下来他又把黑手伸向了教会,仅在公元1209—1211年,就从教会掠夺了2.8万英镑。与此同时,牛、羊、小麦的价格都成倍上涨。这是英格兰历史上有记录的第一次通货膨胀,整个英格兰民怨沸腾。

公元1215年春天,愤怒的贵族们集结起来,武装讨伐国王,国王与贵族之间的战争爆发,最后以约翰的失败而结束。

公元1215年6月15日,约翰与25位贵族代表进行了整整4天的交锋,最后,终于签署《自由大宪章》这份和平停战宣言。

英格兰法律基石——《自由大宪章》

《自由大宪章》由一个序言和63个条款构成,主要内容是:贵族和教会的权力不受国王的侵犯,规定全体自由民享有自由权;伦敦

⊙ "无地王"约翰

⊙ 《自由大宪章》副本

现存《自由大宪章》副本17份,一份誊写于公元1297年的英国《自由大宪章》副本曾于2007年12月18日在纽约索斯比拍卖行以2130万美元的价格被一名通过电话竞拍的买主购得。

○ 签署《自由大宪章》

○ 教皇英诺森三世

及其他各城市享有自治权；国王征税必须同贵族会议商量并听取民众的意见；非经同级贵族依法审判，任何自由民不受拘捕、监禁、没收财产、剥夺公权、放逐、伤害搜查等；不得强迫骑士和其他拥有土地者服额外的兵役；由25名贵族组成一个委员会，监督大宪章的执行；国王如有违反，可对其采取剥夺土地、没收财产等手段予以制裁，甚至还有一条申明，如果国王违反规定，封建主有以武力进行反抗的权利。

"无地王"约翰是在武力威胁之下被迫在文件上签字的，就在贵族们离开伦敦各自返回封地之后，约翰立即宣布废弃《自由大宪章》，同时教皇英诺森三世也训斥《自由大宪章》为"以武力及恐惧强加于国王的无耻条款"，教皇否定了任何贵族对权力的要求，称这样做破坏了国王的尊严。

随后英格兰陷入内战，即公元1215—1217年的第一次诸侯战争。

祸不单行的英格兰

"无地王"约翰统治下的英格兰民不聊生，国内混乱不堪，在边界上凯尔特人又开始蠢蠢欲动；威尔士人也趁机南下，攻占了英格兰边界的喀麦登；苏格兰国王亚历山大二世趁机率军挺进泰恩河沿岸，声称属于英格兰的诺森布里亚应归于苏格兰治下。

在内忧外患之下，约翰被国内的贵族多次战败，几经逃亡，最终于公元1216年10月死去。关于他的死，有人说是因为痢疾，也有人说是因为中毒。

亨利三世时期诞生了议会

约翰去世后，他年仅9岁的长子亨利三世即位。由国家老臣威廉·马歇尔辅佐，教廷主教瓜拉负责教育年幼的国王。威廉·马歇尔迅速组织

◉ 苏格兰国王亚历山大二世

亚历山大二世在苏格兰国内加强王权，并把自己的统治扩张到苏格兰的边远地区。他支持了英格兰贵族反对"无地王"约翰的叛乱，还帮助贵族们在公元1215年迫使约翰签署了《自由大宪章》。但是在公元1217年，他承认约翰之子亨利三世为他的领主。公元1221年，他与亨利三世的妹妹乔安·金雀花结婚。

◉ 被战火摧毁的喀麦登城堡
喀麦登濒临托威河，距布里斯托尔湾口约13千米，如今是英国威尔士达费德郡首府。

了亨利三世的加冕仪式，并且勒令英格兰朝臣前来朝拜，他可谓是深陷战乱时英格兰唯一的希望。由于约翰在位时签下的《自由大宪章》，在亨利三世年幼期间这些伯爵可以依据大宪章，凭借御前会议，作为国土的执政人来统治英格兰。御前会议的成员包括首席政法官、王宫总监、财政大臣、大法官、大主教等，这些执政人一直统治到公元1227年，也就意味着他们一直把持朝政直到亨利三世成人。

英法战争频发

英格兰内部政局初定，威廉·马歇尔迅速组织军队与大敌法兰西交战。

◉ **威廉·马歇尔雕像**
威廉·马歇尔（1146—1219年），第一彭布罗克伯爵，王室御马总监，通称威廉元帅，英国有史以来最伟大的骑士，自斯蒂芬以来，他先后服务于4个英格兰国王（亨利二世，"狮心王"理查，"无地王"约翰和亨利三世），最后成为英格兰摄政王，被誉为最忠诚的骑士，公元1219年，威廉·马歇尔去世，以圣殿骑士身份安葬。

◉ **基尔肯尼城堡**
基尔肯尼城堡是世界上最重要的城堡之一，与爱丁堡、伦敦塔，还有德国巴伐利亚州的麦德鲁德韦格城堡齐名。
基尔肯尼城堡由威廉·马歇尔于公元1172年建造，位于诺尔河的一个弯道上，这座诺曼时代的建筑经历了几个世纪的风风雨雨。

自金雀花王朝建立以来，英格兰与法兰西就有着剪不断、理还乱的关系。金雀花王朝的开国君主亨利二世本是法兰西国王的臣下，到了后来英格兰的疆域居然超过了法兰西，所以只要英格兰内部稍不平静，法兰西总会趁机来咬一口。

约翰死后，新王初定之时，法兰西又来添乱，先是夺取了法兰西境内的英格兰属地诺曼底。公元1217年，法兰西的路易王子亲征英格兰。英格兰组织抵抗，法军在英格兰的进展不顺利，只得与英格兰签订和平协议，在获得1万马克的补偿金后撤退了。

最没存在感的国王

公元1227年，20岁的亨利三世开始亲政，他继承了父亲约翰的野心，却有着柔弱的性格，为自己的统治带来了不少麻烦。

亨利三世一亲政就抛开了御前会议，无论大事小事都按自己的决定来。贵族们对亨利三世的行为感到不安，因为他并不遵守《自由大宪章》的约定。

亨利三世亲政以后一直是个忠实的教徒，时任罗马教皇的格里高利九世与神圣罗马帝国皇帝腓特烈二世正在开战，需要大批金钱资助，亨利三世不顾英格兰国内的情况，为教皇提供了大笔钱财，不仅如此，随着教皇那边战争的加剧，教皇还专门派特使在英格兰的国土上收取高额教禄（这个可以简单粗暴地理解为会费）。

◉ 英格兰国王亨利三世

亨利三世是英格兰金雀花王朝第4位国王（1216—1272年在位）。虽然亨利三世做了50多年的国王，时间相当长，但他却是英格兰历史上最无名的国王之一。他在位时最重要的事是产生了议会。

◉ 罗马教皇格里高利九世

到了公元1236年,英格兰已是民怨沸腾,暗流涌动。亨利三世并未觉察到国内的危险局势,在公元1242年依然发动了对法兰西的远征,企图将被法兰西侵占的国土再抢回来,但是并未得逞。

教皇的阴谋点燃英格兰局势

本来亨利三世远征法兰西失败后,如果休养生息,不再折腾,情况自然会慢慢变好。可自公元1252年起,英格兰连续三年粮食歉收,民生更加艰难。就在这时,急需大量金钱的教皇再次找到了亨利三世。

公元1254年,亨利三世与新任教皇英诺森四世达成一项协议,教皇允诺将西西里王位授予亨利三世的次子埃德蒙,亨利三世则需向教皇提供西西里战争的军费。当时埃德蒙只是一个尚在襁褓中的婴儿,而西西里则在神圣罗马帝国皇帝腓特烈二世的控制之下,教皇开了一个空头支票,亨利三世必须通过战争才能得到西西里王位。

为了拿到西西里,亨利三世向贵族们征收军费,但是贵族们认为西西里距离英格兰太过遥远,这场战争胜算不大,可亨

◉ 神圣罗马帝国皇帝腓特烈二世

公元1245年,教皇英诺森四世在法国的里昂对腓特烈二世处以绝罚(他选择里昂是为了避开皇帝的直接军事威胁)。这使得教皇与神圣罗马帝国之间的矛盾更加水火不容。

◉ 教皇英诺森四世

罗马教廷与神圣罗马帝国皇帝腓特烈二世的矛盾已经持续多年。英诺森四世上任之后,与腓特烈二世的冲突更加明显,腓特烈二世扬言要发兵捣毁罗马教廷,废黜教宗。英诺森四世遂于公元1244年迁往热那亚,第二年又移至法国里昂,并在法王路易九世的支持下于6月28日—7月17日召开大公会议,史称第一次里昂大公会议,会议决定对腓特烈二世处以绝罚。

利三世固执己见，他不顾英格兰农业连续三年遭灾，仍强行摊派，要求贵族们缴纳他们 1/3 的收入作为军费。

亨利三世的无理要求激起了贵族们的武力反抗。

诞生了议会

公元 1258 年 4 月，以西蒙·德·孟福尔为首的男爵们全副武装去见亨利三世，要求他放弃征税，进行政治改革，以更好地遵守《自由大宪章》的要求。

2 个月后，亨利三世被迫在牛津召开了"狂暴会议"。在此次会议上，贵族们迫使亨利三世接受了《牛津条例》。《牛津条例》更进一步地限制了王权，条约规定：议会定期召开，每年 3 次；未经议会同意，国王不得任意没收土地及分配土地，国王亦不得擅自决定对外发动战争。

不仅如此，亨利三世还被迫遣散了他的外国顾问，而不得不接受议会，从此，议会这个词广泛出现在英格兰的社会生活中。

英国历史上第一次国会

议会制度是对王权的限制，亨利三世当然不甘心被挟制，他勉强遵守了 3 年《牛津条例》。到了公元 1261 年，亨利三世罢免了贵族们提名的最高法官，并将西蒙·德·孟福尔驱逐出国。

西蒙·德·孟福尔也不是省油的灯，两年之后，他被贵族以及支持者重新接回英格兰，打算和亨利三世在战场上见个高低。内战在即，法王路易九世进行"调解"。但是，

◉ 西蒙·德·孟福尔雕像

西蒙·德·孟福尔是法国裔英国贵族，亨利三世的妹夫。率领贵族反抗亨利三世的统治，成为英格兰的实际统治者。在其统治期间，他召开了一次直接选举产生的议会，这在中世纪的欧洲还是第一次。因此西蒙·德·孟福尔被视为现代议会制的创始人之一。公元 1265 年，他在与保王党的军队作战中阵亡。

◉ 西蒙·德·孟福尔在攻城中被石块砸死

路易九世一味偏袒亨利三世，西蒙·德·孟福尔宣布不接受法王的调解，内战终于爆发。公元1264年5月，西蒙·德·孟福尔在英格兰南部击败了亨利三世的军队，生擒爱德华王子。获胜后，西蒙·德·孟福尔得以大权在握，他建立了一个9人委员会，并于公元1264年召开"西门会议"。

公元1265年1月，西蒙·德·孟福尔在凯尼尔沃思城堡召开了英国历史上第一次国会。参加者除了男爵、高级教士和每郡两位骑士外，还有每个自由市的两位市民代表。这表明贵族与市民阶层开始联合对付国王，市民阶层开始登上英国的政治舞台。之前的议会由国王召开，而此次议会则意味着没有国王也可以召开议会，而且讨论的是国家各项事务。西蒙·德·孟福尔的议会控制了所有国家机构和法官系统。换句话说，西蒙·德·孟福尔控制了英格兰的政局，时间长达一年之久。亨利三世大权旁落，成为权臣手中的傀儡。

◎ 凯尼尔沃思城堡
凯尼尔沃思城堡是英格兰最宏伟的城堡之一。它最初建于12世纪20年代，是历史上大部分时间的皇家城堡。公元1253年，亨利三世将凯尼尔沃思城堡送给了他的妹妹和妹夫西蒙·德·孟福尔。

议会后的英格兰内政

在西蒙·德·孟福尔的改革慢慢推进的时候，在革命者的阵营里开始因权力的腐蚀出现了争权夺利的现象，曾经的盟友吉尔伯特伯爵离他而去，转投国王阵营，甚至出力救出被囚禁的爱德华王子。

公元1265年8月，爱德华王子组织了一支军队和西蒙·德·孟福尔的军队开战，双方爆发了伊夫舍姆战役，西蒙·德·孟福尔在此战中被杀，国王一方的军队大获全胜，亨利三世在儿子爱德华的支持下夺回了权力。

公元1266年，英格兰王室夺回所有权力，之后，爱德华王子渐渐成为实权人物。

公元1272年，亨利三世去世，爱德华王子继位成为新一任英格兰国王。金雀花王朝在历经约翰和亨利三世两朝混乱之后，终于又有一位勇武的君主登上了王位。

在伊夫舍姆战役之后，凯尼尔沃思城堡成了亨利三世的王子埃德蒙的财产，随后埃德蒙成为兰开斯特的第一位伯爵，并积累了大量的土地，形成了公国。

教会人士掩埋了西蒙·德·孟福尔的尸体，掩埋处成为圣地。西蒙·德·孟福尔作为英国议会政治的重要改革人物，长期受到英国人的尊崇。

◉ 使用抛石机进攻－插画
据资料记载，西蒙·德·孟福尔围攻图卢兹时所用的抛石机杆臂达到了12米，而其配重据说为26吨。

"苏格兰之锤"爱德华一世

公元 1268—1272 年，爱德华一世参加了由法兰西国王路易九世为首的第八次十字军东征，在返回途中，他获知了父亲亨利三世的死讯，时年 35 岁的爱德华继承了英格兰王位，他没有直接回到英格兰，而是在法兰西境内待了两年。公元 1274 年 8 月，他回到英格兰举行了加冕仪式。

爱德华一世的议会政策

爱德华一世和亨利三世不同，他并不像他父亲那样极端反对议会。因为爱德华一世年轻时曾接触了解过议会人员的议事方式，对这种制度还是比较认可的。

爱德华一世执政期间，在大法官罗伯特·伯尔内的指点下实施了一种新的议会制度：政府以百人为单位，召集陪审团对民众不满的问题进行普查和登记，并指派专门的委员会成员收集成《百户邑宗卷》，然后在议会上讨论这些问题的解决办法。这就是以《自由大宪章》为基础的《威斯敏斯特法令》。这个法令涉及土地、贸易、

◉ 第八次十字军东征

公元 1270 年，法兰西国王路易九世为报公元 1250 年兵败之仇，不听法兰西贵族及近臣的劝阻，率领雇佣骑士，进攻突尼斯的哈夫斯王朝。十字军在突尼斯登陆不久，全军染上瘟疫，一路上有大批士兵死亡，路易九世亦染病身亡。路易九世的儿子兼继承人腓力三世马上下令撤退。此次东征以十字军撤退而告失败收场，此后，教皇曾多次号召组织十字军，都未能实现。

十字军东征前后有 8 次，历时近 200 年，原来占领的领土逐一被穆斯林收复，从北非、小亚细亚，一直到东南欧，都成了穆斯林的势力范围。第八次十字军东征后，标志着十字军东征彻底失败。

◉ 英国国会大厦

英国国会大厦又名威斯敏斯特宫，也称议会大厦，是英国议会（包括上议院和下议院）的所在地。位于英国伦敦的中心威斯敏斯特市，它坐落在泰晤士河北岸，邻近以白厅为中心的其他政府建筑物。它的西北角的钟楼就是著名的大本钟（大本钟已于 2012 年 6 月更名为"伊丽莎白塔"）。

教会和公共秩序，其实施得到了上至贵族、骑士，下至平民百姓组成的"上、下议会"的认可，这种议会在爱德华一世执政的前15年间多次召开。

爱德华一世的军事改革

爱德华一世改革了英格兰的军事制度和各个兵种。他组建了一支装备精良的重铠骑兵，并开创了长弓兵的先河。之前西欧各国在军事上都是重视骑兵而轻视弓兵，而弓兵的潜力和威力在爱德华一世的手上被充分挖掘出来。同时，他创造了先用弓兵扰乱敌方战阵、骑兵再跟上冲击的战术。正是凭借他所缔造的英格兰军队和战术，几十年后其嫡孙爱德华三世横扫法兰西王国，取得了英法百年之战前期的辉煌胜利。

爱德华一世铁腕没收贵族非法土地

随着英格兰国内人口数量不断增多，土地问题变得尖锐起来。对于持有土地的贵族，爱德华一世没有办法没收他们世袭的家产，但可以清理他们随意占据的土地。爱德华一世上台之后，对英格兰的贵族们展开了一系列土地持有和管理资格凭证的调查。他要求贵族们必须亲自去法庭证明自己的继承权，若有不服从的，将会受到惩治。

比如，曾参加过苏格兰边界扩张运动的瓦伦纳伯爵，被检查员要求出示财产许可证时，他没有这样的证明，却挥舞着家族先辈们在黑斯廷斯战役中使用过的剑，大声说："这就是我的证明！"根据前文我们知道，在黑斯廷斯战役后"征服者"威廉得到了英格兰王位，这相当于拿祖先曾经的荣耀来说事。可是爱德华一世照样以

> 在爱德华一世统治期间，《自由大宪章》得到了法律化并一直延续了800年。从某种意义上讲，《自由大宪章》其实并没有削弱或者限制王权。相反，它保证了从"征服者"威廉到如今的伊丽莎白二世女王一直血脉相连——正是因为"国王也必须遵守法律"，所以英国王室才能存在。

◉ 黑斯廷斯战役

铁腕手段没收了他的一部分土地。有了这样的前车之鉴，国内的贵族们只能老老实实地服从他的命令。

爱德华一世征服威尔士

整顿好英格兰国内后，爱德华一世便腾出手来修理那些不听招呼的领主们。

在亨利三世与法兰西开战的时候，掌握了威尔士大半国土的威尔士王卢埃林要求独立，当时亨利三世无暇东顾，也就间接地默认了。

爱德华一世继位后，卢埃林一方面修筑新的城堡，另一方面则多次拒绝向他宣誓效忠，其借口是爱德华一世在卢埃林家族的内部纷争中，袒护阴谋篡位的卢埃林的弟弟戴维。公元1277年1月，忍无可忍的爱德华一世决定出兵威尔士，他在切斯特集合了一支超过15 000人的军队，除了士兵之外，还有海岸搬运工、修路工人和货物搬运车。

由于深知威尔士民风剽悍，地形复杂，爱德华一世决定采用罗马人的壁垒战术，即在各交通要津和战略重地遍筑城堡，并修建道路将其连成一片，在此基础上稳步向威尔士腹地挺进。同年4月，爱德华一世的大军不仅收复了被卢埃林蚕食的边界地区，占领了威尔士中部，而且还成功地切断了卢埃林的粮食供应渠道，退入山区的卢埃林被迫投降，第二年前往伦敦，屈辱地向爱德华一世行效忠礼，不过他仍然保留了威尔士王的头衔。

公元1282年3月，在爱德华一世忙于苏格兰事务时，卢埃林和戴维在威尔士联手反叛，愤怒的爱德华一世亲率大军击败了这两兄弟，同年12月，卢埃林战败后被俘，因拒绝投降而被杀。次年6月，戴维也落入英军之手，受审后以叛逆罪被处死。至此爱德华一世完成了对威尔士全境的征服，原先属于卢埃林家族的北威尔士成了英格兰王室领地，其他地方则由英格兰贵族占领。

● 爱德华一世

爱德华一世（1239—1307年），英格兰金雀花王朝第5位国王（1272—1307年在位），亨利三世之子。又称"长腿爱德华""苏格兰之锤"（因他对苏格兰人民的镇压）或"残忍的爱德华"，金雀花王朝最重要的代表人物之一。

戴维是英格兰自公元1076年以来因叛逆罪而被判处极刑的第一人，他不仅遭受了数马分尸的酷刑，而且死后也不得入土为安，撕裂的肢体被四处悬挂示众，惨不忍睹。

苏格兰之锤

公元1286年,苏格兰国王亚历山大三世去世,因无子继承,苏格兰王位继承斗争激化。

有继承权的小公主病逝

根据继承法,苏格兰正统的王位继承人是亚历山大三世远在挪威的年仅3岁的外孙女玛格丽特。由于她年龄太小,苏格兰的贵族们决定推选6个监护人辅助管理王国直到她长大成人。

但她的父亲挪威国王埃里克也有自己的打算,他企图在女儿继承王位后同时控制苏格兰与挪威,不过也担心女儿在正式继位前就被苏格兰贵族们夺位。因此,他暗中找到了爱德华一世请求帮助,希望阻止除了他女儿以外的任何人染指苏格兰的王位。爱德华一世愿意支持玛格丽特加冕为苏格兰国王,但有一个条件,那就是她必须嫁给自己的儿子爱德华二世,如果这桩婚事成了的话,他的儿子爱德华二世长大后会成为苏格兰和英格兰共同的国王。

这消息一经宣布,苏格兰的贵族们愤怒了,因为这将严重影响苏格兰的独立。苏格兰的贵族们暂缓了玛格丽特婚事的决定并且要求她马上回到苏格兰,而这位小公主玛格丽特命薄,在公元1290年回归苏格兰的途中病逝在奥克尼岛,由此引发了苏格兰王位继承更大的纷争。

英格兰和法兰西再次在战场上相见

玛格丽特死后,苏格兰失去了正统的王位继承人,国内的大小贵族为了争夺王位争吵不休,期间至少有13名贵族跳出来抢夺王位,内战战火即将在苏格兰大地燃烧,这其中以约翰·巴里奥尔和罗伯特·布鲁斯的实力最强。

这正好是爱德华一世的机会,为了染指苏格兰,

◉ 约翰·巴里奥尔

约翰·巴里奥尔是150年前去世的苏格兰国王大卫一世的第五代外孙,于是成为王位继承的可能人选之一。巴里奥尔的父母及先祖都是显要贵族,不但在苏格兰有大量封地,在英格兰及法兰西都有封地。

◉ 罗伯特·布鲁斯

罗伯特·布鲁斯出生在一个苏格兰贵族世家,其父系祖先有苏格兰-诺曼血统,跟随"征服者"威廉从诺曼底来到不列颠岛。

> 罗伯特·布鲁斯是苏格兰独立的热心支持者，也是威廉·华莱士的同代人，他是苏格兰最受人喜爱的民族英雄之一。

爱德华一世转而支持巴里奥尔，可苏格兰贵族们更倾向于布鲁斯，于是向法兰西求助。历史就像一个圆，转一圈后总会回到起点，英格兰和法兰西这两个宿敌再次在战场上相见。

法兰西站队布鲁斯，使得爱德华一世不敢贸然行动，加之英格兰此时正在与凯尔特地区开战，如果这时候再跟法兰西和苏格兰的联盟军开战，难免会腹背受敌，于是爱德华一世按兵不动，看着苏格兰局势日渐混乱。

约翰·巴里奥尔成为苏格兰国王

面对苏格兰的乱局，此时德高望重的圣安德鲁斯主教威廉·弗拉塞尔邀请爱德华一世来苏格兰做仲裁人。

对爱德华一世来说，这是一个控制苏格兰的绝佳机会，于是他答应了邀请，并前往爱丁堡执行仲裁使命，但他也提出了很苛刻的先决条件：所有的王位竞争者都必须承认爱德华一世是苏格兰的宗主，仲裁期间苏格兰所有的城堡都必须交给爱德华一世控制。

● **圣安德鲁斯城堡**

圣安德鲁斯是苏格兰的天主教中心，在历时半个世纪的苏格兰独立战争（1296—1346年）中，苏格兰军与英格兰军曾在该小镇鏖战，该地要塞中的圣安德鲁斯城堡自然成为两军争夺的对象。战争后期，苏格兰军为防备英格兰军再度占领，将城堡付之一炬。战事之后，圣安德鲁斯大主教沃尔特·特雷尔（Walter Trail）在城堡原址重新建造了一座新城堡，于15世纪元年启用。

公元 1292 年，爱德华一世在巴克利城堡做出了最终裁决，他选择了约翰·巴里奥尔为苏格兰国王，但他不是一个独立的国王，他的王位是爱德华一世所赐的。苏格兰国王巴里奥尔在即位的次日就向英格兰国王爱德华一世行效忠礼，并尊其为苏格兰的最高宗主。

痛苦与不安的晚年

爱德华一世以为苏格兰臣服了，可是在公元 1296 年，由他扶持的苏格兰国王巴里奥尔便宣布不再效忠英格兰，还在当年 7 月和法兰西、挪威结盟（史称"老盟约"，这个同盟一直延续到 16 世纪，根据盟约法兰西每年向苏格兰提供补助金 5 万英镑，作为交换条件，苏格兰必须每年用 4 个月的时间同英格兰作战），试图摆脱英格兰的控制。愤怒之下，爱德华一世集结大军杀向苏格兰，不仅将巴里奥尔赶下了台，还宣布自己对苏格兰领土拥有管辖权，甚至一度将象征苏格兰王权的斯昆石搬到伦敦。这激起了苏格兰人的反抗，以威廉·华莱士为首的苏格兰贵族高举反抗大旗，虽然威廉·华莱士

◉ 巴克利城堡

巴克利城堡坐落于英国格洛斯特郡的巴克利小镇。该城堡历史可以追溯到公元 11 世纪，已被英国文化遗产协会鉴定为一级重点保护建筑遗产。这座城堡是公元 1327 年英格兰国王爱德华二世被杀死的地方。

◉ 彩色玻璃上的威廉·华莱士

威廉·华莱士是一名苏格兰骑士，后来成了苏格兰独立战争的重要领袖之一。战败后被英格兰国王爱德华一世擒获，下令以叛国的罪名斩首。华莱士死后，成了苏格兰独立战争的一个标志性人物。苏格兰人视其为民族英雄，在不列颠岛有好几座华莱士的纪念碑和塑像。

在公元1305年被肢解处决,但并未打击苏格兰人的反抗热情。

这时,法兰西支持的罗伯特·布鲁斯开始高举反抗英格兰的大旗,公元1306年3月25日,罗伯特·布鲁斯自己加封为苏格兰国王,称罗伯特一世。

爱德华一世闻讯后迅速派兵镇压,罗伯特屡吃败仗,虽然弟弟奈杰尔被杀,王后伊丽莎白、妹妹克里斯蒂娜、玛丽、女儿马乔丽都被俘虏,但是罗伯特仍组织起大批游击队与英格兰对抗,使英格兰的统治难以稳固。

眼见罗伯特越闹越凶,爱德华一世决定亲征苏格兰,但在途中染上痢疾,于公元1307年7月7日病死,终年68岁。

有品位的爱德华二世发展了英格兰的文化和艺术

爱德华一世死后,继承英格兰王位的是他的长子爱德华二世,他是个纨绔子弟,对于苏格兰的局势根本不搭理。他也根本不关心、不愿管理英格兰这个强大的国家,因此大权落在了爱德华二世的最亲密朋友和情人皮尔斯·加弗斯顿的手中,后者在公元1312年6月被愤怒的贵族们处死。公元1314年,爱德华二世率领一支庞大的军队讨伐苏格兰国王罗伯特一世,企图再度将北方邻国置于英格兰的统治之下,然而在班诺克本战役中,英格兰大军被苏格兰人打败。爱德华二世名声受损,从此更加受到贵族的摆布。

◉ 斯昆石

斯昆石又称"命运之石",是苏格兰历代国王加冕时使用的一块砂岩。斯昆石色淡黄,呈长方形,长26英寸(66.04厘米),宽16英寸(40.64厘米),高11英寸(27.94厘米),重336磅(152.4千克)。来自爱尔兰的达尔瑞达王朝征服苏格兰之前,他们就已经有使用斯昆石作为加冕石的传统。

◉ 爱德华二世

他最早宠信的佞臣之一是来自加斯科涅的年轻骑士皮尔斯·加弗斯顿,爱德华二世因为把康沃尔伯爵领地赐给加弗斯顿而引起贵族们不满。

公元1316年，苏格兰国王罗伯特一世带兵进入英格兰境内，并派其弟爱德华·布鲁斯征服英格兰属地爱尔兰，爱德华·布鲁斯宣布自己为爱尔兰国王。此时爱德华二世又有了两个新的宠臣：德斯彭瑟父子。他给他们分封土地的做法遭到贵族们的强烈反对。公元1321年，国会宣布放逐德斯彭瑟父子，而爱德华二世以武力支持德斯彭瑟父子。兰开斯特的托马斯领导贵族们发动叛乱，结果被爱德华二世打败并遭处决。爱德华二世因这次军事成功摆脱了贵族们长期的控制。公元1323年，爱德华承认罗伯特一世为独立的苏格兰王国的国王，从而实现了两国的和平。

德斯彭瑟父子的飞扬跋扈引起爱德华二世的王后法兰西的伊莎贝拉的不满。公元1325年，伊莎贝拉回法兰西安排儿子的婚事，在那里她成为一个因反对德斯彭瑟而被爱德华二世放逐的青年贵族罗杰·莫蒂默的情妇。公元1326年，伊莎贝拉与莫蒂默率领流亡贵族入侵英格兰。法兰西国王查理四世应该也参与了他们的合谋。入侵者与爱德华二世的国内反对者取得了胜利，他们将德斯彭瑟父子处决。

公元1327年，英格兰国会废黜了爱德华二世。王后伊莎贝拉逼迫爱德华二世将王位传给他们的儿子爱德华三世，众叛亲离的爱德华二世被关进巴克利城堡的大牢。

◉ 《爱德华二世和皮尔斯·加弗斯顿》—1875年钢版画

◉ 巴克利城堡中关押爱德华二世的房间

爱德华二世于公元1327年9月21日在巴克利城堡中被杀死，具体死亡方式至今未知。

◉ 泥金装饰手抄本

13世纪的泥金装饰手抄本是手抄本的一种,其内容通常是关于宗教的,内文由精美的装饰来填充,例如经过装饰性处理的首字母和边框。泥金装饰图形则经常取材自中世纪纹章或宗教徽记。

◉ 精美泥金装饰手抄本欣赏

在爱德华二世统治英格兰的22年中,尽管他在政治和军事方面毫无建树,但在文化和服饰方面却有一定的发展。比如,他出资修建了哥特式建筑和研究泥金装饰手抄本;他还在牛津和剑桥创办了学院,下令印制精美的诗集和福音书,但是作为国王的他连王位都保不住,只能承受被赶下台的命运。

英法百年战争

爱德华三世在母亲伊莎贝拉及母亲的情人莫蒂默的监管下,终于迎来了自己亲政的时期。爱德华三世体格健美,继承了金雀花家族男子的勇气,他曾问他的近臣:"究竟要征服多少个国家,英格兰国王才能是真正意义上的国王?"

◉ 朗斯大教堂

法国的哥特式教堂建筑在整个欧洲中世纪的第二次国际性时代中（12—15世纪，哥特式时代）有举足轻重的地位。

在爱德华三世看来，与苏格兰人、爱尔兰人打仗只能算是小打小闹，缺少大规模战争的刺激。不久之后，机会来了。

法兰西王位之争

公元1328年，法兰西国王查理四世去世，没有留下男性继承人，这时候有3个王位继承人：一是查理四世的王后埃夫勒的让娜腹中尚未出生的婴儿，二是瓦卢瓦伯爵腓力六世（查理四世的堂兄弟），三是英格兰国王爱德华三世。爱德华三世的母亲伊莎贝拉是查理四世的姐姐，但按照法兰西的《萨利克法》，禁止女性或女性一系的继承人继承王位，所以爱德华三世继承王位的要求被拒绝。

于是瓦卢瓦伯爵腓力六世成为法兰西王位唯一合法的继承人。公元1328年5月27日，腓力六世在朗斯大教堂加冕为法兰西国王，法兰西王室世系转入瓦卢瓦支系中，史称瓦卢瓦王朝。

于是，爱德华三世与法兰西的关系势如水火。

◉ 法兰西国王查理四世

查理四世不是一位善于治理国家的国王，在他统治时期大大加重了课税，令法兰西人民不堪重负，他甚至还以没收臣民的土地作为一项收入来源。

第五章 金雀花王朝 | 85

斯卢以斯海战拉开英法百年战争的序幕

公元1330年，爱德华三世在国内贵族的支持下处死了母亲的情人马奇伯爵罗杰·莫蒂默。在巩固了统治后，再次提出继承法兰西王位的要求。公元1330年，在法兰西的支持下，苏格兰报复性的袭击了英格兰边界地区，同时大批海盗破坏了英格兰与欧洲大陆间的羊毛和酒水贸易。

公元1337年，爱德华三世自封为法兰西国王，开始入侵法兰西。公元1340年，英格兰海军在爱德华三世的指挥下，与法兰西海军激战于斯卢以斯，此战拉开了英法百年战争的序幕。

英格兰海军经过此战夺回了英吉利海峡的控制权，从而可以将军队输送到法兰西本土。据说当时英格兰海军使用弓弩把法军船上的士兵纷纷逼下战舰跳水逃命，被射杀的士兵的鲜血染红了海水。

自公元1337年爱德华三世自封为法兰西国王开始，一直到公元1801年，每个英国国王也都自称是法国国王。

克雷西大捷

斯卢以斯海战之后，爱德华三世底气十足，正式向腓力六世提出继承法兰西王位的要求，腓力六世当然予以拒绝。于是，爱德华三世率英军大举进攻法兰西。

公元1341年，经教皇克莱门特六世调解，英法之间曾有短暂的停战。公元1346年，战事再起，爱德华三世携长子"黑太子"爱德华，率军9000人渡海入侵法兰西，腓力六世率领3万余人迎战。

双方军队在克雷西相遇，法军接连向英军发起了15次冲锋，都被"黑太子"爱德华指挥的长弓手击退，法军伤亡惨重，腓力六世也在此战中受伤，被迫退兵亚眠。英军大捷，乘胜进入诺曼底。此战堪称世界战争史上一次以少胜多的典范。

◉ 英格兰长弓手

公元1150年左右，由于威尔士温暖湿润，到处是森林和草场，山地民族威尔士人彪悍善战，发明了长弓。

在与威尔士人作战时，爱德华一世第一次引用了敌人的武器——长弓，直至他的孙子爱德华三世把长弓手完全引入步兵战斗序列之中，这一改变使英格兰的步兵笑傲于整个中世纪的西欧。

克雷西一战使英格兰变成了一个军事强国。它不仅是军事上的胜利，还动摇了西欧大陆的传统封建制度，在火药出现以前，英格兰的长弓手横扫天下，使纵横西欧几百年的封建骑士黯然失色。

爱德华三世令人发指的战争热情

公元1347年，加莱城在弹尽粮绝后向爱德华三世投降，法兰西北方的大门彻底向英格兰人敞开了。公元1348年，席卷欧洲的黑死病入侵法兰西，其1/3的人口被吞噬。公元

> 在英格兰进攻巴黎的过程中，遇到法兰西军队的几次偷袭。在英格兰长弓手的射杀下，法兰西人付出了近万人的生命，而英格兰则死伤1000余人。

> 长弓的最大优点在于其射速，一个合格的长弓手投放火力几乎相当于弩手的3倍！一些最为强悍的长弓手一分钟能射出20支箭，连早期步枪都达不到这个水平。

> 有资料显示，克雷西战役法军伤亡万余人，英军伤亡则不到200人。

● "黑太子"爱德华

"黑太子"爱德华是英法百年战争第一阶段中英军最著名的指挥官。其"黑太子"之名的来由有二说：一说因其常穿黑色铠甲，故被称为"黑太子"。二说因其对阿奎丹公国洗劫，又在阿奎丹放纵士兵横行不法，法国人认为他心肠黑，故称之为"黑太子"。

○ 席卷中世纪欧洲的黑死病

1350年，腓力六世死后，法兰西陷入分崩离析和社会动荡中。

此时欧洲爆发黑死病，爱德华三世并没有因此熄灭战争的热情，为了抓住对法兰西开战的机会，他甚至拒绝了竞选神圣罗马帝国皇帝的邀请。

公元1355年，爱德华三世带领"黑太子"爱德华和约翰两个儿子，向法兰西发起战争，英军沿着布列塔尼、加斯科涅和阿马尼亚克一路烧杀抢掠，然后进入法兰西南部的朗格多克，甚至放火烧毁了卡尔卡索纳。

面对英格兰人的进攻，法兰西人举步维艰。公元1356年，法王约翰二世率领军队在普瓦捷迎战"黑太子"爱德华，此战英军大胜，同时俘获了约翰二世。爱德华三世与法兰西贵族（他们各怀鬼胎）签订《加莱条约》，控制了法兰西北方的大片领土，但承诺放弃法兰西王位。

公元1359年，爱德华三世再次入侵法兰西，围攻兰斯，而后更推进到巴黎。在那里，他与法兰西的摄政王太子查理（后为国王查理五世）签署了《布雷提尼和约》，这个和约对法兰西不利，但它却使查理五世有时间来进行改革，使法

在战后清理战场的过程中，爱德华三世父子发现了法兰西盟军波希米亚老国王卢森堡的约翰的尸体，此人是个盲人，但是作战异常勇敢。黑太子被他的精神所感动，摘下他头盔上的羽毛装在自己的头盔上。黑太子此举又进而感动了爱德华三世，他认为这是他儿子壮丽人生的开端。

约翰二世在普瓦捷战役失败后被"黑太子"爱德华俘虏并押回英格兰，在把一个儿子安茹公爵路易一世留下做人质后，约翰二世回国去筹赎金，不料这个孩子逃跑了，约翰二世严格遵守了骑士制度的信条，他自愿返回英格兰做人质，数月后死去，因为这个缘故被称作"好人"。

朗格多克为法国南部特殊文明的中心，深受罗马文化的影响。12世纪中叶，一个接近摩尼教的阿尔比派在此取得统治地位。13世纪初叶，北部军队入侵，战争持续到13世纪中叶，朗格多克结束了政治独立。15世纪成为法国的一个行政区。这里盛产优质葡萄酒。

加斯科涅又称斯科涅，是法国西南部的一个地区，位于今阿基坦大区及南部－比利牛斯大区。

布列塔尼在诺曼底的南部，是直插大西洋的半岛。布列塔尼与诺曼底紧紧相连，其沿岸景致以低调为主：荒凉的海岸、岬角和赤裸裸的峭壁悬崖。

兰西国力渐渐恢复。

公元1364年，查理五世正式继位后，首先拒绝承认与英国签订的《加莱条约》，查理五世的行为激怒了爱德华三世，爱德华三世再次使用法兰西国王的称号。但此时的法兰西在《布雷提尼和约》之后国力已经突飞猛进，成为爱德华三世难以对付的对手，在法兰西还出现了贝特朗·杜·盖克兰这样的优秀将领。总之，爱德华三世的战争野心从此受阻，他的扩张活动到此为止了。

昏庸的晚年，"黑太子"爱德华去世，传位给孙子

爱德华三世是一位嗜战的君主，同时也是一位英明的君主，但他在晚年却变得昏庸。公元1369年，爱德华三世的王后埃诺的菲莉帕去世，年迈的国王对情妇佩雷斯夫人言听计从，在情妇的怂恿下，又开始再次入侵法兰西。

爱德华三世命"黑太子"爱德华和约翰王子率军攻入法兰西。公元1370年，"黑太子"爱德华在法国的里摩日展开大屠杀，因为连年征战，英格兰士兵因军费问题，厌战情绪高涨。法兰西发现英军内部存在的问题后，开始与之打起持久战（费边战术）。

里摩日在法国以生产陶瓷而闻名，是法国的景德镇。

费边战术指一种拖延迂回的战术，不急于达到目的，用时间拖垮敌人，这是一种把一次决战变成长期交手的策略。
杜·盖克兰使用费边战术拖垮了英军，同时在法国没有足够力量打败英国之前避免重大战役，让法国人重新夺回了他们在战争初期失去的多数领地。

◉ 爱德华三世与"黑太子"爱德华

公元1360年，爱德华三世在法国封"黑太子"爱德华为阿基坦公爵。其弟约翰被封为兰开斯特公爵。

◉ 法国名将贝特朗·杜·盖克兰

贝特朗·杜·盖克兰（1320—1380年），被称为布列塔尼之鹰，法国民族英雄，英法百年战争初期杰出的军事领袖，从公元1370年到他去世一直任法国骑士统帅。

持久的拉锯战使得英军因疾病和饥饿损失过半,"黑太子"爱德华也身染黑死病,在这种情况下,两位王子只能返回英格兰。

● 黑死病

在黑死病蔓延期间,北欧的气候变冷,农作物迅速减产,饥荒肆虐。黑死病夺走了欧洲1/3人口的生命。

公元1376年,"黑太子"爱德华去世,爱德华三世大受打击,这个常年想入侵法兰西的男人,在失去大儿子之后,急匆匆地把王位传给了"黑太子"爱德华的小儿子理查,史称理查二世,而曾经随爱德华三世南征北战的约翰王子(兰开斯特公爵)成了摄政王。

前所未见的死亡威胁

这个时期,黑死病蔓延至英格兰,它是通过船只从远东带入老鼠而传入的,公元1348年6月,黑死病踏上了英格兰国土,港口城市最先遭殃。

英格兰西部港口城市布里斯托尔在几周内失去了40%的人口,韦茅斯港口也是如此。之后,瘟疫开始向内地蔓延。据估计,当时英格兰人口约有550万,仅几个月的时间,人口就下降至400万,并且死亡数字还在扩大。

黑死病的暴发对英格兰经济形成了巨大的冲击,首先是劳动力短缺,人员不足,导致雇佣金翻倍提升,同时也导致租金下跌。在这种情况下,英格兰议会紧急召开会议,颁布了一项新的劳动法,它规定:委员会可以禁止移民、签订封建契约,并按照瘟疫暴发前的工资水平支付工资,虽然它保证了一定的劳动量,但这仅是暂时的。因为瘟疫导致人心惶惶,人们逃离、罢工,甚至不出门劳作。

● 中世纪呢绒

> **英国呢绒之父**
>
> 英国和法国开战，战场上英格兰没吃亏，经济上却大放血，几次海战打完就没了钱。但就在战争爆发的同年，爱德华三世一道影响深远的命令却让英国不久后就立竿见影地解决了钱的问题。他颁布法令，鼓励本国呢绒业，禁止外国的呢绒产品输入，使英国呢绒业迅速发展。欧洲各国的熟练产业工人迅速集结到英国，使英国的呢绒业成了战争的造血机，而他的一个名号也从此长留欧洲，即"英国呢绒之父"。

金雀花王朝的最后一任国王

公元 1377 年，爱德华三世去世后，年仅 10 岁的理查二世继承了英格兰王位，由叔叔兰开斯特公爵约翰把持朝政。

强征人头税逼民反，刺杀起义领袖

理查二世即位初年，他的智囊团在公元 1377—1381 年间为筹集对法战争经费，三次开征人头税，使中下层人民非常反感。

公元 1381 年 5 月，英格兰人民为了反抗人头税，点燃了起义的烽火。瓦特·泰勒成为农民起义的领袖，他们烧毁了理查二世的叔叔约翰的萨伏依宫，杀死了坎特伯雷大主教及国王的首席理财大臣，理查二世被困于伦敦塔中。

年仅 14 岁的理查二世只身骑马来到叛军及其首领跟前，双方开始谈判，第一次未能达成协议，第二次谈判时，国王的随从在丝制官服里面穿上铠甲，暗藏兵器，伺机

◉ **伦敦塔**
伦敦塔是英国伦敦一座标志性的宫殿、要塞，位于泰晤士河畔。
伦敦塔曾作为堡垒、军械库、国库、铸币厂、宫殿、天文台、避难所和监狱，特别关押上层阶级的囚犯，最后一次作为监狱使用是在第二次世界大战期间。1988 年被列为世界文化遗产。

反扑。在谈判即将结束时，国王的随从跳出来挑衅，辱骂泰勒是最大的窃贼和强盗。泰勒极为愤怒，拔出匕首想惩罚挑衅者，没想到被早有准备的国王随从刺杀。农民起义最终被镇压。

强硬夺权引灾祸，理查二世为了保命不得不放弃王位

理查二世22岁的时候，开始懂得权力的重要性，他向之前辅佐他理政的委员会提出亲政的要求，由自己执掌国家。他强硬地接过朝政，致使国王与贵族又回到对立面。

理查二世是个独裁者，他掌握实权后，认为自己已经根基深厚，便开始"报仇"，对不服从自己的人进行打击，杀死了格洛斯特伯爵，把兰开斯特家族的博林布鲁克伯爵和诺丁汉伯爵托马斯·莫布雷流放国外。

◉ 瓦特·泰勒被刺杀

◎ **诺森伯兰伯爵徽章**

亨利·珀西（1341—1408年），英格兰政治家，理查二世和亨利四世在位时的人物。18岁就统帅在法国的英格兰军队，两年后任英格兰和苏格兰边境的军事长官，公元1376年成为英格兰统帅，公元1377年被封为诺森伯兰伯爵。

公元1399年2月，原来的辅政大臣，也就是理查二世的叔叔约翰去世，理查二世没收了本该传给约翰儿子博林布鲁克伯爵的土地，这一系列的动作引得当时的贵族们普遍恐慌。因为国王可以随意没收兰开斯特公爵的土地，那么所有贵族的土地都有可能被国王没收。理查二世这个冒失的举动，使得贵族们彻底下决心抛弃他。大家决定一起反对国王，缺少的就是一个领袖。

被流放的兰开斯特家族的博林布鲁克伯爵便趁理查二世前往爱尔兰平乱之际，与诺森伯兰伯爵"野蛮人"亨利·珀西合谋拘捕了理查二世，博林布鲁克说服国会废黜了理查二世，并加冕称王，史称亨利四世。公元1400年主显节的前夜，理查二世的一批朋友试图杀死亨利四世全家并让被俘的国王复辟，于是亨利四世杀害了理查二世。由此金雀花王朝结束，兰开斯特王朝开始，英格兰开启了另一段血色玫瑰的动荡历程。

◎ **英格兰国王亨利四世**

亨利四世是兰开斯特王朝的第一位国王。公元1399—1413年在位，是爱德华三世之孙。

第五章　金雀花王朝　｜　93

第六章
血色玫瑰踏出大航海步伐

15 世纪上半叶，欧洲迎来了大航海时代。欧洲的政治格局发生了极大的变化，地中海沿岸的一些海洋共和国（如威尼斯、比萨等）逐渐衰落，走向大洋的葡萄牙、西班牙相继崛起，英格兰在内忧外患之下，也将目光投到了海洋上。

玫瑰战争

英格兰王位被来自兰开斯特家族的博林布鲁克获得后，英格兰的政局并没有安定下来。之后，兰开斯特家族和约克家族的支持者，为了争夺英格兰王位而爆发了中世纪著名的玫瑰战争。

玫瑰战争起因

仔细说来，两大家族都是金雀花王朝王室的分支，兰开斯特家族是爱德华三世的第四子冈特的约翰的后裔，而约克家族是爱德华三世的第五子兰利的埃蒙德的后裔。两个家族之间的对立始于英王理查二世被他堂弟兰开斯特家族的亨利·博林布鲁克推翻。

根据先例，理查二世立了爱德华三世的三子莱昂内尔的外孙罗杰·莫蒂默之子埃德蒙为王位继承人，亨利四世的继承权其实是有问题的，不过由于理查二世的统治不得人心，所以他加冕的时候得到了容忍。后来他的儿子亨利五世在英法百年战争中的军事胜利为他赢得了

◉ 约克家族家徽

◉ 兰开斯特家族家徽

> "玫瑰战争"一名并未使用于当时，16世纪莎士比亚在历史剧《亨利六世》中以两朵玫瑰被拔标志战争的开始后才成为普遍用语。此名称源于两个家族所选的家徽——兰开斯特的红蔷薇（Rosa gallica）和约克的白蔷薇（Rosa xalba）。

大量支持度，强化了兰开斯特的统治权。

亨利五世统治时期，经历了埃蒙德之子剑桥伯爵阴谋夺位的事件，剑桥伯爵因叛国罪在公元 1415 年被处决，剑桥伯爵的哥哥约克公爵爱德华也在战役中阵亡，且没有后代，剑桥伯爵的儿子理查便继承了伯父的领地成为约克公爵。剑桥伯爵的妻子安妮·莫蒂默也对王位有一定的继承权，因为她是罗杰·莫蒂默的女儿，是莱昂内尔的后裔。亨利五世死于公元 1422 年，继位的亨利六世生性懦弱，而且还有精神病，因此约克公爵理查就对亨利六世的王位发起了挑战。

当亨利六世在公元 1453 年遭受第一轮精神病时，摄政理事会建立了，约克公爵理查任摄政王，理查开始加强了对王位的要求。

亨利六世在公元 1455 年的痊愈挫败了理查的野心，理查被亨利的王后安茹的玛格丽特赶出朝廷，玛格丽特王后成了兰开斯特派系的实际领袖。她建立了一个针对理查的同盟并和其他贵族密谋削弱他的影响力。遭受挫败的理查最终付诸武力，玫瑰战争因此爆发。

第一次圣奥尔本斯战役开启玫瑰战争

玫瑰战争中的第一场战役是第一次圣奥尔本斯战役，于公元 1455 年 5 月 22 日爆发，这本不是一场大战，但由此开始，双方的矛盾变成公开冲突。

约克家族大军在伦敦西北 30 千米处的圣奥尔本斯镇与兰开斯特派系的军队交战。约克军队获胜，击伤并俘获了亨利六世。约克公爵得以重新控制朝政，是为玫瑰战争之始。

有一条早在苏格兰和英格兰处于敌对时代的法律如今仍然有效：在约克城的老城墙范围之内，如果看见一个苏格兰人拿着弓箭，任何人都可以将他杀死而不必负法律责任，星期日除外。

◉ 亨利六世

亨利六世是兰开斯特王朝的最后一位英格兰国王。由于他的软弱，英格兰在亨利五世时代取得的丰硕战果丧失殆尽，且陷入血腥的玫瑰战争之中。

第六章　血色玫瑰踏出大航海步伐　95

◉ 第二次圣奥尔本斯战役

◉ 英格兰国王爱德华五世
英格兰玫瑰战争的混乱时期，护国公理查三世宣布加冕为英格兰国王。爱德华五世和弟弟约克公爵被理查三世关进伦敦塔。此后，兄弟俩行踪不明，据说是被理查三世杀害的。更有传说兄弟俩被国王下令填进了伦敦塔的墙里。

圣奥尔本斯战役以约克家族的胜利而结束，但这只是一个起点，对于战败的兰开斯特家族来说不足以伤筋动骨，很快他们就在第二次圣奥尔本斯战役及各地战场上展开反击。

以两个家庭的联姻为结束

约克家族内部矛盾

在兰开斯特家族猛烈反击、约克家族连连败退的情况下，爱德华四世继承了约克家族，他在法兰西军队的帮助下击败了兰开斯特家族，并于公元1461年6月在伦敦加冕。此后他将亨利六世杀死在伦敦塔中，果断而迅速地结束了兰开斯特王朝的统治，使得约克家族在玫瑰战争中取得了巨大的胜利。

公元1483年，爱德华四世病逝，遗命其弟格洛斯特公爵理查德为护国公摄政，辅佐他只有12岁的儿子爱德华五世统治英格兰，理查德却囚禁了爱德华五世和他的弟弟约克公爵，还生生把他们填进了伦敦塔的墙里。理查德自封为王，即理查三世。

◉ **红白都铎玫瑰**

英格兰传统徽记，其名源自都铎王朝。如今还能在伦敦塔守卫的制服上看到。它也是英国20便士硬币及英国皇家军装的图案，还很巧妙地体现在加拿大军装上。

兰开斯特家族重新执掌英格兰

英格兰的这场王位争夺战还未结束，不久之后，兰开斯特家族亨利六世的弟弟亨利·都铎也在法兰西人的帮助下，在公元1485年的博斯沃思战役中击败了理查三世的军队。

英格兰国王的王冠又被亨利·都铎夺得，史称亨利七世，他娶了约克家族爱德华四世的长女，即这个时期约克家族最佳的继承人约克的伊丽莎白为妻，宣布约克和兰开斯特两大家族合并，并将两个对立家族的家徽合并到红白都铎玫瑰的徽章中，结束了玫瑰战争，英格兰从此进入都铎王朝时代。

◉ **英格兰国王理查三世**

理查三世是约克王朝的末代国王，也是金雀花王朝的最后一位国王，莎士比亚等剧作家将其刻画为"驼背的暴君"。后在与亨利·都铎的交战中，因部下威廉·斯坦利叛变而失利被杀。

◉ **亨利七世**

◉ **扑克牌中的梅花Q**

梅花Q是英国王后阿金尼，英国玫瑰战争时期王后（具体身世已经无从考证）。当时统治英格兰的兰开斯特家族的家徽是红蔷薇，反对者约克家族的家徽是白蔷薇，两个家族爆发大战，最后和解，这场英国内战也叫作"蔷薇战争"。所以梅花Q手中拿的是红白双色的蔷薇花，象征战争与最后的和解。

公元5世纪时，大不列颠岛上的一些居民迁居至布列塔尼半岛，他们保留了"不列颠人"的名字，并把此地称之为"布列塔尼"，意即"小不列颠"。

亨利七世统治期间奖励工商业发展，有"贤王"之称。

亨利七世统治下的英格兰依旧叛乱不断

亨利七世虽然打败了约克家族，成了英格兰国王，但是其统治下的英格兰还是时有叛乱发生……

公元1486年，一个名叫兰伯特·西姆内尔的王子，在爱尔兰基尔代尔伯爵领地被拥立为王，之后遭到亨利七世的猛烈打击，最后兰伯特·西姆内尔成了亨利七世家的厨子。

公元1491年，一个叫珀金·沃贝克的年轻人自称是来自伦敦塔内被囚禁的王子之一，他成功地骗到了法国、勃艮第、爱尔兰和苏格兰等地与英格兰有仇的国王和贵族们，他们借给了珀金·沃贝克一支军队，支持他入侵英格兰，最后珀金·沃贝克聚集的军队被亨利七世击败，这个大骗子也于公元1499年被俘后处决。

成立海外贸易护航队

● 伦敦塔的囚室

公元1493年，受西班牙王室支持的哥伦布从新大陆探险回来，他不仅去了葡萄牙炫耀，刺激了葡萄牙国王若奥二世，同时也刺激了整个欧洲对探索未知世界的热情，英格兰国王亨利七世也不例外。英格兰虽然结束了玫瑰战争，但是元气大伤，百废待兴，亨利七世一边羡慕西班牙的崛起，一边小心地经营着自己的国家。

花小钱，办大事，成立护航队

早在公元1488年，法兰西海军入侵了布列塔尼半岛，这块曾经与英格兰有着千丝万缕联系的土地向欧洲各国发出了求援信。神圣罗马帝国皇帝、西班牙国王都伸出了援助之手，唯有英格兰国王亨利七世异常冷漠，因为他知道英格兰已经不能再与大陆上的豪强进行一次拉锯战了。因而亨利七世并没有参与历史上首次反法同盟之战，虽然他的行为气得手下的贵族们自掏腰包渡海参战，但他仍按兵不动。

几百年来，从北欧维京人到法兰西海军，各种势力的舰队经常光顾英格兰，未来潜在的敌人也可能会从其他大陆渡海而来，所以英格兰必须有一支可以抵御登陆者的舰队。亨利七世需要它来保护英格兰的海岸线，无论登陆者是入侵者、强盗还是走私商贩。

于是，英格兰皇家海军便在亨利七世在位期间成了一支几乎不间断的常备力量，这支舰队的规模不大，却为战时的扩充打下了基础。

◉ 哥伦布

哥伦布，全名克里斯托弗·哥伦布，是意大利的著名航海家，也是地理大发现的先驱，公元1492年发现了美洲新大陆。

◉ 西班牙双王

西班牙国王阿拉贡的费尔南多二世（左）和卡斯蒂利亚的伊莎贝拉一世（右）。公元1469年，卡斯蒂利亚的伊莎贝拉嫁给了阿拉贡的王子费尔南多，卡斯蒂利亚和阿拉贡两个王国联姻。公元1474年，23岁的伊莎贝拉被立为卡斯蒂利亚女王，公元1479年，费尔南多成为阿拉贡国王，两国正式合并为统一的西班牙王国，夫妇二人被称为"天主教双王"或者"西班牙双王"。

巴结海洋大国，为国家稳定护航

15 世纪末 16 世纪初，随着海外探险的成功，西班牙很快崛起为欧洲强国。为了巴结这个海洋大国，稳定国家海域，亨利七世便让大儿子亚瑟与西班牙双王费尔南多二世与伊莎贝拉一世的大女儿凯瑟琳联姻，可是两人结婚才 4 个月，亚瑟猝死，亨利七世出面稳住了凯瑟琳，并劝她与自己 12 岁的小儿子亨利（亨利八世）结婚，延续这段联姻。

通过这次联姻，亨利七世与将来足以领导大半个欧洲的西班牙王室保持了良好关系。这让亨利七世的王朝变得非常稳固。

英国人的第一次航海探险

亨利七世也非常眼红西班牙航海探险的成功，促成英国人开展了第一次探索新大陆的冒险活动。亨利七世任用了当

由于长兄亚瑟的早逝，12 岁的亨利（亨利八世）成为王位继承人，继任威尔士亲王。

● 西班牙公主凯瑟琳
凯瑟琳改嫁亨利八世，这桩婚姻违反天主教教规，凯瑟琳因此宣称自己并未与亚瑟圆房。后来，凯瑟琳的母亲伊莎贝拉一世求得教皇发布训令允许这桩婚姻。

◉ 威尼斯航海家约翰·卡博特

约翰·卡博特于公元 1450 年生于热那亚，公元 1461 年移居威尼斯，公元 1476 年入威尼斯籍，是个商人和海员。公元 1494 年，卡博特全家又移居到英格兰的布里斯托尔，为英格兰人服务，卡博特使英格兰人的航海发现发生了转变。从之前寻找神秘的陆地的冒险为主，转变为开辟去东方的新航路、获取香料为主。公元 1498 年，卡博特死于对中国的第二次远航探险途中。

时髦最时髦的威尼斯航海家约翰·卡博特，使英国人在达·伽马抵达印度的前一年就登陆了加拿大东部的纽芬兰。这是维京人退出北美几百年后，欧洲人第一次来到北美。

公元 1509 年 4 月 21 日，亨利七世去世，他开创的都铎王朝被认为是英国君主专制历史上的黄金时期。他统治英格兰 24 年之久，充实了国家财政，限制贵族拥有过多的权力。他奖励工商业发展，创造了英国资本主义发展的条件，在英国历史上有"贤王"之称，为亨利八世创造了一个比较稳固的王朝。

亨利八世时代的皇家海军

公元 1509 年 6 月 24 日，时年 18 岁的亨利八世在伦敦的威斯敏斯特教堂举行加冕仪式，继承了王位。不久，他就根据先王的遗愿与西班牙双王之女凯瑟琳结婚了。

亨利八世战争初体验

亨利七世给亨利八世留下了充盈的国库和相对稳定的政局。

亨利八世加入了反法同盟

法兰西经过一段时间的休养生息后，国力开始恢复，法王弗朗索瓦一世再次燃起了争霸的野心，他与以神圣罗马帝国为首的反法同盟之间的战争不断。欧洲进入两大强权的争霸时期，法兰西和神圣罗马帝国为争夺意大利开战，两国都力图争取英格兰的支持。

第六章 血色玫瑰踏出大航海步伐

● 托马斯·莫尔

亨利八世亲自拜访过《乌托邦》的作者托马斯·莫尔，之后一直任用他为亲信大臣。公元1535年托马斯·莫尔因反对亨利八世兼任教会首脑而被处死。他在英国历史上最伟大的100个名人评选中名列第37位。

公元1505年，亨利七世不想继续与西班牙联盟，于是宣布自己并不同意儿子亨利与凯瑟琳的婚约，西班牙为此同英格兰进行外交斡旋，婚约才未解除。

亨利八世在神圣罗马帝国皇帝马克西米利安一世的引诱下，加入了反对法兰西的康布雷同盟，并蠢蠢欲动地加入了战争中。

迅速扩充军队

亨利八世以保护教皇为名，联合西班牙对法兰西开战。他继承了父亲留下的一支拥有6艘战舰的皇家海军的常备军，但是这样弱小的海军不足以成就大事，于是他扩建了英国皇家海军，给舰队添加了很多大帆船，比如著名的旗舰"天佑英王亨利"号。

公元1511年，作为英军进攻法兰西前奏的10 000名陆海军士兵被亨利八世派往南方。他们在实力大增的皇家海军护卫下，抵达了位于比利牛斯山附近的巴斯克地区。亨利八世派遣这支部队主要是为了支援自己的岳父费尔南多二世。后者正带着西班牙军队同法兰西人作战，准备拿下位于法兰西边界的小国纳瓦拉。至于真正的英军主力则将在稍后渡过英吉利海峡前进。

攻占特鲁昂

亨利八世将一支8000多人的军队派往英

亨利八世受封建贵族旧传统的影响很深。他颁布法令，严格规定贵族在服饰上的等级区别，禁止平民在服饰排场方面有逾越之举。

亨利八世依靠大规模征税、借债来维持战争，结果毫无成就，带来的只是财政破产、物价飞涨、货币贬值，王室没收修道院所获的地产，大部分被抛售到新贵族和资产阶级手中。

● 亨利八世

亨利八世身材魁梧，能文能武。在统治初期，他受到文艺复兴新思潮的影响，曾写过两本书，并且还会写诗作曲，他继位不久创作的民谣《绿袖子》成为众口相传的流行歌曲。

◉ 《绿袖子》曲谱

《绿袖子》是一首英国民谣,在伊丽莎白一世女王时代就已经广为流传,相传是英王亨利八世所作,亨利八世还是位长笛演奏家。

传说中亨利八世是个相当暴戾的男人,却真心爱上一个民间女子,那女子穿一身绿衣裳,使得国王从此念念不忘。亨利八世命令宫廷里的所有人都穿上绿衣裳,好解他的相思之苦,在这样的背景下写出了曲调缠绵低沉,旋律非常古典、优雅,略带一丝凄美之感的民谣《绿袖子》。

吉利海峡以南的加莱,这里是英格兰在法兰西腹地的桥头堡,用作进攻诺曼底的始发站再合适不过。为了保证战争的胜利,亨利八世还招募了800名德意志雇佣兵,在约定时间内同主力会合。

先头部队的8000多人从加莱登陆诺曼底地区的小镇特鲁昂,虽然法兰西守军顽强抵抗,但由于英格兰士兵数量的优势,很快占了上风。加上法兰西此时正在意大利与西班牙作战,所以无法抽调更多的增援军队,英军很快占领了特鲁昂。这是英法百年战争结束60年来,英格兰军队第一次踏足法兰西领土。

亨利八世扩建皇家海军

亨利八世的父亲亨利七世就很重视海军,其统治时期为了省钱连常备军都没保留,打仗都是以外国雇佣兵为主,但他却愿意在海军方面花钱。在他统治期间共建造了6艘舰船。亨利八世在他父亲的基础上更进一步发展海军。

海上贸易的发展需要海军护航

亨利八世非常重视海上贸易的发展。他曾于公元1514年给特里尼蒂公司颁发许可状，令其专门经营航海业，并有权征税资助航海和设置灯塔。随着英国本土商人越来越多地出现在海洋上，抢占了荷兰和汉萨同盟商人的贸易份额，这难免遭人嫉恨，迫切需要一支强大的海军舰队保障本国海上贸易的发展。

亨利八世在建设海军方面的理念比较先进，他主要的贡献是在海军基地建设和海军行政管理方面。亨利八世在泰晤士河建设了海军基地，并将其打造为英国海军的军火供应基地。公元1513年，英格兰开始兴建德特福德造船厂，后来德特福德造船厂成了英国皇家舰队极其重要的造船厂。

在海军行政管理方面，亨利八世在公元1545年成立了海上事务委员会，这是后世著名的英格兰海军部的前身，也是英国直至威廉四世时期最重要的皇家海军行政基地。

迅速壮大的英国皇家海军

亨利八世共在位38年，他扩建了英国皇家海军，英国皇家海军的舰船数量从6艘扩大到58艘，这些战舰大部分在当时来说都是比较先进的卡瑞克帆船、加莱船及加莱战船，其中有资料记载的就包括11艘大型卡瑞克帆船，还有超过15艘加莱船及加莱战船。

除此之外，亨利八世还下令建造快速灵活的新式战舰，把火炮装在船舱内部，配备专门的战斗水手，并修建了几个海军专用的船坞，亨利八世时期建造的船只比较有代表性的有以下几艘：

◉ 德特福德造船厂

德特福德造船厂由亨利八世于公元1513年建立，是当时最重要的皇家造船厂。造船厂在16-17世纪迅速扩大，曾一度作为海军行政总部，并成了海军的主要仓库。俄国彼得大帝曾于公元1698年前往该厂学习造船技术。它在18世纪达到顶峰，建造并改装了库克船长在加拿大地区使用的探险船，以及纳尔逊指挥的旗舰。

"天佑英王亨利"号

"天佑英王亨利"号是当时世界上最大的军舰,这是一艘有4根桅杆的大船(或大型卡瑞克帆船),建成于公元1514年,龙骨长39米,船宽15米,排水量达1000吨,有80门火炮。公元1536年时船上共有800名乘员,其中有400名士兵和40名炮手。

> 15世纪最流行的就属当时的卡瑞克帆船,在哥伦布远洋航行之后,大洋上跑得较多的就是这种船,但后来也有升级改进版,即加莱船和加莱战船。

● "天佑英王亨利"号

公元1512年,英国最大的战舰"摄政王"号在法国爆炸之后,亨利八世决定用一艘大型卡瑞克帆船代替已损失的"摄政王"号。于是就建造了"天佑英王亨利"号。这艘船曾先后被命名为"大卡拉克"号、"特大卡拉克"号、"亨利大帝"号等。

"君主"号

"君主"号于公元1489年入役,并在公元1509年整修。参加过公元1513年的布雷斯特之战。之后一直作为护卫舰使用,直到公元1521年船体破损,被宣告不适合航行后遗弃在泰晤士河南岸,慢慢腐烂。

> 从配备了大量手炮和小型火炮的"君主"号到配备大量重炮的"天佑英王亨利"号和"玛丽·罗斯"号,在几十年的时间里,亨利八世旗下的英国皇家海军的装备无疑发生了很大的变化。

● "君主"号

"君主"号明显要比"天佑英王亨利"号小得多,因为"君主"号上的很多设备都来自它的前身,只是在建造时有了改进而已。

第六章 血色玫瑰踏出大航海步伐 | 105

"玛丽·罗斯"号

> 英国海军上将爱德华·霍华德宣称舰队中没有一艘100吨的船航速可以超过"玛丽·罗斯"号。

"玛丽·罗斯"号是以亨利八世妹妹的名字命名的，建造于公元1509—1511年，是亨利八世时期第一艘为作战而专门建造的战舰，也是第一批可做到舷炮齐射的船只之一，得到了亨利八世的偏爱，被形容为"海洋上的一朵最美的花"。为了适应战争需求，"玛丽·罗斯"号配有重炮，而且航行速度快，参加过多场海战，而且战果辉煌，完全是一个战争机器。

● "玛丽·罗斯"号

"玛丽·罗斯"号于公元1545年7月19日起航参加对抗法国的朴茨茅斯战役，突如其来的狂风使"玛丽·罗斯"号发生倾斜，不幸的是，船员没有把底层的炮眼关上，海水涌入船体，几分钟后"玛丽·罗斯"号就带着700余名船员沉入海中。

扩展阅读：亨利八世的6任妻子

第1任妻子西班牙公主凯瑟琳

凯瑟琳是亨利八世哥哥亚瑟的遗孀，也就是亨利八世的嫂嫂，她和亚瑟结婚4个月后就守寡了，后来又改嫁给了亨利八世。凯瑟琳王后曾多次流产，一名女婴早夭，三名男婴夭折。唯一幸存的女儿玛丽·都铎即是日后被称为"血腥玛丽"的玛丽一世。

亨利八世认定凯瑟琳不能为他生下男性继承人，就和女侍官安妮·博林（又称安·波林）发生了婚外情。他以《圣经》说"弟娶兄嫂者会无后代"为由要求离婚。但凯瑟琳坚持认为自己是王后，拒绝与亨利八世离婚。因为凯瑟琳是西班牙公主，所以教皇没有批准亨利八世离婚。

公元1533年1月，在没有获得教皇许可的情况下，亨利八世秘密与安妮·博林结婚，罗马教皇宣布将他驱逐出教。作为报复，英格兰国会随即立法脱离罗马教廷，大主教克兰麦接着宣布亨利八世与凯瑟琳的婚姻无效，与安妮·博林的婚姻合法。

◉ 第2任妻子安妮·博林

第2任妻子安妮·博林

安妮·博林的姐姐玛丽·博林是亨利八世的情妇。安妮·博林去法兰西留学归来之后，进入英格兰宫廷做女侍官，亨利八世与她坠入爱河。公元1533年6月1日，安妮·博林加冕为英格兰王后。凯瑟琳被褫夺王后的称号，并被幽禁在一个下等庄园中，其女玛丽·都铎也因此被贬为私生女，不允许和母亲见面。

安妮·博林生有一女伊丽莎白，也就是后来的"童贞女王"伊丽莎白一世。同样因为安妮没有生出儿子，亨利八世又看上了安妮·博林的女侍官珍·西摩。

公元1536年，亨利八世下令逮捕安妮·博林和她的弟弟乔治子爵。乔治被指控和他的3名朋友私

第六章　血色玫瑰踏出大航海步伐　｜ 107

通安妮·博林，并计划暗杀国王。乔治和他的朋友被处死，而安妮·博林则被判定与自己的弟弟通奸，并被幽禁在伦敦塔中。

公元 1536 年 5 月 19 日，安妮·博林被斩首。亨利八世宣告自己和安妮·博林的婚姻无效。

第 3 任妻子珍·西摩

公元 1536 年 5 月 30 日，亨利八世和珍·西摩举行了他的第三次婚礼，之后她被公开宣称为王后，但是由于当时的伦敦城瘟疫蔓延，并未被正式加冕。公元 1537 年 10 月 12 日，珍·西摩为亨利八世生下爱德华·都铎（后来的爱德华六世），亨利八世和英格兰王室终于盼到了男性继承人。然而 10 月 23 日，珍·西摩突发产褥热，第二天晚上去世了。

第 4 任妻子克里维斯的安妮公主

两人并无感情，亨利八世讨厌安妮王后，不愿碰她，就转而追求安妮王后的女侍官凯瑟琳·霍华德（安妮·博林的表妹）。亨利八世又一次提出自己和安妮王后的婚姻无效，要求离婚。他赐给安妮"国王的姐妹"头衔，并给了她一大笔钱，让她在英国隐居。公元 1540 年 7 月，安妮王后和亨利八世离婚，之后就一直居住在伦敦，直到公元 1557 年离世。

◉ 第 3 任妻子珍·西摩

◉ 第 4 任妻子克里维斯的安妮公主

第 5 任妻子凯瑟琳·霍华德

公元 1540 年 7 月 28 日,亨利八世迎娶凯瑟琳·霍华德,但她与亨利八世婚后不久就和大臣托马斯·卡尔佩珀发生婚外情,亨利八世逮捕了凯瑟琳的情人,并于公元 1543 年将凯瑟琳处以绞刑。

第 6 任妻子凯瑟琳·帕尔

公元 1543 年,年迈的亨利八世最终娶了在宫廷任职的凯瑟琳·帕尔为他的第 6 任妻子。凯瑟琳·帕尔是个结过两次婚的寡妇,她的宗教观点激进,亨利八世却是保守派。两人经常争论,好几次险些让她丧命,但她总能及时让步。受到她的影响,亨利八世和两个女儿玛丽、伊丽莎白和解。凯瑟琳·帕尔将玛丽、伊丽莎白和爱德华照顾得很好,让他们受到了良好的教育。她也很好地照顾了晚年疾病缠身、容易动怒的亨利八世。

亨利八世死后 6 个月,她和旧爱托马斯·西摩结了婚。

都铎玫瑰的血腥权力追逐

亨利八世为英格兰建树颇多,但由于其复杂的婚姻史,人们往往忽略了他的成就。

公元 1547 年 1 月 28 日,亨利八世在怀特霍尔宫去世,死后与他的第 3 位妻子珍·西摩合葬在温莎城堡的圣乔治教堂。他虽然有过 6 位王后,却只有一个儿子,即爱德华六世,以及两个女儿玛丽·都铎和伊丽莎白·都铎。别看他子嗣不多,但个个都当过英格兰的国王。

◉ 第 5 任妻子凯瑟琳·霍华德

◉ 第 6 任妻子寡妇凯瑟琳·帕尔

凯瑟琳·帕尔收服了花心的亨利八世,同时,自己也成为英格兰历史上结婚次数最多的王后,有过 4 位丈夫。

在位仅 13 天的简·格蕾女王

年仅 9 岁的爱德华六世于公元 1547 年 1 月 28 日继位，同年 2 月 20 日加冕。由于当时爱德华六世年纪尚幼，政权落在以新教徒为首的摄政议会中。爱德华六世从小就是一个病秧子，公元 1553 年，年仅 16 岁的他因为肺病去世了。临死前，爱德华六世指定他的表姐简·格蕾为王位继承人，却将他同父异母的姐姐玛丽和伊丽莎白排除在外。虽然作为亨利七世的曾外孙女，简·格蕾也有继承王位的资格。

但是，简·格蕾毕竟只是爱德华六世的表姐，按王位继承顺序应该是爱德华六世的姐姐玛丽和伊丽莎白继承王位。

玛丽在爱德华六世去世后，与英格兰枢密院联合，废黜了在位仅 13 天的简·格蕾，并将其监禁在伦敦塔中狱卒的房间里。

第二年，年仅 17 岁的简·格蕾被秘密处决，死后被埋在伦敦塔内教堂的地板下，她的丈夫和父亲等也先后和她一样被以叛国罪斩首。

血腥玛丽女王

玛丽·都铎继位成为都铎王朝的第 5 位英格兰国王，即玛丽一世。

玛丽继位后，立即将新教改回天主教

玛丽是狂热的旧教徒，继位后立即将她父亲亨利八世提倡的新教改回天主教。由于早年受到排挤和屈辱的影响，她的性格偏执而决绝。她对新教徒采取极端的政策，曾经有 300 多名新教徒被她烧死在火刑柱上，无数人被迫流亡国外。她也由此获得了"血腥玛丽"的恶名。

◉ 简·格蕾

简·格蕾（1537—1554 年），都铎王朝第 4 位英格兰国王。但她的女王地位有争议，因为其在位仅有 13 天，不能正式算作英国女王，而且她的继位违反了英国的议会法令，就连她继位的日期在历史上也有争议。

◉ 简·格蕾被处决—1833 年画

始终没有生下一男半女

为了避免王位落入信奉新教的妹妹伊丽莎白手中，玛丽一世亟须有个继承王位的子嗣。她选择了与当时欧洲最有势力的神圣罗马帝国皇帝查理五世的儿子腓力二世结婚，虽然曾两次怀孕，可是空欢喜一场，始终没有生下一男半女。虽然后来腓力二世继位，玛丽一世成为西班牙王后。可英格兰枢密院和民众出于对西班牙人染指英格兰的担心，极力反对这桩联姻。

> 玛丽的婚姻一波三折，在她2岁的时候，亨利八世为她与法兰西国王弗朗索瓦一世的儿子订婚。但3年后婚约宣告无效。6岁的时候，她又被安排与22岁的表哥、神圣罗马帝国皇帝查理五世缔结婚约，但后来因查理五世迎娶了一位葡萄牙公主而告吹。法兰西的弗朗索瓦一世再度被视为玛丽的订婚对象，因两人的婚事会促使两国结成友邦。签订的婚约也保证玛丽会嫁给弗朗索瓦一世或他的次子奥尔良公爵亨利，但后来因为有了其他方法保持两国的同盟关系，这桩婚事也告吹了。公元1554年7月23日，她与神圣罗马帝国皇帝查理五世这个曾经的未婚夫的儿子腓力二世首次见面，两天后两人便举行了婚礼，这一年玛丽已经38岁。

伊丽莎白一世兼容地接纳两种教义

公元1558年11月17日，重病的玛丽一世撒手人寰。玛丽一世死后没能如愿葬在她的母亲凯瑟琳的墓旁，而是埋在了威斯敏斯特教堂内。她信奉新教的妹妹伊丽莎白继承了英格兰王位，史称伊丽莎白一世，也就是英国历史上著名的"童贞女王""海盗女王"。

时值欧洲宗教改革之际，伊丽莎白一世利用姐姐玛丽一世与新教的矛盾登上了王位，但是加冕之后，英格兰的新教和旧教的巨大矛盾依旧无法调和，于是她没有选择站队，而是兼容地接纳了两种教义。

⊙ 玛丽·都铎

玛丽·都铎，玛丽一世，英格兰和爱尔兰女王（1516—1558年）。她是都铎王朝的第5任君主，她的父亲是亨利八世，母亲是凯瑟琳王后（西班牙双王的女儿凯瑟琳）。

⊙ 威廉·莎士比亚

莎士比亚是英国文学史上最杰出的剧作家，也是欧洲文艺复兴时期最重要、最伟大的作家，全世界最卓越的文学家之一。在伊丽莎白一世当政的45年间，英国日渐强大起来。不仅经济出现繁荣景象，文化也达到新的高度，出现了文学史上的"伊丽莎白时代"，威廉·莎士比亚正是成名于这个时代。

第七章
"海盗女王"伊丽莎白一世时代

伊丽莎白一世接手的英格兰是一个"烂摊子":国内政治上因宗教改革而变得四分五裂;在海外,大航海时代已经开启多年,西班牙和葡萄牙因为殖民掠夺而成为世界级的海洋帝国。这一切使英格兰看上去处在一个糟糕透顶的"坏时代",但实际上却是一个充满机遇的"好时代"。

"海盗女王"的海盗政策

自从公元1492年哥伦布发现美洲大陆以后,西班牙和葡萄牙掀起了铺天盖地的新大陆殖民浪潮。

到16世纪中期,西班牙已经征服了美洲大部分地区,来自美洲的金银财宝源源不断地流入西班牙;葡萄牙则占据了巴西,还在西非、印度、印度尼西亚等地建立了大批贸易据点,垄断了丝绸、香料、茶叶等东方奢侈品的贸易。

◉ 托得西拉线

为了避免西班牙与葡萄牙因为争夺殖民地而发生战争,罗马教皇特地于公元1493年颁布敕令,将新世界分为两半,西半球为西班牙势力范围,东半球为葡萄牙势力范围。这条界线大约和西经47度线吻合,后来又称为"托得西拉线"。

英国探险家亨利·哈得孙

亨利·哈得孙出生于公元1565年，在42岁以前他受聘于英国的莫斯科公司，为英国探索西北航道，但经过两次航行之后，因为没有进展而被解雇。后来又受聘于荷兰东印度公司，亦无功而还，回国后，还因帮助荷兰探险而被英国当局拘押。被释放后，他再次受聘于莫斯科公司及英国东印度公司，继续探索西北航道，依旧未能打通。但是哈得孙却在这个过程中成功勘了加拿大的许多地方，如今哈得孙湾、哈得孙郡、哈得孙海峡及哈得孙河都是以他的名字来命名的。

英格兰与西班牙从盟友走向仇敌

16世纪的欧洲，西班牙是当仁不让的海上霸主、天主教世界的顶梁柱，而此时英格兰在欧洲政治版图上显得无足轻重。

伊丽莎白一世上台以后，对内巩固了新教的地位，对外则支持荷兰等新教国家取得民族独立，于是和西班牙发生了越来越多的冲突。西班牙和葡萄牙通过殖民扩张大发其财，也让英、法等国家眼红。英格兰尤其对西班牙在美洲掠夺的金银垂涎三尺，早在亨利七世时就雇佣了威尼斯航海家约翰·卡博特出海冒险，寻找东方的财富。然而，在之后的几十年里，英格兰的航海家们到达了北美洲的纽芬兰、哈得孙湾和弗吉尼亚，以及南美洲的圭亚那等地，却一次又一次地空手而回，血本无归。

皇家海盗让英格兰人扬眉吐气

英格兰航海家一次次的空手而归，而西班牙满载财宝的船队却在大西洋上往来穿梭，这让英格兰人非常眼馋。于是，伊丽莎白一世给海盗们发放抢劫西班牙船只的许可证——"私掠许可证"，鼓励他们进行海外掠夺，抢劫所得也会部分上缴国库。这些不可一世的海盗在海上主要抢劫西班牙船只，回国后变成了有家产、有身份的人，他们受到女王的庇护，被称为"女王的海狗"。

"私掠许可证"是英国政府授予本国私人船只在战争时期攻击和劫掠敌国商船的权力。在当时海盗被抓获是要上绞刑架的，但如果拥有"私掠许可证"，就可以声称自己是奉命行事，享受战俘待遇。

⊙ **约翰·卡博特在加拿大的纪念馆**

约翰·卡博特于公元1497年在英王亨利七世的支持下航行到达今天的加拿大，他以为到了亚洲的东海岸。第二年他到达了今天的美国东海岸，他向英王报告发现了新领土。英王根据他的报告宣称北美大陆属英国所有，为以后英国的殖民主义活动打下了所谓"合法"的基础。

第七章 "海盗女王"伊丽莎白一世时代

◉ 西班牙运宝船队

公元1585—1604年,英格兰每年至少有100艘、有时甚至多到200艘的武装商船出海,专门在大西洋和加勒比海劫掠西班牙运宝船队,而每年的掳获平均可达20万英镑。

这帮皇家海盗虽然人数不过几千人,却是举国关注的一群人。上至女王、下到地主乡绅都踊跃资助他们的劫掠行动。英格兰人为他们的胜利而欢欣鼓舞,为他们的失利而捶胸顿足,就如同现代的英国人对他们的足球队一样痴迷,而最出色的海盗船长则成为国人景仰的民族英雄。

◉ 16世纪的海盗船

征用海盗的无奈之举

伊丽莎白一世之所以征用海盗,是因为英格兰和西班牙在政治制度上有本质的不同。西班牙是典型的集权制度,王权至高无上,来自殖民地的财富全部落入国王的腰包,因而西班牙国王行事完全没有财力或政体的限制,可以随心所欲。

英格兰国王则没有如此绝对的权力,早先受地方贵族掣肘,后来受"上、下议会"两院限制。

英格兰法律规定：没有议会同意，国王不得征税。由于在财力上捉襟见肘，伊丽莎白一世不得不依靠民间力量同西班牙周旋，征用海盗也不过是女王的无奈之举。

英格兰的政治权力分散貌似是一个致命的弱点，却是日后英格兰后来居上的主要原因之一。由于私有财产受到议会和法律的有效保护，英格兰的有产阶级才能够放心大胆地投资兴办产业，而正是因为他们追逐利润，使得国家迅速完成原始积累，推动了英国资本主义经济的发展。

御用海盗霍金斯和德雷克

约翰·霍金斯是第一个被伊丽莎白一世选定的御用海盗，他于公元1532年出生于英格兰西南部德文郡普利茅斯的一个海商世家。霍金斯家族在当时英格兰西部沿海有着声势显赫的海上势力，家族的很多成员都从事海外探险活动。其父亲威廉·霍金斯是当地比较有名的从事对外贸易的商人。

普利茅斯首富

霍金斯的父亲去世之后，他子承父业，开始从事西班牙和加那利群岛之间的奴隶贸易，这是英格兰从事"三角贸易"的开始。从小就受海外探险熏陶的霍金斯，极为注意航海时的细节问题。为了增加在危险的环境和漫长航行中的胜算，霍金斯很注重收买手下人的忠诚，并用严密的制度来控制他们。

首先，霍金斯不惜付以重酬，答应分发给手下海盗战利品，允许他们进行私营贸易。其次，为了保障海上生活，霍金斯远航前必须确保船只装有充足的淡水、饼干、啤酒、咸牛肉、鳕鱼干、盐、黄油等，甚至还带有活的宠物，以便不测时用来充饥。

◉ 约翰·霍金斯

约翰·霍金斯（1532—1595年）是英国16世纪著名的航海家、海盗、奴隶贩子，"三角贸易"开创者，伊丽莎白一世时代重要的海军将领，他对英国海军进行的改革是英国海军战胜西班牙无敌舰队的重要因素之一。

霍金斯的父亲威廉·霍金斯从公元1530年起就开展了英格兰与巴西间的海上贸易，成为当时有名的大商人，曾三次代表普利茅斯市出席国会。

普利茅斯是一座拥有丰富航海史的城市，曾经是英国皇家海军的造船厂所在地，也是16-19世纪英国人出海的港口。该市的重要地点包括城堡、德文港船坞和硇楼（1620年清教徒前往美洲的出发点）。

第七章　"海盗女王"伊丽莎白一世时代

○ 运输黑人的贸易

此外,在出发前,木桶、铲子、罗盘、压舱物、滑轮、绳索以及鼠药等,船上一应俱全。

在人员的配置上,除了比较优秀的水手之外,还包括修补船只的工匠、会制作与修补绳索和帆布的工人们、外科医生、理发师、做饭的厨子以及会计员等。如此看来,霍金斯是一个谨慎的航海家。

霍金斯还是一位比较聪明的商人,在他远行的船只上常载有布匹、来自英格兰南部的羊毛棉线和克尔赛手织粗呢,前者主要是在寒冷地方销售的货物,后者则是在热带地区销售的东西。这样一来,霍金斯可谓是航海一路,贸易一路,也难怪一次航行就奠定了他普利茅斯首富的地位。

海外探险很顺利

伊丽莎白一世继位后,发现自己的国内混乱一团,而她焦头烂额之际还备受各方指责。为了能把整个英格兰人民团结在自己的身边,伊丽莎白一世需要创造权力和财富。伊丽莎白一世女王为了短时间内增强国力,受西班牙、葡萄牙海外探险高额回报的诱惑,大量授权海盗劫掠,这些海盗是英格兰的财富搬运工,他们将大量的财富从各个海域掠夺进女王的口袋,这些海盗中最有名的就数约翰·霍金斯了。

公元1562年10月,霍金斯的"樱草花"号获得女王的"私掠许可证",霍金斯便开始了第一次劫掠之行,随行的除了他的朋友,还有一些贵族。

霍金斯一行人于公元1562年冬天到达了几内亚海岸,在那里他们捕获了300多个黑人奴隶,随后这些奴隶被带到圣多明各出售,霍金斯大赚一把后,又将船只装满兽皮、姜、糖和一些珍珠。

公元1563年9月,他们满载而归,这是英国最早的"三角贸易"。作为英国奴隶贸易的创始人,霍金斯不仅赢得了名声和大量财产,也因此成为英国历史上最早进行贩卖奴隶勾当的海盗头子。

与女王合作

霍金斯的奴隶贸易引起了英格兰王室浓厚的兴趣。一开始,伊丽莎白一世责备霍金斯不该参加这种不道德贸易,但是当霍金斯向她透露了在这次"贸易"中所获得的巨额利润之后,她很快改变了主意。

公元1564年,霍金斯第二次出航几内亚。伊丽莎白一世竟和她的几名枢密院官员联合对霍金斯的第二次航行进行秘密投资。伊丽莎白一世将自己一艘700吨的海船"卢卑克的耶稣"号折合为4000英镑股份投资于他的船队。

公元1565年9月,霍金斯再次满载归来。霍金斯两次贩奴活动的成功得到英国政府的赞扬,女王伊丽莎白一世专门授给他一块盾形纹章,纹章的图饰是一个被捆绑的黑人。

◉ 钱币上的伊丽莎白一世

◉ 被捆绑的黑人
伊丽莎白一世专门授给霍金斯的盾形纹章。

第七章 "海盗女王"伊丽莎白一世时代

出师不利

公元1566年9月，霍金斯的4艘船只"保罗"号、"所罗门"号、"帕斯克"号以及"燕子"号在约翰·洛佛尔的率领下从普利茅斯再度起航。这次霍金斯并没有参与，而是在准备与海军财政大臣本杰明·岗松的女儿凯瑟琳·岗松的结婚事宜。但这次航行开始就很不顺利，约翰·洛佛尔是一名坚定的新教徒，不擅权术，有勇无谋。他们在加那利群岛得罪了霍金斯在当地的贸易伙伴德·旁迪，在捕获奴隶后到达西印度群岛的第一个登陆地就出师不利。总之，这是一次不太成功的航行。洛佛尔在公元1567年9月回到普利茅斯后就在航运史上销声匿迹了。

公元1566年9月，由约翰·洛佛尔率领的霍金斯船队再次出航，但并没有捞到好处。不过这个船队中有一位英国海盗史上重量级的人物登场，他就是霍金斯的表弟——26岁的弗朗西斯·德雷克。

与西班牙交恶

公元1567年10月，霍金斯第三次起航，这次参与的船只规模更大，包括了女王入股的"卢卑克的耶稣"号和"米尼昂"号，以及他表弟弗朗西斯·德雷克的一艘50吨的小船"朱迪思"号。

起先，他们的航行并不顺利，但是当他们到达佛得角之后，似乎"有好运降临了"。当地两个黑人部落发生战争，其中一方向霍金斯求助。霍金斯顺水推舟地提出了处置战俘的要求，于是，战后有近300名黑人落入霍金斯等的手中。霍金斯的船队搭载着这些黑奴去往西印度群岛出售。

公元1568年，霍金斯的船队到达墨西哥湾的西班牙属港口，他们强占了港口外的圣胡安·德·乌略亚岛，与一支西班牙反走私武装舰队遭遇，双方谈判不成，随即开战，由于受到风暴袭击，霍金斯的船队遭受重创，死伤300多人，还有3艘船被击沉，其中就包括女王入股的"卢卑克的耶稣"号，霍金斯和德雷

● 弗朗西斯·德雷克

克也险些丧命于此。公元 1569 年 1 月，他们先后逃回英格兰。

霍金斯的这一次航行也成为西班牙和英格兰从相对和平走向战争的分水岭，也正是在多次与西班牙的较量中，约翰·霍金斯认识到了加强海军的重要性，因此回到英格兰的霍金斯开始将主要精力投入到海军建设的事业中。

弗朗西斯·德雷克

弗朗西斯·德雷克是英国皇家海盗的先驱，也是当时最负盛名的海盗船长。

德雷克于公元 1540 年出生在一个贫穷的新教传教士家庭，他有 11 个兄弟姐妹。德雷克 5 岁时，他的父亲为了躲避宗教迫害，举家迁到肯特郡，在麦德威河边定居下来，而家门口就是英国的皇家造船厂。因生计所迫，德雷克 13 岁时就上船当学徒工，随船来往于泰晤士河和英吉利海峡。26 岁开始加入海盗船队，前往新世界淘金。

探险家德雷克

弗朗西斯·德雷克是英国历史上著名的探险家与海盗，是在麦哲伦之后第二位完成环球航海的探险家，也是第一位完成环球航行的英国航海家。

⦿ **西班牙舰队**

16 世纪是属于西班牙帝国的黄金时代，在哈布斯堡家族的查理五世和腓力二世的励精图治下，西班牙走向了完全的统一，疆域包含了整个伊比利亚半岛、意大利南部、尼德兰地区以及广阔的美洲殖民地，成了历史上第一个"日不落帝国"，全世界 80% 的黄金白银都源源不断地运往西班牙。

英格兰与西班牙交恶，不仅仅是因为霍金斯这次航海贸易受挫，还有一个原因是此时西班牙对尼德兰革命的镇压措施，使英格兰对尼德兰的稳定贸易关系开始遭到破坏，因此英西矛盾日益加深。

第七章 "海盗女王"伊丽莎白一世时代

少年船长

弗朗西斯·德雷克出生于英国德文郡的塔维斯托克，他的父亲是一个自耕农，也是一个虔诚的新教徒。在公元1549年康沃尔郡天主教徒发起的"祈祷书叛乱"后迁居到当时新教徒势力强大的普利茅斯，随后又迁到泰晤士河河口附近的古灵厄姆，充任查塔姆船厂工作人员和水手们的临时牧师。德雷克则在韦特兰船长手下做见习水手，来往于法兰西和荷兰沿岸，学习航海的实际业务。

德雷克17岁就当上了沿海航线小帆船的船长。当他风闻表兄约翰·霍金斯在"三角贸易"中获得巨大利润之后，便毅然把自己的船卖掉，参加了约翰·霍金斯的第三次航海。

有生之年一定要向西班牙复仇

公元1568年，德雷克参与了他表兄约翰·霍金斯的第三次远航。他们带领5艘贩奴船前往墨西哥。由于受到风暴袭击，船只受到严重损坏。祸不单行的他们随后受到西班牙舰队攻击，损失惨重，德雷克和霍金斯也险些丧命于此。从此以后他就有了一颗仇恨西班牙的心，他发誓在有生之年一定要向西班牙复仇，就此确定了其一生的轨迹。

英格兰的民族英雄

在公元1572—1574年的远征中，德雷克率领70名部下在西班牙财宝存放地巴拿马地峡的诺布尔德迪埃斯附近登陆，抄山间小路奇袭西班牙运宝船队，夺得价值2万多英镑的金银财宝后回国。由于这次远征的成功，德雷克被誉为民族英雄，西班牙提出严重抗议，伊丽莎白一世对西班牙的抗议却不以为然，毫不理睬。

◉ 英荷战争时皇家海军主力舰队在查塔姆船厂基地集结

查塔姆位于英格兰东南麦迪（Medeay）入海口，历来是英国东海岸要隘之一，1613年英国在此建立皇家造船厂，此后查塔姆造船厂使成为英国最主要的舰艇建造和修理基地。

海洋与文明：英国

◉ 驳运"卡卡弗戈"号财宝

发现德雷克海峡

公元1577年,德雷克再次乘坐旗舰"金鹿"号从英格兰出发,直奔美洲沿岸,打劫了西班牙的"卡卡弗戈"号运宝船,被西班牙军舰追击,由于西班牙的封锁,他无法通过狭窄的麦哲伦海峡撤离。在一次猛烈的风暴中,"金鹿"号同船队其他船只失散了,被向南吹了5度之多,来到了西班牙人也未曾到过的地方。

自从麦哲伦海峡被发现以来,人们一直认为海峡以南的火地岛就是传说中的南方大陆的一部分,但此时出现在德雷克面前的是一片汪洋大海,德雷克被这意外的发现惊呆了,他高兴地向大家宣布:"传说中的南方大陆是不存在的,即使存在,也一定是在南方更寒冷的地方。"如今人们称这片广阔的水域为德雷克海峡。

据"卡卡弗戈"号"受害者"西班牙人记载,德雷克没伤害那些被抓住的西班牙船员,反而给每个投降的人发了钱和礼物,众多的财宝让德雷克和他的手下花了5天才搬完。

公元1577年,德雷克乘着旗舰"金鹿"号直奔美洲沿岸,打劫了西班牙"卡卡弗戈"号后,在西班牙军舰追击下,德雷克逃亡中发现了今天的德雷克海峡。

第七章 "海盗女王"伊丽莎白一世时代

○ 伊丽莎白一世女王登上德雷克的旗舰"金鹿"号

英格兰女王伊丽莎白一世亲自登上"金鹿"号，嘉奖德雷克他们的环球航行壮举。德雷克知道船上这帮海盗已经好几个月没见过女人了，怕他们对女王不礼貌，所以命令他们举起右手，遮住眼睛，不准看女王！
女王看到甲板上船员们举右手遮眼的怪异姿势，问道："他们在干什么？"德雷克机智地回答："这是海盗特有礼节，他们在向陛下您致敬呢！"女王莞尔一笑，封德雷克为"骑士"。

○ "金鹿"号

第一个环绕地球航行的英国人

"金鹿"号穿过德雷克海峡，一直向西横渡了太平洋。公元1579年7月23日，德雷克到达了马里亚纳群岛，8月22日穿过北回归线，9月26日回到了阔别已久的普利茅斯港，再次成了"民众的英雄"，伊丽莎白一世登上德雷克的旗舰"金鹿"号，在甲板上授予德雷克骑士爵位。这次航行是继麦哲伦之后的第二次环球航行，但德雷克却是第一个自始至终指挥环球航行的船长。

德雷克的环球航行带回了数以吨计的黄金白银，丰富了女王的腰包，更重要的是德雷克为英格兰开辟了一条新航线，大大促进了英格兰航海业的发展，而且他还发现了宽阔的德雷克海峡,自此以后,太平洋再也不是西班牙一家的天下了。

德雷克作为一个探险家的成就到此为止,但作为海战史上著名的海战专家,他的冒险才刚刚开始。

造舰备战

这个时期,在伊丽莎白一世的庇护之下,英格兰海盗遍布整个海洋,让海洋殖民国家头疼不已,尤其是西班牙,因为与英格兰交恶,其在海上航行的运宝船屡遭英格兰海盗劫掠。

德雷克等在政府支持下从事打击西班牙船队、夺取其美洲财富的海盗活动。霍金斯则从切身经历中认识到加强英格兰海军的重要性,因此转而从事海军建设并进行各项改革,准备同西班牙人在海上继续较量。

与西班牙交恶,这可不是闹着玩的

西班牙建立了当时最庞大的舰队

自16世纪开始,西班牙将海外领地分成了4个总督辖区,而且开通了东印度香料贸易的航线,为了保障海上交通线的安全和在海外的殖民利益,西班牙建立了当时最庞大的舰队,这是一支拥有100多艘战舰、3000余门大炮、数以万计士兵的强大海上舰队,最盛时舰队有千余艘舰船。这就是日后横行海上的西班牙"无敌舰队"。

◉ 勒班陀海战中的"无敌舰队"

公元1571年,西班牙帝国在与奥斯曼帝国的勒班陀海战中出动了90艘战舰、50艘快帆船与双桅帆船和24艘后勤补给商船,总共164艘船舰,还有4.3万名精锐的西班牙士兵,足可见当时西班牙的强大。

> 据说伊丽莎白一世为了国家的骄傲和君主的尊严，举行了一次盛大豪华的乡间巡游，她所豢养的奴仆和闲人足以使招待她的贵族倾家荡产。皇家的奢靡使得国家财政不堪重负，迫切需要寻找大量财富维持国家发展。

> 伊丽莎白一世在发售私掠许可证时，海盗商船不仅要保证不袭击本国商船，同时还需要向国家交纳非常高的收入税。据资料记载，海盗的贡金高达20%。

如此海军实力，如何抗衡西班牙？

再来看看英格兰当时的情况：亨利八世时期初步奠定了英国皇家海军的基础，但是他的继任者爱德华六世和玛丽一世时期，英格兰的政局始终动乱不堪，两位君主无暇关注海军建设，导致了亨利八世遗留下来的大批战舰因保养不利而慢慢腐烂损坏。

亨利八世时期的30艘战舰、15艘20吨的平底船以及多艘辅助舰艇，到伊丽莎白一世时期只剩下21艘战舰、6艘辅助舰艇。

就这样的海军实力，如何抗衡西班牙？英格兰的当务之急是发展海军，但这并不容易。

钱，钱？钱！

众所周知，养海军极其费钱，因为不仅要培养专业人员，保养武器，就连船体都需要大批的金钱维护保养。为了搞到

◉ 威尼斯共和国曾经繁忙的港口

13世纪的威尼斯共和国利用完备的经济制度，为海军的发展保驾护航，但一切都建立在经济利润的基础上，而且人民与贵族在经济上的权益相同，这样的方式根本不适合英格兰的国情，所以要建立自己的海军供养政策，还需要另辟蹊径。

更多的钱，伊丽莎白一世入股了霍金斯的船队，这意味着霍金斯不仅要缴纳私掠许可证的税金，还需要向女王支付股息。霍金斯每一次航行的收益，都有一笔钱进入女王的口袋。于是，女王开始向英格兰乃至不是本国的商船颁发私掠许可证，这样，随着海洋贸易的不断进行，越来越多的财富流进了女王的腰包。

除此之外，英格兰的皇家海军开始频繁地出没于海上，开始占据距离英格兰本土比较近的一些小的贸易站，这样就可以通过来往商贸征收关税，虽然这笔钱很少，但"苍蝇再小也是肉"，因为女王需要用钱的地方太多了。

霍金斯的改革

早在霍金斯第三次航行之际，女王就曾招募他为皇家海军舰队的公职人员，在女王的眼中霍金斯是海军发展的继任者，但是霍金斯更倾向于岳父本杰明·岗松担任的海军财政大臣一职。

公元1572年霍金斯进入国会。公元1577年11月，他接替本杰明·岗松担任海军财政大臣职务，此后，霍金斯开始提出进一步改革和建设海军的计划，并付诸行动。

惩罚腐败，成立查塔姆基金库

霍金斯对于海军中的腐败现象很不满。在被提拔为海军财政大臣后，他先是告发了威廉·温特并要求对他施以惩罚。

针对16世纪海上艰辛的生活和士兵死亡率很高的情况，英国统治阶级对于生病和受伤的士兵进行资助，但是对于生存困难的士兵来说仍是杯水车薪，因此霍金斯和德雷克成立了

伊丽莎白一世支持英格兰海盗的行为，尤其是鼓励海盗们对西班牙运宝船的劫掠行为，使得西班牙损失巨大，因此西班牙就向英格兰讨说法，伊丽莎白一世给出的回应是"这完全是他们的私事"。西班牙人有苦难言，双方积怨加深。

英格兰依靠皇家海盗的行为，红红火火地经营着对尼德兰的生意，英格兰向其提供大宗呢绒，而尼德兰则向英格兰提供诸如武器等违禁物品。

尼德兰地区之所以敢在西班牙眼皮底下出售违禁物品，是因为此时荷兰共和国（尼德兰）正在与西班牙公开敌对，因此英格兰才能获得这样的商品。

德雷克在公元1577—1580年的远征中带回大量劫掠物，有人这样叙述："国库出现了这么一笔'西班牙资财'，大大改善了英国的财政状况，并使英国有可能去资助尼德兰。英国的财政从来没有像1580—1581年冬季那样繁荣过。政府有能力去还清债务，去改善国外的信贷情况。同时也能执行比较强硬的外交政策了。"

据估计，伊丽莎白一世时代，海盗带回的赃物价值竟达1200万英镑，这一数目在当时是相当大的。

◉ 约翰·霍金斯的家族纹章

第七章 "海盗女王"伊丽莎白一世时代 | 125

查塔姆基金库，用于给生病和衰老的士兵以帮助。

建造行动灵活的快舰

这时英国皇家海军建设的目标也不再局限于守卫英格兰本土、防御外敌，而是转向为未来更大规模的海外探险和殖民保驾护航。

英国皇家海军原来使用的军舰虽然表面上威武、高大，但是行动起来很笨重、很不适用。根据德雷克等航海冒险家的经验和实战，霍金斯建造了一批中等型号的战船——快舰，船身高度也比原来降低了。这种战船航行速度快，行动灵活，而且在恶劣的天气下仍能在海上执行任务。

这种战船的代表当属"复仇"号，"复仇"号于公元1574年建造，排水量500吨，长36米，宽9.6米，是一艘四桅帆船。"复仇"号有两层甲板，最底层甲板装备18门18磅重炮（口径约为14厘米），通过船身的射窗发射实心炮弹；上一层甲板装备同样数量的10磅火炮（口径约为11厘米），另外，在艏艉和船舷还装有数量不详的小口径火炮。"复仇"号定员250人，包括军官和水手140人，以及炮手110人。

● 英国"复仇"号模型

"复仇"号是德雷克在抗击西班牙无敌舰队的海战中乘坐的旗舰，因此一战成名。和西班牙战舰上乘员分工严谨细致不同，英格兰军舰上的士兵一般都可以当作水手使用，而水手在需要的时候也可以操炮和射击，这样，英格兰军舰在海战中能够承受战损而依然战力不减。

以炮战为主，改造大炮

在海战的战术上，霍金斯进一步推行以炮战为主的新战术，改变过去以靠拢敌船、登上甲板进行近战为主的传统战术。

另外，为了加强船上火炮的威力，霍金斯改造了一种更加轻便的大炮，这种新炮反冲小、发射快、射程也更远。

英国皇家海军实力衰退的状况在伊丽莎白一世时期得到了较大的扭转，到公元1588年英西海战爆发时，英格兰已经拥有一支装备精良、素质一流的强大舰队。这支舰队除了拥有34艘皇家战舰之外，还有163艘武装商船和其他辅助船只。对于伊丽莎白一世在英国建立海洋帝国中的巨大贡献用再多的赞誉都不过分，但是具体的海军建设中必然不乏栋梁之材，而约翰·霍金斯即便不是翘楚之才，也算是这一时期英国海军建设中璀璨群星中的一颗。

西班牙入侵英格兰，双方撕破脸

霍金斯、德雷克等一批海盗的劫掠行径让西班牙大伤脑筋，西班牙驻英格兰大使向伊丽莎白一世提出无数次抗议，但都无济于事。

英格兰助战尼德兰

伊丽莎白一世起初并不愿意和西班牙公开交恶，因而矢口否认和海盗们有任何关联，但局势的变化很快迫使伊丽莎白一世转变立场。

公元 1585 年，西班牙名将帕尔马公爵法尼斯正率领 3 万精兵围剿独立不久的荷兰新教政权，荷兰在西班牙军队的打击下屡战屡败，危在旦夕，使伊丽莎白一世颇有唇亡齿寒之感。因此，她毅然派遣英格兰远征军到尼德兰助战，同时又派德雷克率领一支舰队到加勒比海大肆劫掠，分散西班牙的精力。

● 帕尔马公爵法尼斯

帕尔马公爵法尼斯，又译作法尔内塞，是西班牙全盛时期最伟大的将领之一。

处死苏格兰女王玛丽，给了腓力二世借口

西班牙和英格兰分别是天主教和新教的代表。玛丽一世在位的时候，英格兰和西班牙的关系还算融洽，这是因为她本身就是一个坚定的天主教徒，而且又和西班牙国王腓力二世是夫妻，两人对新教的打击都不遗余力。等到玛丽一世去世，伊丽莎白一世继位后，情况就发生了变化。首先是伊丽莎白一世曾经的姐夫腓力二世向她求婚，企图将英格兰收

○ 英格兰与西班牙开战－插画

入囊中，被伊丽莎白一世婉拒了，这让腓力二世很不爽。其次，伊丽莎白一世虽然采用宗教兼容政策，但她本质上是个新教徒，并于公元1559年利用议会通过法令重立英国国教，与罗马教廷决裂。腓力二世和他的父亲查理五世一样，是天主教的坚定支持者，对当时的欧洲宗教改革运动深恶痛绝，对打压新教不遗余力。因此，英格兰也从此成了他的眼中钉，他不断地煽动英格兰国内的天主教贵族推翻伊丽莎白一世的统治。

可以说，英格兰国内的宗教斗争从来没有停歇过。公元1587年，伊丽莎白一世处死了与其争夺王位的支持天主教的苏格兰女王玛丽·斯图亚特，后者一直被西班牙国王腓力二世当作取代伊丽莎白一世、登上英格兰王位的人选。玛丽·斯图亚特的死彻底激怒了腓力二世，因此他派出了西班牙无敌舰队，准备接应尼德兰的西班牙士兵登陆英格兰，然后把伊丽莎白一世女王赶下王座，阻挠新教革命。

西班牙无敌舰队在葡萄牙的里斯本集结战舰，舰队一共搭载了7000多名水手和20 000多名士兵，将前往尼德兰海岸和帕尔马公爵法尼斯的27 000名士兵会合，然后护送西班牙大军登陆英格兰本土。这是自罗马帝国入侵不列颠岛以来，英格兰面临的最严峻的一次考验。

主动出击或坐以待毙，德雷克突袭卡迪斯港

英国皇家海军此时只有区区23艘战舰，长久以来一直奉

行近海防御战略,从来没有远离过英格兰海岸作战。在伊丽莎白一世召开的军事会议上,包括海军司令霍华德在内的大部分贵族主张在英格兰沿海严阵以待。

公元1587年,英西海战爆发。德雷克坚决反对这种消极防御的战略,他豪气地宣称进攻是最有效的防守,应该主动出击,将敌舰消灭在其停泊的码头内。为了使自己的观点更具有说服力,德雷克于公元1587年4月19日率领他的私掠舰队突袭了西班牙的卡迪斯港。德雷克的舰队在卡迪斯港激战了12个小时,击沉西班牙舰船24艘,并焚烧了大批军用物资。这次袭击使西班牙海军蒙受了巨大损失,入侵英格兰的行动因此被推迟了一年多。

霍华德家族在16世纪时曾在英格兰政坛上显赫一时,参与过英格兰历史上的多次重大事件。公元1660年霍华德家族重获失去近百年的诺福克公爵爵位,公元1672年又获世袭司礼伯之衔。

◉ 海军司令霍华德

霍华德全名查尔斯·霍华德,来自英格兰古老的贵族家族——霍华德家族。

◉ 历史上繁华的卡迪斯港 –17世纪

西班牙发誓要入侵英格兰，各国纷纷站队

德雷克的成功突袭惹恼了西班牙，之后，西班牙国王腓力二世组建了一支由大约130艘舰船组成的舰队，这支舰队由西多尼亚公爵统领，包括8000名士兵和18 000名水手，美其名曰"无敌舰队"，字面意思是"伟大而幸运的海军"，为了筹资完成这项计划，罗马教皇西克斯图斯五世允许腓力二世征缴远征税。教皇还承诺，如果他们能到达英格兰本土，将对西班牙军队进一步补贴。可见此时的英格兰不仅仅是得罪了西班牙，就连罗马教皇都不放过它。

英格兰与西班牙正式撕破脸了，欧洲各国也开始纷纷站队。此时荷兰与英格兰走到了一起，共同抵抗强大的西班牙帝国。

● 教皇西克斯图斯五世

教皇西克斯图斯五世出身卑微，以严厉执法及对异教的不宽容和重建罗马而获得了尊崇的地位，这使他有了极度的自信。后来又因为他的自信，引起了信徒的不满。教皇西克斯图斯五世以其一生经历证明了两个朴素的道理：一是追求纯粹的意识形态与权力结合是可怕的。二是在意识形态下参与国际博弈的国家利益是扭曲的。

格拉沃利讷海战

西班牙无敌舰队于公元1588年5月28日驶往尼德兰，然而这支"幸运舰队"似乎不走运，刚出发20天就遇到"船祸"，船与船发生剐蹭和相撞的事故，到了6月底，船员又患上痢疾。

到了7月29日，西班牙无敌舰队才到达英格兰海域，8月7日，无敌舰队在加莱泊地下锚。傍晚，加莱附近海域的风向由西南转为西，英格兰海军上将霍华德趁无敌舰队不备，指挥8艘纵火船冲向了西班牙船队的聚集区，西班牙无敌舰队慌作一团，各自为战，损失惨重。此后经历了10天惊心动魄的海上战斗，无敌舰队的士气开始崩溃，只能仓皇撤离，这就是著名的

◉ **格拉沃利讷海战**

格拉沃利讷海战打破了西班牙无敌舰队不可战胜的神话，为英格兰和荷兰下一步更好地对抗西班牙积累了宝贵的经验。

格拉沃利讷海战。无敌舰队向北逃窜后，又在苏格兰附近海域遭遇了暴风雨天气，损失惨重，最后只有65艘船返回了西班牙。幸存者中的大多数人都患上了严重的坏血病和营养不良，很多人在踏上西班牙陆地后不久即一病不起。

无敌舰队的失利对西班牙是一个沉重打击，但不足以动摇它海洋帝国的地位，该事件最重要的影响是被视为上帝支持英国新教改革的一个标志。

英格兰反攻西班牙失利

西班牙无敌舰队在英西海战失败后陷入了虚弱中，伊丽莎白一世看到了打击西班牙海上力量的机会，于是组织了一支远征舰队企图彻底击溃无敌舰队。

公元1588年夏天英国舰队打败西班牙无敌舰队的格拉沃利讷海战与公元前480年萨拉米斯海战、公元1805年特拉法尔加海战，以及1916年日德兰海战，被史学家称为世界历史上最著名的四大海战。

在伊丽莎白一世的支持下，公元1585年英格兰成立了"摩洛哥公司"。公元1588年，又成立了"几内亚公司"。这些地区垄断性的商业集团纷纷前往非洲，从事不平等的贸易掠夺乃至贩运黑奴。这也使得英格兰与西班牙之间的矛盾日益突出。

德雷克的海盗船队因为在击败西班牙无敌舰队的战争中起到了至关重要的作用，德雷克因此被封为英格兰勋爵，登上海盗史上的最高峰。

在抗击无敌舰队的海战中获胜的英格兰并未给敌人以决定性打击，西班牙依然是欧洲最强大的国家，此后还不断派遣舰队远征英格兰。

第七章　"海盗女王"伊丽莎白一世时代 | 131

女王欲全歼西班牙无敌舰队残余船只

战后不久，伊丽莎白一世得到消息，无敌舰队残余的船只分别回到了西班牙控制着的比斯开湾的桑坦德和圣塞瓦斯蒂安。

伊丽莎白一世想一举全歼西班牙无敌舰队的残余船只，这样西班牙的海上力量将大受打击。因为英格兰舰队一旦摧毁了西班牙的全部舰队，就可以轻而易举地阻截来自美洲的西班牙运宝船和来自波罗的海的造船物资，西班牙即便有完备的造船技术，也会因为缺乏资金和材料供应而中止。

没有按照女王的命令，科伦纳·里斯本远征失败

为了完成全歼西班牙无敌舰队的计划，伊丽莎白一世动用了国库和私人财产，组建了一支远征舰队。这次远征采取了股份制形式，女王负担经费的1/3，其余由这次远征的陆军司令约翰·诺里斯爵士、海军指挥官弗朗西斯·德雷克及其朋友和支持者筹集。这样一来，远征的目的复杂化了。在诺里斯和德雷克看来，摧毁无敌舰队的残余已不足挂齿，重要的是攻占里斯本，帮腓力二世的竞争者安东尼奥登上葡萄牙王位。对于伊丽莎白一世来说，明令取消进攻里斯本的计划几

● 比斯开湾
比斯开湾位于北大西洋的东北部，英吉利海峡和直布罗陀海峡之间，东临法国，南靠西班牙，具有重要战略地位。

● 伊丽莎白一世的宠臣罗伯特·达德利
罗伯特·达德利从侍从长开始一路荣升，最后成为莱斯特伯爵。虽然在罗伯特新婚妻子死于意外之后，有传言女王会与其结婚，但是事实上却没有。公元1588年，伊丽莎白一世失去了心爱的莱斯特伯爵，此后，女王为了怀念这个男人，把他写给自己的最后一封信一直保存到去世。

● 战胜无敌舰队之后为女王绘制的肖像图

图中的伊丽莎白一世浑身洋溢着皇家威严气势，一只手放在地球仪上，仿佛全世界尽在她掌握之中，脖子上戴着罗伯特·达德利送给她的由600颗珍珠串成的珍珠项链。

乎是不可能的，她所能做的只是向诺里斯和德雷克一再强调摧毁无敌舰队残余船只的重要性。

公元1589年2月23日，德雷克和诺里斯率领英格兰远征舰队出发，他们此行的目的有三个：一是摧毁比斯开湾的西班牙无敌舰队的残余船只；二是占领亚速尔群岛中的一些岛屿，以便阻截途经这里来往西、东印度群岛的西班牙运宝船队；三是堵截来自波罗的海的船只。

然而，英格兰远征舰队没有遵守女王的命令去比斯开湾摧毁西班牙船只，而是直接去了靠近里斯本的拉科鲁尼亚大肆掠夺，浪费了两星期的时间，并且在与当地人的战斗中削弱了自己的力量。

掠夺完拉科鲁尼亚后，德雷克和诺里斯又指挥英格兰远征舰队围攻了里斯本，而此时里斯本的西班牙人已经做好了迎战准备。结果可想而知，英格兰远征舰队不但没有攻下里斯本，还损失了大量的战船和士兵，被迫撤回英格兰。

这次远征花费超过16万英镑，大大超过预计，伊丽莎白一世个人负担了其中的6万英镑，远征的失败耗尽了伊丽莎白一世执政以来精心恢复的英格兰财政资源。被国民誉为民族英雄、长期深受伊丽莎白一世恩宠的德雷克，也因为这次失败逐渐失宠和被疏远了。

罗伯特·达德利去世之后，沃尔特·雷利进入女王的眼中，成为女王新的宠臣。

第七章 "海盗女王"伊丽莎白一世时代 | 133

油画：直布罗陀海战中的西班牙地中海舰队

在哈布斯堡王朝统治时期，西班牙维持着两大舰队，即装备桨帆船为主的地中海舰队和以大型帆船为主的大西洋舰队。地中海舰队的前身就是阿拉贡海军。图中是公元1607年直布罗陀海战中的西班牙地中海舰队。

公元1589年年底，弗罗比舍和坎伯兰伯爵率领的英格兰舰队在西印度航路上捕获了满载金银财宝的西班牙运宝船。

英格兰远征舰队失败后，伊丽莎白一世气愤地给诺里斯和德雷克写信："在离开前，你们曾多次发誓，让我和部分枢密大臣相信，你们的第一和主要的行动应当是攻击西班牙海军和船只，并把它们消灭在停泊的港口内。你们也曾答应，如果不能这样做，你们愿意被作为叛国者对待。"

越打越穷，和平成为期盼

英格兰远征舰队回国后，西班牙有了修理无敌舰队军舰和扩建海军的时间。

西班牙海军迅速恢复作战力量，英格兰海盗的日子不好过了

到了公元1591年，西班牙又有了一支用于作战的海军，其先锋是20多艘大帆船，其中1000吨以上的船只就有12艘。之后，西班牙还重建了西印度舰队、美洲运银船队等，海上军事力量不降反增。

此后几年，西班牙统治下的一些重要港口，如哈瓦那、德·乌鲁阿、波多黎各等都新建起防御工事。同时，还建立和加强了卫戍军，改善了海岸防卫舰队等。

"五月花"号

"五月花"号是一艘三桅盖轮船，在公元1615年下水。公元1620年9月6日，该船载乘102名人员，其中包括妇女、儿童和船员，由英国的南安普顿出发移民北美。虽然它不是第一艘移民船只，却是其中最出名的一艘，因为著名的《五月花号公约》就诞生在这艘船上。

西班牙的这些动作意味着英格兰海盗们的日子越来越难过了。

弗洛雷斯海战：袭击西班牙新编无敌舰队失败

英格兰因为上次远征舰队失败后，国家财力大减，为了能尽快获得更多财富，海上的英格兰海盗们变得更加猖狂。

随着西班牙海上防卫体系的进一步加强，英格兰海盗们的日子越来越难过。于是英格兰派遣一支特别舰队专门封锁亚速尔群岛的交通运输，其目的是拦截过往的西班牙运宝船队，这支舰队的司令是海军大臣霍华德的堂弟托马斯·霍华德，沃尔特·雷利的堂弟格伦维尔为副司令。

⊙ 伊丽莎白一世抵达萨里郡的无双宫－油画

无双宫曾经是亨利八世时期的英、法两国文艺复兴设计的典范，如今早已不复存在。

2002年，沃尔特·雷利入选BBC"100位最伟大的英国人"名单。美国西弗吉尼亚州的雷利县就是以沃尔特·雷利的名字命名的。

沃尔特·雷利在听到有关黄金国的传说后，便于公元1595年率领一支探险队前往新大陆寻找黄金，后来发现了今南美洲圭亚那地区。"谁控制了海洋，谁就控制了贸易"这句名言就出自他之口，烟草也是他发现的。

格伦维尔勇猛异常，性如烈火，而且具有丰富的海战和陆战经验，其威名不亚于德雷克，在西班牙舰队中闻名遐迩。据说，他曾在一次宴请俘虏的酒席上，嚼烂葡萄酒瓶而吞食之；在一次袭击西班牙运宝船时，因为没有小船，他竟用衣箱渡海杀上敌船。

◉ 英国"复仇"号战舰

英国探险家沃尔特·雷利

在伊丽莎白一世时代，英国著名的航海家除了有大放异彩的海盗王霍金斯和德雷克之外，还有一位知识分子沃尔特·雷利爵士。他有诗人、作家、政治家、军人、探险家多个头衔。他在早期的职业生涯是私掠船的船长，公元1582年，他踏上了美洲大陆并发现了弗吉尼亚的罗阿诺克岛，即"失落的弗吉尼亚"，回国后他被伊丽莎白一世加封为爵士。

沃尔特·雷利爵士风流倜傥、智慧过人，有风度、有深度，被加封为爵士后，他成了伊丽莎白一世的近身侍卫长，在他的倡导建议下，伊丽莎白一世开始注重英国海军舰队建设，刺激了女王对海外殖民的野心，使得国家特许（私掠许可）海盗夺取西班牙运宝船成为国策。在他的主张下，美洲弗吉尼亚成为英国人的定点移民地。

沃尔特·雷利爵士深得女王的爱慕，但是他却瞒着女王和一位宫女结婚，这让女王很恼怒。公元1603年，女王以玷污宫女的贞操和荣誉之名将他投进了伦敦塔，是伦敦塔里待得最长的一个囚徒。公元1616年获假释后，再次去美洲探险，但一无所获，而且其下属还烧毁了一处西班牙居民点，时任国王詹姆斯一世将其处死。临死前他风趣地说："这种药的药力太猛，不过倒是包治百病。"

公元1591年，托马斯·霍华德率领舰队在弗洛雷斯海域巡弋，发现了一支西班牙舰队，他误以为是西班牙运宝船队，于是坐镇旗舰"挑战"号，带领"复仇"号、"博纳文彻"号、"无比"号以及伦敦市的武装商船"克莱恩"号和8艘小型船，共计13艘舰船，向西班牙舰队围了上去。

当靠近对方时，托马斯·霍华德才发现这根本不是西班牙运宝船队，而是西班牙新编的无敌舰队，这支舰队由阿隆索·德·巴桑率领，共有55艘军舰，舰艇上装有新式大炮，其战斗力远比他指挥的舰队强大。西班牙新编无敌舰队首先向英格兰舰队开火，英格兰舰队仓促应战，托马斯·霍华德下令撤退。格伦维尔的"复仇"号来不及撤离，陷入无敌舰队重围之中，激战一天一夜后，"复仇"号沉没，格伦维尔身受重伤被俘，企图自杀后被制止，两天后不治身亡。

这场海战标志着西班牙海上力量的复兴，而深孚众望的骁将格伦维尔战死和身经百战的"复仇"号沉没，在英格兰引起轩然大波。同时也让英格兰意识到重新设计制造的西班牙加里昂船，无论速度还是战斗力都有很大的改进。由于拥有许多卡巴林和准卡巴林炮，并在数量上也占绝对优势，英格兰海军已不是西班牙海军的对手。

康沃尔之战

公元1595年，西班牙海军一支由卡洛斯·德·阿梅斯基特率领的舰队袭击了布列塔尼半岛的几个渔村之后，被逆风吹过海峡来到了锡利群岛附近海域。为了补充淡水，舰队悄悄驶近了英格兰的康沃尔郡。

西班牙士兵登陆后烧杀抢掠

西班牙舰队大胆地驶近英格兰本土，英格兰方面却毫无觉察。由于在西班牙士兵中有英格兰逃亡者，使阿梅斯基特对康沃尔郡了如指掌，他毫不犹豫地决定在利泽德角的芒茨湾和毛斯霍尔登陆。登陆的200余名西班牙士兵对毛斯霍尔及周围村镇和教堂肆意烧杀抢掠，还在小山岗设岗放哨。

● 卡洛斯·德·阿梅斯基特

指挥官把烧杀抢掠改成烧杀一空

这200多名西班牙士兵带着战利品回到船上后，刺激了原本在船上观望的西班牙指挥官阿梅斯基特的贪欲。随后，阿梅斯基特率领西班牙舰队继续沿康沃尔郡海岸线北上，他

● 突袭康沃尔郡

命令士兵登陆，攻占彭赞斯城，把烧杀抢掠改成烧杀一空。

西班牙人在彭赞斯城

英格兰在彭赞斯城的统监弗朗西斯·戈德芬见穷凶极恶的西班牙人到来，连忙召集民兵反击，但是当地居民早已惊慌失措，争相逃命，没有人听他的命令。

西班牙士兵把彭赞斯城抢劫一空，为了庆祝收获，400名西班牙士兵在彭赞斯城西边的小山上举行了弥撒，并发下誓愿：征服英格兰之后一定在那里修建一座修道院。

满载战利品顺风撤退

弗朗西斯·戈德芬见当地人根本无法抵挡西班牙人的暴行，于是派人紧急到普利茅茨报告军情，他认为"西班牙人此举是发动全面进攻的先兆"。

得悉西班牙人入侵的消息后，英格兰海军将领德雷克和霍金斯的舰队紧急从普利茅茨起航，朝康沃尔郡而去，阿梅斯基特获知英格兰主力舰队即将到达后，连忙下令撤退，满载战利品顺风返回了布列塔尼半岛。这是历史上少数次外国军队在英格兰本土登陆的事件之一。

● 彭赞斯城的街道－油画

霍金斯和德雷克的远征

腓力二世接到西班牙军队破天荒在英格兰本土登陆的报告后，发现英格兰人的防卫和抵抗出乎意外的脆弱，于是决定把远征的目标集中在英格兰本土上。

女王派出霍金斯和德雷克主动出击

伊丽莎白一世察觉了腓力二世的远征计划后，即使不知道他要攻打哪里，但也不能坐以待毙，于是她派遣霍金斯和德雷克主动出击，攻击西班牙的海外领地，使其无暇入侵英格兰本土。

> 康沃尔郡地处英格兰的西南端，邻近大西洋。康沃尔郡南北在地理上两边有明显差异，北面海岸以悬崖峭壁为主，而南面则有较多海滩。

> 彭赞斯本义是"神圣的海角"，这里是英国铁路向西延伸的终点，是英国大陆和大西洋之间最后一座较具规模的城镇。

138 | 海洋与文明：英国

公元 1595 年 8 月，霍金斯和德雷克率舰队从普利茅斯港起航出征，舰队包括女王直属的 6 艘加里昂船和种类各异、大小不一的其他 21 艘舰船，随同舰队一起出征的还有在荷兰建立过赫赫战功的著名将领弗朗西斯·巴斯加维尔。

非洲加那利群岛，港口戒备森严

不久之后，霍金斯和德雷克的舰队到达了非洲加那利群岛的拉斯帕尔马斯海域。这里是西班牙的海外属地，港口戒备森严，霍金斯和德雷克不敢轻举妄动，放弃了进攻的念头。由于长时间的海上航行，舰队的淡水和粮食成了大难题。在补给出现问题的情况下，霍金斯和德雷克不甘心空手而归，继续向西航行，寻找西班牙防守薄弱的港口，再做打算。

霍金斯患痢疾病亡

公元 1595 年 10 月下旬，英格兰舰队抵达加勒比海外缘背风群岛南端的瓜德罗普岛之前，舰队一艘叫作"弗朗西斯科"号的小帆船被西班牙 5 艘速度快、重武装的加莱船包围并俘获。

随后，大量西班牙军舰朝霍金斯和德雷克的舰队围拢过来，英格兰舰队只得仓皇逃走，11 月 12 日夜间，约翰·霍金斯患痢疾病亡，终年 63 岁。

德雷克几经转战，攻占了诺布尔德迪埃斯城堡

德雷克脱离西班牙舰队的围困之后，率舰队继续沿海岸线航行，在牙买加和多米尼加等地多次向岸边港口发动攻击，都被西班牙人的火炮击退。

⊙ 参战的加里昂船"凯旋"号

⊙ 诺布尔德迪埃斯城堡遗迹

第七章 "海盗女王"伊丽莎白一世时代 | 139

◉ 同一时期的英国双层甲板船（左）与荷兰船（右）

◉ 西班牙国王腓力二世
刚生过一场大病的腓力二世，在公元1593年稍微恢复健康之后，立刻就察觉了英格兰、荷兰和法兰西的新时局，因此他决心开展对英格兰的远征计划。

但是德雷克的海盗本性使西班牙人胆寒，所以英格兰舰队在转战途中未遭到西班牙舰队追击，经过数月航行，德雷克率舰队抵达巴拿马海域，占领了诺布尔德迪埃斯城堡，俘虏了大量船只。

英格兰士兵登陆后到处杀人放火，奸淫掳掠，无所不用其极，以泄数月失利之愤。

德雷克也身患痢疾不治身亡

之后，德雷克派巴斯加维尔率领750名英格兰士兵向巴拿马城的旧街区挺进。由于天气不佳，滂沱大雨一连下了三天三夜，造成交通阻塞，补给中断。加上西班牙重兵扼守着交通要道，巴斯加维尔只好下令停止进攻，于公元1596年1月2日返回诺布尔德迪埃斯城堡与德雷克汇合。

由于长期在海上航行、作战，许多船员身患痢疾，使得行船非常困难，舰队再也不能继续作战了，只得计划返航，可就在1月27日夜里，德雷克也因身患痢疾，坚持到次日凌晨后不治身亡。

战争使得英格兰再次债务缠身

这次主动出击损失了两名英格兰历史上举足轻重的海军名将，对英格兰来说损失惨重，可对伊丽莎白一世来说，更让其揪心的是如何应对西班牙对英格兰本土和属地的入侵。

与西班牙的战争曾给英格兰的经济带来了希望，但是也带来了巨大的负担。尽管伊丽莎白一世通过授权海盗行为，使英格兰摆脱了前几任国王遗留下的巨债，但自从英格兰与西班牙撕破脸后，持续的交战让英格兰开始入不敷出。

战争消耗，使得双方都疲惫不堪，期盼和平

此时，英格兰还要应对爱尔兰人反抗其统治的游击战，这都给英格兰的经济带来了巨大损失，它被称为"英格兰国库的漏斗"。为了弥补财政亏耗，伊丽莎白一世不得不出售国有土地以及官职。公元 1603 年，英格兰的债务再次达到 300 万英镑，与伊丽莎白一世刚继位时相差不多。

自从公元 1588 年西班牙无敌舰队被英格兰舰队打败后，西班牙就开始报复行为，腓力二世在爱尔兰扶持起义军对抗英格兰。公元 1601 年，西班牙派遣第五支无敌舰队登陆爱尔兰，这次远征的目的主要是协助当地爱尔兰叛军，但最终在金塞尔之围中被英军击败。

公元 1602 年，英格兰与荷兰联军在多佛海峡海战中打败西班牙舰队，使英格兰与荷兰掌握了英吉利海峡的控制权。

公元 1601—1604 年，西班牙军队发起了人类历史上较为残酷、血腥的奥斯坦德之围，经过三年的围攻，英荷联军最终投降，西班牙军队拿下了这座城堡。

◉ 金塞尔之围

◉ 金塞尔之围纪念碑

第七章 "海盗女王"伊丽莎白一世时代 | 141

● 参加巡礼中的伊丽莎白一世

长期战争让英格兰和西班牙都疲惫不堪，两国都希望尽快结束战争，最终在公元1604年8月28日签署了《伦敦条约》，正式结束了持续19年的英西战争。

"海盗女王"时代的英国海权

在国内，伊丽莎白一世兼容并包，在国际上则充分利用单身的优势与各国周旋；经济上实行重商主义政策及"圈地运动"，鼓励创办工商业，刺激资本主义经济发展；另外，她实行对外扩张的政策，通过打击老牌殖民帝国西班牙，谋求与对方平起平坐的可能。

童贞女王、海盗女王

伊丽莎白一世统治英格兰长达45年，国内呈现出一片繁荣昌盛的景象。她为了这个国家奋斗一生，将全部精力都放在富国强兵方面，以至于自己终身未嫁，因此被称为"童贞女王"。

伊丽莎白一世为了与西班牙竞争，给海盗颁发私掠证，纵容弗朗西斯·德雷克等英国海盗抢劫西班牙船只和殖民地，这让她也获得了"海盗女王"的恶名。

伊丽莎白一世特别鼓励造船业和航海业，鼓励建立各类海外贸易公司，扩大了英国呢绒等商品的海外市场。向南，英国与北非、西非国家发展商业往来。公元1585年，英格兰成立了"摩洛哥公司"。公元1588年，又成立了"几内亚公司"。这些地区垄断性的商业集团纷纷前往非洲，从事不平等的贸易掠夺，乃至贩运黑奴。

詹姆斯一世的外公的外公是亨利七世，而亨利七世是伊丽莎白一世的爷爷。也就是说，詹姆斯一世的外公跟伊丽莎白一世是表兄妹，伊丽莎白一世是詹姆斯一世的表姑奶。

142 | 海洋与文明：英国

向东，英格兰恢复了与地中海地区的贸易往来，打通了与印度等东方国家的贸易。公元1600年，伦敦商人在伊丽莎白一世的支持下成立了著名的英国东印度公司，该公司享有对好望角以东的国家特别是印度进行贸易的垄断权。这些都对英格兰的海上贸易有着极大的促进作用。

伊丽莎白一世统治期间还出现了很多航海家，其中包括弗朗西斯·德雷克、沃尔特·雷利和汉弗莱·吉尔伯特，促进了英格兰航海业的发展。英格兰的国力日渐强盛，在北美洲建立了殖民地，为英格兰海权的发展打下了坚定的基础。

都铎王朝结束，被斯图亚特王朝取代

公元1603年3月24日，伊丽莎白一世病逝于里士满王宫，终年70岁。由于她终身未婚，没有后代，王位便由其表外孙苏格兰国王詹姆斯六世继承（他是被伊丽莎白一世处死的苏格兰女王玛丽的儿子），至此都铎王朝结束，被斯图亚特王朝取代。英国由此重新进入黑暗君主专制时期。

◉ 斯图亚特家族徽章

◉ **弗朗西斯·培根**

伊丽莎白一世统治期间，英格兰文化高度繁荣，涌现出了许多著名的人物，包括威廉·莎士比亚、弗朗西斯·培根等。

第七章　"海盗女王"伊丽莎白一世时代 ｜ 143

第八章
大不列颠的统一

伊丽莎白一世的去世标志着英格兰都铎王朝的结束，其表外孙詹姆斯一世继位，他来自苏格兰的斯图亚特家族，这个起源于法国的家族开始了对英国的统治。

◉ 詹姆斯一世

詹姆斯一世出生5个月后，就被苏格兰国内贵族加冕为王，称苏格兰的詹姆斯六世。
公元1603年3月24日，英格兰女王伊丽莎白一世去世后，他继承了英格兰王位，称英格兰的詹姆斯一世。

英格兰断头国王：查理一世

詹姆斯一世在位22年，虽然他常被形容为一位昏庸、自大、迫害清教徒与打击英国宪政体制的愚蠢君主，但不可否认的是，在欧洲正因三十年战争而骚动不已的时候，他给英格兰带来的和平是个了不起的成就。公元1625年，在他去世后，其子查理一世继位。

绅士查理，而不是国王查理一世

查理一世继承了父亲詹姆斯一世的英格兰和苏格兰王位，查理一世与他父亲不同，他儒雅高贵、品位高尚，有着无可挑剔的人品和操守，如果他不是国王而仅仅是亲王，那么他将会赢得无数

> **资质平庸的詹姆斯一世却巧妙地维持了三方的平衡**
>
> 詹姆斯一世长相平平，举止粗俗，没有贵族气质，但他却喜爱读书。他在参观伦敦大学的图书馆时曾说："如果我不是国王，我宁愿做这里的囚徒。"
>
> 虽然他自大、狂妄以及相信君权神授，在处理国内事务时无能与无所作为，也无法解决英格兰国内的各种矛盾，但却维持了英格兰、苏格兰和爱尔兰三方超过20年的平稳，这是个了不起的成就。

的声誉和荣耀。可是成了国王的查理一世却变得飞扬跋扈、固执己见。他的行为充满了矛盾：一方面，在三十年战争中，他的失误成功地帮助了新教势力；另一方面，他又迎娶了一位信仰罗马天主教的公主，还重用当时具有争议的教会人物。他的很多臣民都认为这样做使英格兰教会与罗马天主教会的关系太紧密了，毕竟英格兰是新教的代表国家。此后，查理一世还试图迫使苏格兰进行宗教改革，从而引发了主教战争。这一切都让他成为英格兰人民和国会都不欢迎的人物，最后成了英格兰历史上唯一一个被推上断头台的国王。

伊丽莎白一世时期王权的扩张控制在议会能够容忍的范围之内

从公元1215年6月"无地王"约翰与贵族签订《自由大宪章》起，英格兰的王权都受限于议会。

伊丽莎白一世在统治英格兰的45年中，没有滥用自己的权力和威望，她终身节俭，不轻易发动战争。当王权与议会发生矛盾的时候，她总是会根据情况做出必要的让步。在她的一生中，王权的扩张始终控制在议会能够容忍的范围之内。

与议会之间有了不可调和的矛盾

可查理一世有着雄心壮志，充满野心，这就造成了与议会之间不可调和的矛盾。为了能够随意开征赋税，查理一世曾解散过议会，开始了11年的漫长独裁统治，他的一系列独裁政策引起人民的强烈不满，国内危机四伏，起义思潮蔓延，骚乱层出不穷。后来他迫于压力又重开议会，最后双方闹得不可调和，这期间英国历史上的一个著名人物、代表议会方的奥利弗·克伦威尔的声望越来越高，从而引发了内战。

公元1623年，还是英格兰的威尔士亲王的查理来到西班牙马德里，希望能迎娶西班牙公主，虽然未能如愿，但查理见识了西班牙国王的艺术收藏，这让他大开眼界，查理从此疯狂地爱上了收藏，变成了收藏控。他正是两年后继位的英格兰国王查理一世。

查理一世是詹姆斯一世与丹麦的安妮公主的第二个儿子。

◉《查理一世行猎图》

国王军队不敌议会军队，查理一世被砍头

公元 1642 年 8 月，英格兰内战爆发。查理一世领军与克伦威尔率领的议会军开战。

克伦威尔发挥了他的统帅才能

起初，克伦威尔以上尉军衔统率一支 60 名志愿者组成的骑兵队与国王军队作战，这些人是由为数不多的自耕农组成的，但被查理一世的军队多次打败。

随着战争的深入，议会军的实力越来越强，公元 1643 年年初，克伦威尔从一个名不见经传的骑兵上尉成为骑兵团首领。公元 1644 年 7 月 2 日，克伦威尔率军在马斯顿荒原战役中击败国王军，展现了他卓越的指挥才能，这场战役也是议会军从失败走向胜利的转折点。

◉ 《马背上的查理一世》

◉ 马斯顿荒原战役

马斯顿荒原战役是英格兰内战中的一场决定性战役。此战役中，克伦威尔指挥的议会军打败了国王军，打死 3000 多人，俘虏 1500 人。克伦威尔的部队因此战役以"铁骑军"闻名全国。克伦威尔也借此战成名，并且由此攫取了英国最高权力。

查理一世被判处死刑

此后，议会军的行动主要是肃清王党守军，最后在内斯比战役将查理一世的军队彻底击溃，查理一世化妆逃离司令部，前往苏格兰誓约派部队的兵营，而此时誓约派已与英格兰议会军结盟，誓约派将查理一世交给了英格兰议会。公元1647年，查理一世落入了托马斯·费尔法克斯和奥利弗·克伦威尔手中。

查理一世被软禁在汉普顿宫，克伦威尔和费尔法克斯希望与国王在书面宪法的基础上言和，可查理一世并不买账。他从软禁的汉普顿宫逃到了怀特岛，通过许诺各种条件，鼓动苏格兰人派出了一支勤王军，结果还是被克伦威尔打败了，查理一世再次被抓后关押在怀特岛的卡里斯布鲁克城堡。公元1649年1月27日，查理一世被判处死刑，罪名是背叛国家和人民。

1月30日早晨，查理一世被推上伦敦白厅前的广场上搭起的断头台，他面带微笑，态度从容，为了维持自己王者的尊严，他冷静地说："死亡对我并不可怕，感谢上苍，我已准备好了。"他先朗诵了自己做的一首诗，然后泰然自若地称自己是人民的殉道者，自己走到断头台前，结束了49岁的一生。

查理一世被处死不久，当年5月，克伦威尔宣布英国为共和国，成为实际军事独裁者。

◉ **托马斯·费尔法克斯**

托马斯·费尔法克斯，英国军事家，约克郡人，曾在英格兰内战中担任议会军统帅并取得胜利。他曾镇压长老派和平等派。公元1650年他不满奥利弗·克伦威尔实行独裁统治，愤而离职。

◉ **豪华的汉普顿宫**

汉普顿宫完全按照都铎式风格兴建，内部有1280个房间，是当时英格兰最华丽的建筑。
红衣主教托马斯·沃尔西在公元1515—1521年中投入巨资，把这座14世纪的庄园改建成英格兰最奢华的宫殿。

● 查理一世被砍头

公元 1649 年 1 月 30 日，查理一世作为内战失败者被押上断头台，在伦敦白厅前的广场被处死。查理一世也是唯一一个被处死的英国国王，之所以说查理一世是失败者，而不是人民公敌，那是因为他确实不是人民公敌，而只是议会和共和派的公敌。也正因为如此，查理一世是被处死而不是被关押。

在公元 1649 年被处决之前，查理一世已经拥有了大约 2000 件藏品。有些是国王亲自购买的，有些来自大臣或使者的赠送，有些则是宫廷画家的创作。

知识链接：英格兰法律《民权宣言》

詹姆斯一世登基后，新上任的威廉·劳德大主教提倡君权至上，这让他逐渐开始信任天主教，于是宗教变成了打击英格兰崇尚自由人士的工具，劳德大主教也成了詹姆斯一世的宠臣。

查理一世上位后，对他来讲，无论是崇尚自由的人士还是天主教徒或者其他信仰者都不重要，他需要的是更多的钱。

查理一世甚至向臣民借钱，他以武力方式向有钱的人施压，让他们"自愿缴纳"，约翰·汉普登就是最早的受害者。

约翰·汉普登很有钱，他所纳的税款在国王的眼里"过于敷衍"，于是被抓进了监狱，对他进行逼问和拷打，约翰·汉普登却态度坚决地回答："要钱没有，要命一条！"

克伦威尔处死了查理一世后，为了偿还内战带来的庞大债务，变卖了查理一世的大多数藏品。尽管后来查理二世复辟以后收回了相当一部分，但是还是有一些永久地留在了海外。

◉ 《查理一世一家》

◉ 约翰·汉普登

约翰·汉普登，生于伦敦，是克伦威尔的表兄。先后就读于牛津大学马格达伦学院和内殿律师学院。英国革命时期议会派领袖。因拒绝支付公元1626年查理一世强征的借款而于第二年被监禁，获释后一直与国王势力斗争。

面对这种"铁公鸡"，查理一世也拿他没办法，弄死他很容易，想要合理、合法地获得他的财产却不容易，于是查理一世再次召集被解散的议会，希望议会能给出法律的支持，然而下议会的态度比之前更为坚决，并且还拟定了一份名为《民权宣言》的章程，对人权、财产和言论自由进行保护，一项堪比《自由大宪章》的法律就在这种情况下诞生了。

护国主克伦威尔统治英格兰、苏格兰、爱尔兰

查理一世被处决之后，消息传到了苏格兰的首都爱丁堡，这激怒了苏格兰整个国家。当即，苏

◉ 威廉·劳德大主教

公元1633年任坎特伯雷大主教。因在苏格兰强制推行英格兰的宗教仪式而引起公元1639年的主教战争。公元1640年以叛国罪被捕。公元1645年被处死。

格兰贵族拥护了查理一世的儿子查理二世为新一任英格兰和苏格兰的国王。

远征爱尔兰

英格兰议会获知查理二世继承王位后，便紧急通知了克伦威尔，而此时克伦威尔正带领英格兰议会军进军爱尔兰。

凶残嗜杀的克伦威尔征服爱尔兰之路

公元1649年8月15日，克伦威尔在爱尔兰的都柏林登陆，于9月3日攻下了距都柏林北部40千米的德罗赫达，克伦威尔下令将城内投降的敌人以及男女居民全部杀光。大屠杀整整进行了两天，死难者达3500人。屠杀惨况吓得周边的爱尔兰城市卡林福德和纽里的守军不战而降。10月，克伦威尔挥兵南下，夺取了另一处爱尔兰要塞韦克斯福德，克伦威尔的部队攻入城内后在大街和广场上屠杀了2000名俘虏。

之后，克伦威尔乘胜攻克新罗斯、瓦特福、科克等城镇，取得一系列胜利。

爱尔兰人的顽强游击战并不能阻止英军的脚步

爱尔兰人并没有放弃斗争，他们利

◉ 查理一世的藏画
这是宫廷画师所画的少年时期的查理二世和威尔士王子。

◉ 德罗赫达遗迹
德罗赫达，爱尔兰东部港市，临爱尔兰海，南距首都都柏林40千米。有棉纺、制革、酿酒、造船和水泥等工业，出口牛和牛肉。有圣劳伦斯门、古城墙、大教堂等遗迹。
德罗赫达城墙坚硬，克伦威尔调集了重炮轰击之后，德罗赫达的防御工事几乎崩溃，然后大军进城屠杀。

用内陆的山地和沼泽的复杂地形，同英军展开了顽强的游击战。公元 1650 年 5 月，克伦威尔攻打克朗梅尔时吃了一个大败仗，2000 多名英格兰官兵被歼灭。无论在英格兰还是在爱尔兰的战场，克伦威尔还从未遭受过这样大的损失，不过这并不妨碍克伦威尔在爱尔兰的征服脚步。

公元 1650 年 5 月 26 日，克伦威尔收到英格兰议会的通知，奉命撤军回国，他留下部分军队继续向爱尔兰腹地深入。公元 1651 年 6 月，北方重镇累特尼被攻陷。公元 1652 年 5 月，西部重镇戈尔韦也落入英军手中。

至此，爱尔兰全境基本被英格兰控制。

吞并苏格兰：与其等苏格兰人进攻，不如主动出兵

当苏格兰贵族拥立查理二世为英格兰和苏格兰的国王之后，就开始筹备军队准备攻打英格兰，而克伦威尔被议会从爱尔兰召回后，便开始研究对策，准备迎击苏格兰军队。

善于冒险的克伦威尔觉得：与其在英格兰死等苏格兰人进攻，把战场开在自己

"灵堂剑"是公元 1649 年英格兰国王查理一世被处决后，为了纪念"处死查理一世"这一重大历史事件而产生的形制，为英国独有。

◉ 韦克斯福德古城堡

韦克斯福德，爱尔兰东南部城市，韦克斯福德郡首府。临大西洋的圣乔治海峡。

◉ 克伦威尔远征爱尔兰时的佩剑

英国皇家军械博物馆藏剑，为克伦威尔在公元 1649 年远征爱尔兰时的佩剑。这柄剑剑刃长度为 81 厘米，总长为 97 厘米，重约 1077 克。篮形护手有纵向与横向金属条相连。为当时流行的"灵堂剑"形制。

第八章 大不列颠的统一 | 151

○《克伦威尔解散长期议会》—1863年木刻版画

公元1653年4月，克伦威尔率领一支火枪队驱散了议会，建立英吉利共和国，出任护国公。

国土上，不如主动出兵苏格兰。

于是，克伦威尔集中了英格兰所有的军舰，绕行到苏格兰军队的后方，在伍斯特一战中击溃苏格兰军，查理二世被迫逃亡法国，克伦威尔随即占领了整个苏格兰。

生前荣耀，死后被鞭尸

克伦威尔靠武力掌控了英格兰、爱尔兰和苏格兰的大权。公元1653年12月16日，克伦威尔以武力逼迫英格兰议会的议长将自己任命为英格兰、苏格兰、爱尔兰的护国主，即英格兰、苏格兰、爱尔兰的最高统治者，还在伦敦举行了一场盛大的就职典礼。

克伦威尔虽然没有自封为英格兰国王，但是其独裁政策非常不得人心，在他成为护国公3年后，有人匿名出版了一本小册子，鼓励人们将他刺杀。

○ 英格兰国王查理二世

公元 1658 年 9 月 3 日，克伦威尔因病去世，享年 59 岁。他死后不久，查理二世复辟，查理二世以及长老派非常憎恨克伦威尔，就把他的尸体挖了出来，将其头颅砍下，用钉子钉在一个教堂的屋顶上，以起到警示和恐吓的作用。

◉ 查理二世的签名

克伦威尔的海权战略

克伦威尔统一了英伦三岛，创立了和谐的内政环境，这为英国海军的发展创造了条件。在克伦威尔时代，英国海军战舰从公元 1649 年的 39 艘猛增至公元 1651 年的 80 艘，其中大部分是二层甲板并拥有 60～80 门炮的巨型战舰。

克伦威尔加强了海军训练和管理：改善水兵的薪饷膳食；制定奖金制度，犒劳俘虏或击沉敌舰有功的士兵；还专门从陆军中选出士兵担任职业海军军人，并任命经验丰富的职业军官指挥海军。

他还通过制订《航海条例》，合理地维护了英国在海外的殖民统治，同时还打败了荷兰，并且通过外交手段，不断地拓展英国的海外殖民疆域。

克伦威尔的一生通过法律、军事和外交手段，不断地扩张和保持英国的海洋霸权，在其死后的英国政府，包括复辟王朝在内的英国执政者都继承了克伦威尔的海权战略思想，可以说克伦威尔的时代是英国海权的初兴阶段，克伦威尔及其统治下的政府颁布的海权政策，为最强大的"日不落帝国"——英国的海洋霸权奠定了基础。

欢乐王查理二世的上位传奇

查理二世是查理一世的嫡长子，个性活力四射并奉行享乐主义，生前获得多数英国人的喜爱，以"欢乐王""快活王"的绰号闻名。

◉ 克伦威尔的头颅

克伦威尔死后 20 多年，其头颅流落到了私人收藏家的手中，成了私人收藏品。1960 年，克伦威尔的头颅被其母校剑桥大学收回并安葬在苏塞克斯学院地下。

第八章 大不列颠的统一

从"叛国者之子"到国王

查理一世被处死后,公元 1651 年 1 月 1 日查理二世曾返回不列颠岛,在苏格兰举行盛大的加冕仪式。

保王党全军覆没,查理二世变成"叛国者之子"

查理二世在苏格兰贵族势力的支持下,以苏格兰军队最高统帅的名义,组建了一支 2 万人的精锐保王党部队,打着复仇旗号,由苏格兰向伦敦发起进攻,可是还没等这些人进城,英格兰义愤填膺的革命者就把查理二世团团围困,这些不愿再受封建君主统治的普通民众主动入伍配合"新军"作战,很快就将保王党军队逼入伍斯特郡。

经过 3 小时的激烈巷战后,保王党全军覆没,仅查理二世一人逃脱,开始流亡。

得知查理二世逃脱消息的克伦威尔怒不可遏,为绝后患,他当即诏告全国民众,拿出 1000 磅黄金重赏举报者,悬赏捉拿在逃的"叛国者之子"查理二世,如果有人包庇,将会被处以绞刑。

为了躲避克伦威尔的追杀,查理二世逃到了法国和荷兰,但这两国都拒绝接纳他。他转而去了西班牙,欧洲各国的君主都对他不感兴趣。在这段流亡生活中,他穷困潦倒,有时连住旅馆的钱都没有。他只要有了钱就尽情享受,也因此精通各种艺术。他的母亲和姐妹曾劝他改奉天主教但遭到拒绝。

查理二世在公元 1661 年 4 月加冕,一年后与葡萄牙国王若奥四世之女凯瑟琳结婚,得到了丰厚的陪嫁,葡萄牙给了英国 200 万金克鲁扎多,把摩洛哥的丹吉尔港、北非的摩洛哥、印度的孟买也给了英国。此外,葡萄牙还允许英国使用葡萄牙在非洲、亚洲以及美洲殖民地的所有港口,并给予英国直接进行茶叶贸易的权利。

这个时期,荷兰还被西班牙统治。

◉ 橡树

"皇家橡树"的来源

这是一棵救了查理二世命的老橡树。查理一世被克伦威尔赶下台并处死后,他的儿子查理二世逃亡后得到了苏格兰的支持,公元 1651 年 8 月,查理二世为报父仇率领苏格兰人攻打英格兰,被克伦威尔率军全歼,查理二世只身出逃,被追兵紧追,在紧要关头,查理二世发现了一株中空的老橡树,于是侧身藏于其内,避过追兵。

克伦威尔死后,查理二世夺回王位,他将那棵老橡树封为"皇家橡树"。

自此,"皇家橡树"成了战神,也成了英军的吉祥物,有 4 艘英国皇家海军的战舰以它命名。

克伦威尔病逝，保王党占据上风，查理二世回国继位

公元1658年9月3日，克伦威尔病逝，其子理查·克伦威尔继任"护国主"，因根基尚浅且名望不足，无力镇压反叛贵族和老派军官，新军内部迅速分裂为两派。英国再次陷入混乱阴霾之中，保王党逐渐占据上风，国会公开声明支持君主制，赞成王室复辟，保王党将领乔治·蒙克开始积极奔走，迎请查理二世回国继位。

公元1660年5月23日，查理二世在荷兰海牙码头辞别前来欢送的荷兰贵族们，在一片鼓乐声中，查理二世春风得意地登上等待已久的英国军舰，接受前来迎驾的约克公爵觐见礼后，查理二世命令舰队起航前往伦敦。

公元1661年4月23日，查理二世在威斯敏斯特教堂加冕为不列颠国王（包括英格兰、苏格兰及爱尔兰），斯图亚特王朝正式复辟。

从"享乐主义者"到人人喜爱

查理二世的性格比查理一世更加开放，重登王位之后，他兑现了之前的诺言，宣布《布雷达宣言》有效，给予所有基督徒"良心上的自由"，允许他们自由

> 公元1669年，由于凯瑟琳的倡导和推动，茶叶第一次被英国东印度公司以公司名义输入英国本土，这是从福建商船那里买到的143磅茶叶。在当时英国贫民家庭年收入只有20英镑时，茶叶最高被卖到10英镑一磅。

◉ **王后凯瑟琳**

葡萄牙国王若奥四世之女凯瑟琳，查理二世的王后，远嫁英国后，除了为查理二世带来了大量财富，还带来了在葡萄牙已经流行开来的中国茶叶。

◉ **诗人埃德蒙德·瓦勒**

公元1663年，诗人埃德蒙德·瓦勒为凯瑟琳写了一首生日诗《茶之颂》，高度赞颂了她对英国的两大贡献：茶以及在东印度进行贸易的机会。

克伦威尔把他的清教徒信念变成了法律：他认为玩纸牌和看戏是不虔诚的表现，因此玩牌成了违法的行为，英格兰的所有戏院都被迫关门；他相信上帝只喜欢听赞美诗，因此英国人只被允许唱赞美诗。以至于他死后，有人说："这是我见过的最快乐的葬礼，因为除了狗以外没有一人哭泣。"由此可见他有多么不得人心。

信仰天主教、安立甘宗或是清教，并大力废除克伦威尔时期"清教徒般的禁欲制度"。不仅如此，他还宣布放弃追缴革命时期被拍卖的王室土地，还同意了以后每年王室开支由议会进行拨款。

对于英国的平民百姓来说，查理二世的所作所为既解禁了清教的道德禁欲制度，也带回了他们盼望的美好生活。一番宽松的政策下来，查理二世获得了社会各阶层的真心爱戴。

查理二世虽然与许多帝王一样，喜欢追芳猎艳，但是对于不育的王后，却从未有过换王后的想法；虽然他性格散漫，但是对国政大事从不怠惰，他向来喜欢亲力亲为，考察所任官吏，视察各地民情，在知人善任的同时也愿意放权，国王、首相和内阁大臣三者之间相处融洽。

依靠自己弹性多变的执政方针，查理二世成功处理了一系列重大事件，无论是其继位不久爆发的"天主教阴谋案"、两次"英荷战争"战败，还是对法兰西关系骤变，他都能使自己与英国转危为安，甚至全身而退。因此，查理二世曾被后世史学家视作英国国王中的"机警擅长权谋的政治家"与"英国史上十二位最伟大君主"之一。

⦿ 查理二世与他的妻子凯瑟琳王后

查理二世虽然吃喝有节制，但是好色，情妇无数。他至少和情妇有 14 个私生子，但他的王后却终身未育。公元 1685 年查理二世去世，在没有合法继承人的情况下，王位传给了他的弟弟詹姆斯二世。

第九章
英荷战争

荷兰的航海、殖民优势,特别是对海洋贸易的垄断,对英国的商业发展与殖民扩张是一个直接的威胁,两国的矛盾逐渐深化,导致了昔日的盟友最终撕破了脸皮。

荷兰崛起,与英国之间的海洋贸易纷争开始

在克伦威尔执政时期,英国的军队焕然一新,实力大增,海军更是扩大了3倍之多,由原来的40艘主力舰扩大到了120艘,并拥有了当时世界上最好的舰船与船员。

随着英国日渐强大,有了与荷兰海军抗衡的实力,面对荷兰对海洋贸易的垄断,英国开始还击。

◉ **泰晤士河的船坞**

为了打破荷兰的海洋贸易垄断,英国将全部税收都供给军用,英国泰晤士河的船坞每日都在紧张地建造军舰,使英国的军舰数量及火力配置呈爆炸式发展,短时间内完全优于荷兰海军。

● 与西班牙作战的荷兰舰队

荷兰海军的成立时间可以追溯到公元 1488 年 1 月 8 日，是由神圣罗马帝国皇帝马克西米利安一世颁布的"海洋法规"而起。

荷兰飞速崛起

荷兰地处尼德兰地区，面积仅有 4 万多平方千米，自然资源贫乏，依靠贸易成为一个富庶的地区，在西班牙之前一直归法国所有，后来因为勃艮第公国与神圣罗马帝国的联姻落入哈布斯堡家族手中，查理五世成为神圣罗马帝国皇帝后，荷兰也成了西班牙的属地。

八十年战争后，荷兰摆脱西班牙的统治，彻底独立，经过几十年的发展，荷兰的商船队拥有 1.6 万余艘船只，占欧洲商船总吨位的 3/4、世界运输船只的 1/3，凭借着超强的商船运输吞吐能力和注重信誉的经商之道：波罗的海沿岸地区的粮食，通过荷兰商船运往地中海；德意志的酒类、法国的手工业品、西班牙的水果和殖民地产品，由荷兰商船运往北欧；荷兰东印度公司通过在海外行使国家权力与商人的手段，到中亚及中国、日本等地贸易，并占据了号称"黄金航线"的"香料贸易"，全世界的财富源源不断的往荷兰输送，荷兰变得非常强大，一度被称为"海上马车夫"。

强大后的荷兰已经不把昔日的盟友英国放在眼里了。

● 荷兰东印度公司 LOGO 雕像

● 荷兰东印度公司贩运的中国瓷器

海洋与文明：英国

曾经的盟友因利益反目

荷兰在俄国和波罗的海各国、在北美殖民地和东亚各国、在地中海和西非沿岸地区等，倚仗雄厚的资本，基本上垄断了当时各国的贸易。只要有荷兰人的地方，就到处排挤英国商人。

公元1649年，荷兰又与丹麦签订条约，获得货船免税通过松德海峡的权利，从而掌握了这一地区的贸易优势，而且还把捕鱼船开到了英国水域，肆意捕捞鱼虾等水产品，甚至把这些水产品直接拿到英国市场上出售，牟取厚利。这些情况激起了英国人的愤怒。

公元1651年，英国议会通过了新的《航海条例》，规定一切进入英国的

◉ 鲱鱼捕捞
荷兰人有一套鲱鱼捕捞以及保鲜技术，他们在英国海域捕捞鲱鱼，直接加工完后低价卖给英国人，这大大冲击了英国的捕鱼业，同时也是对英国海权的一种挑衅。

◉ 公元1660年英国议会就《航海条例》实施辩论
公元1651年，英国颁布《航海条例》。公元1660年经过英国议会辩论后，又补充了许多内容。

○ 荷兰海军上将马顿·特罗普

马顿·特罗普，荷兰海军统帅，荷兰共和国最伟大的海军上将之一。是荷兰与西班牙、英国的历次海战中军衔最高的海军指挥官（1636年起）。他在唐斯海战中击败西班牙人，使西班牙海上霸权的地位渐趋式微。

○ 马顿·特罗普纪念币

货物，必须由英国船只载运，或由实际产地的船只运到英国，英国有意地开始进行地方保护措施。

这个条例摆明是针对靠航运起家的荷兰，只不过是通过其他国家的贸易中介，抵制荷兰航运业。

荷兰与英国之间的矛盾空前激化起来，荷兰强烈反对英国的《航海条例》，英国则拒绝废除，昔日的盟友之间自此笼罩着战争的阴云。

第一次英荷战争

随着两国矛盾加深，英荷两国间的海上冲突逐渐增多，英国海军强迫在英国管辖的海域航行的各国军舰和商船，需要向遇到的英舰致敬并降旗，这成了第一次英荷战争的直接导火索。

第一次英荷战争的大幕就此拉开

公元1652年5月，英国海军上将布莱克率领20多艘军舰在英吉利海峡东部的多佛尔海峡巡逻，与荷兰海军上将特罗普率领的42艘为商船护航的军舰不期而遇。依照惯例，布莱克要求荷兰舰队向其致敬，遭到拒绝，荷兰舰队反而向英格兰人举起拳头，于是双方积蓄的恩怨一下子爆发出来。

布莱克首先下令炮击特罗普的护航舰队，特罗普随即指挥舰队成攻击队形，对英格兰巡逻军舰进行了猛烈还击，两支舰队展开了长达4个多小时的炮战，荷兰损失了2艘战舰，布莱克的旗舰"詹姆斯"号被射穿了70多个弹孔。

第一次英荷战争的大幕就此拉开。

160 | 海洋与文明：英国

荷兰海军实力优于英格兰，但是同样疲惫不堪

公元 1652 年 7 月 28 日，英荷两国正式宣战。英国制定的战略是扼守住多佛尔海峡和北海的荷兰从事海外贸易的主要通道，并且派出大量海盗船只对荷兰商船进行劫掠，使得成千上万艘满载货物的荷兰商船被迫停在港内而不敢擅自出港。

◉ 英国海军上将罗伯特·布莱克

罗伯特·布莱克（1599—1657 年），英国海军舰队司令，海军上将，海军战术革新家。英国资产阶级革命开始后，他追随克伦威尔从事军事工作。由于精明强干，学识渊博，信仰清教，受到克伦威尔器重。为英国进行海外扩张和夺取海洋霸权做出了重要贡献。

◉ 第一次英荷海战

面对英国海军的封锁，荷兰海军通过厄尔巴岛海战、里窝那海战的胜利使英国在地中海的贸易完全陷入瘫痪状态。英荷双方都被战争搞得疲惫不堪，于是同意进行和谈。荷兰从这次英荷战争中领悟到战舰上的弱势，之后开始各个重大的造船计划，在各地开始建造风帆战列舰。

为了冲破英国的封锁和打击英国海盗，确保荷兰海上贸易通道的畅通，特罗普亲率舰队出海为商船护航，同时对多佛尔海峡（包括北海在内）和地中海地区的英国目标进行了多次打击。

双方经过两年的战争，互有胜负，从表面上看荷兰海军力量要优于英国，但是因为英国海军对荷兰海上贸易通道的封锁，同样使得荷兰疲惫不堪。

> 第一次英荷战争结束后，公元1655年春，罗伯特·布莱克奉命指挥27艘战舰驶抵突尼斯西岸，炮击了著名的巴巴里海盗的巢穴，击沉海盗战舰9艘，并摧毁了其岸基炮群。公元1657年，罗伯特·布莱克又用舰炮袭击了西班牙的圣克鲁斯港，摧毁了西班牙分舰队和岸基炮群。它开创了海战史上第一次用舰炮打击岸炮的壮举。公元1657年夏天，病重的布莱克奉召回国后不久就去世了。

⊙ 病重躺在船舱中的罗伯特·布莱克

签订《威斯敏斯特和约》

荷兰经济有其薄弱的一面：过度依赖对外贸易。在英国海军绞杀式的封锁之下，这个弱点很快就暴露出来了。据说当时荷兰阿姆斯特丹街道上杂草丛生，乞丐遍地，将近1500所房屋无人居住。

英国海军的封锁几乎使得荷兰处于民穷财尽的窘境，于是荷兰被迫与英国进行和谈。

英荷两国经过了近两年的和谈，于公元1654年4月15日签订了《威斯敏斯特和约》。

根据《威斯敏斯特和约》，荷兰承认英国在东印度群岛拥有与自己同等的贸易权；并同意支付27万英镑的赔款；同意在英国海域向英国船只敬礼,并割让大西洋上的圣赫勒拿岛。

第一次英荷战争后,两国都意识到了争夺海洋和商业霸权的重要性。英国则更认真地贯彻了《航海条例》,更严厉地打击了荷兰的海洋贸易垄断,用国家的力量扶持本国的航运事业和殖民地贸易。

第二次英荷战争

第一次英荷战争结束了,但这只是英荷两国争夺海洋和商业霸权的开始,并没有从根本上解决两国之间的政治和经济矛盾。

⊙ 英国皇家海军军旗

纽约的英文意思是"新约克",其原因是当时英军占领新阿姆斯特丹之后,作为一份生日礼物送给英国约克郡的公爵詹姆斯二世。

⊙ 詹姆斯·约克公爵

詹姆斯·约克公爵,即詹姆斯二世,他是查理一世的次子,查理二世的同母弟。他在第二次英荷战争和第三次英荷战争初期担任皇家海军最高指挥官,勇敢果断地指挥了一系列海战。他也是从事奴隶贸易的皇家非洲公司的首领。公元1685年查理二世死后没有合法继承人,詹姆斯二世继位成为英格兰国王。

第九章 英荷战争 | 163

面对英国人的挑衅，荷兰人不得不再次拿起武器

第一次英荷战争后，荷兰虽然默认了英国颁布的《航海条例》，但是《航海条例》对荷兰的海洋贸易和航运业造成的损失是巨大的，使荷兰在全世界贸易中所占份额逐渐下降。

英国国王查理二世继位不久，授予英国海军"皇家海军"的称号，任命他的弟弟詹姆斯·约克公爵为最高指挥官，并且颁布了更为苛刻的《航海条例》，同时英国向荷兰的海外殖民地展开了新的攻势。英国之所以敢这样做，是因为此时皇家海军的实力已经今非昔比，敢直面荷兰海军了。

公元1663年，英国得寸进尺，组织"皇家非洲公司"开始进攻荷兰在非洲西岸的殖民地，并于公元1664年占领了荷兰在这里的贸易据点，企图从荷兰人手中夺取一本万利的象牙、奴隶和黄金贸易。

公元1664年4月，英国海军远征队占领了荷兰在北美的新阿姆斯特丹，并将其改名为纽约。

面对英国一再的挑衅，公元1664年8月，荷兰海军8艘战舰收复了被英国占领的原荷属西非据点；公元1665年2月22日，荷兰正式向英国宣战。

第二次英荷战争爆发

英荷双方于公元1665年6月13日在英格兰东海岸外的洛斯托夫特海域展开大规模的海战。

● 新阿姆斯特丹的荷兰守军向英国人投降

公元1626年，荷兰殖民总督彼得·米纽特用一些珠子和布料（价值24美元左右）和当地印第安人换得曼哈顿岛，他给这个地方起名为新阿姆斯特丹，后来随着荷兰对美洲的殖民深入，以新阿姆斯特丹为中心建立起了美洲殖民地。公元1664年4月，英国打败了荷兰在美洲的势力，夺走了新阿姆斯特丹，并将其改名为纽约。

查理二世在公元1665年和1672年发动了两次英荷战争，结果因为战局不利，得失参半；国内政局反而卷入外国势力的斗争中，深受法国和荷兰的操控与干扰。

荷兰海军战败逃脱，英国海军企图乘胜北上俘获荷兰商船

荷兰海军由于德·鲁伊特远征非洲来不及返回，而由沃森纳尔和奥布丹指挥。英国海军在舰艇大小与火炮威力方面都要优于荷兰海军。战争开始时荷兰军舰处于有力的顺风位置，但指挥系统未能掌握时机主动攻击。等到风向改变之后，荷兰军舰才顶风攻击。在激战中，荷兰旗舰"伊恩德纳赫特"号被击中弹药库，发生爆炸，两位舰队指挥官沃森纳尔和奥布丹双双阵亡。荷兰船只纷纷溃逃，损失惨重。而英军由于信号错误延误了时间，未能有效追击。

虽然英国在洛斯托夫特海战中战胜了荷兰，但是并没有加强对荷兰的封锁，因为当时英国伦敦黑死病流行，英国财政又长期虚弱，这都使得英军不能保持充足的供给和高昂的士气，所以洛斯托夫特海战获胜后，英国人更关注的是抢劫荷兰船队的战利品，企图乘胜俘获停在北欧挪威卑尔根港内的70艘荷兰商船。

◉ 黑死病时期的鸟嘴医生
黑死病成了当时最可怕的杀手，欧洲人对黑死病的恐惧远胜于对战争的恐惧。

◉ 洛斯托夫特海战
洛斯托夫特海战双方军力比较：荷兰舰队拥有103艘军舰，搭载4869门炮和21 613名人员，并将舰队分为3支分舰队。
英国舰队拥有109艘军舰，搭载4542门炮和22 055名士兵，并将舰队分为不少于7支分舰队。

德·鲁伊特临危受命

公元1665年8月6日,德·鲁伊特临危受命统率荷兰海军,他是荷兰历史上最优秀的海军将领,曾数度救荷兰于危难之中。

德·鲁伊特率领荷兰舰队驶往挪威,保护停在卑尔根港内的商船队回国,由于他指挥得当,及时救出了停在卑尔根港内的商船,仅有10艘商船因为风浪掉队而被英国海军俘获。

在德·鲁伊特的出色指挥下,荷兰海军游弋于英吉利海峡、巡逻于泰晤士河口外,为了有效地保护荷兰的对外海上贸易,与英国海军大小海战不断,然而即便如此,荷兰也仅仅是只能勉强维持交通线,此时英国的战略优势仍然存在。

荷兰海军统帅德·鲁伊特沿泰晤士河而上,空袭梅德韦港

公元1666年年初,荷兰和法国、丹麦结成了联盟,法国为了帮助荷兰,派出战舰牵制了英国皇家海军的20艘战舰,英国的海军力量由此分散,丧失了优势,此时英荷双方海军的实力处于平衡状态,第二次英荷战争进入僵持阶段。

⊙ 荷兰海军新统帅德·鲁伊特

第二次英荷战争期间,荷兰海军新统帅德·鲁伊特抛弃了原来保护商船队的做法,而是将海军独立出来,寻找与英军单独作战的机会。

⊙ 突袭梅德韦港

为了偷袭英格兰,荷兰海军上将德·鲁伊特组建了10艘福禄特商船,搭载了新成立的荷兰海军陆战队2700名士兵。这应该是世界上第一次专门从事两栖登陆的海军陆战队了。

◉ 英国战舰"皇家查理"号

原称"内斯比"号,公元1652建造,公元1660年改名为"皇家查理"号,长而瘦的外表反映了当时最新的流行趋势。3个甲板上有80门重炮,非常强大,在公元1666年荷兰突袭梅德韦港时被荷军捕获。

公元1666年6月17日,德·鲁伊特率领59艘荷兰战舰,趁着夜色来到了英国的泰晤士河口,在河水涨潮之际,逆流而上,摧毁了英国沿岸的几处炮台,并且还突袭了停泊在梅德韦港的英国战舰。英国皇家海军的"马蒂亚斯"号、"皇家詹姆斯"号、"忠诚伦敦"号,"皇家橡树"号被荷兰燃烧船攻击焚毁,"皇家凯瑟琳"号遭到重创,"皇家查理"号被俘获。在毫无阻拦的情况下,荷兰海军安全撤退,临行之时还将"皇家查理"号拖回了荷兰。

荷兰海军的这一次袭击给英军造成了高达20多万英镑的损失,并且大大挫伤了英国皇家海军的锐气。

签订《布雷达和约》

不久,英国又爆发了黑死病和伦敦大火,接连的变故让英国无力再战。

◉ 伦敦大火纪念碑

伦敦大火发生于公元1666年9月2—5日,开始是伦敦布丁巷有一间面包铺失火,随后的大风使火焰席卷了伦敦整个城市,大火连续烧了4天,包括87间教堂、44家公司以及13 000间民房被焚毁,伦敦大约1/6的建筑被烧毁,包括圣保罗大教堂。这是英国伦敦历史上最严重的一次火灾,但这次大火也解决了自公元1665年以来伦敦的黑死病问题。

> 伦敦大火造成了大约1000万英镑的经济损失。当时伦敦市的年收入是1.2万英镑，按当时伦敦的收入来计算，灾难损失需要800年才能弥补。

公元1667年7月31日，英荷双方签订了《布雷达和约》，根据和约，英国放宽了《航海条例》的规定，放弃了在荷属东印度群岛方面的权益，并归还了在战争期间抢占的荷属南美洲的苏里南；荷兰正式割让哈得孙流域和新阿姆斯特丹，并承认西印度群岛为英国的势力范围。这让荷英两国更加清晰了彼此的势力范围。

◉ 填埋因黑死病死亡之人

伦敦大火的前一年（1665年），欧洲爆发黑死病，仅伦敦地区就死亡6万人以上。开始尸体被安放在教堂的墓地，随着死亡的人数增加，教堂墓地根本无法满足需求，于是，伦敦城周围出现了数十个甚至上百个"万人坑"，大量尸体被潦草地堆放其中。据民间传言，后来伦敦修建地铁，为了避开这些"万人坑"，才把地铁线站与站之间修得弯弯曲曲的。

第三次英荷战争

为了抢夺对方的利益，两次英荷战争，双方都没有讨到什么便宜。与此同时，法国国王路易十四亲政，他励精图治，企图称霸欧洲。

法国从陆路攻击，英国从海上进攻

公元1667年开始，法国对西属尼德兰用兵，荷兰因为担心法国占领西属尼德兰后会威胁自己的国土安全，于是出面干涉。

路易十四与查理二世密谋，第三次英荷战争爆发

荷兰的行为让野心勃勃的路易十四非常愤怒，他没想到盟友荷兰会反对自己，于是与英国密谋，由法国向英国提供资金援助，两国共同图谋荷兰。查理二世本来就有心报仇，在法国的一通撺掇之下，于公元1672年法国向荷兰宣战之机，未经国会批准同意，直接向荷兰开战，爆发了第三次英荷战争。

荷兰决堤抵御陆路的法军

英法联军一起向荷兰进军，法国由陆路进攻荷兰，而英国则从海上进攻，法军在重装骑兵的掩护下如入无人之境，荷兰南方四省瞬间沦陷。

荷兰联合西班牙、奥地利、普鲁士，迫使法军分兵，随后又挖开了阿姆斯特丹附近守护了荷兰人几百年的海堤，将荷兰与法军之间的土地变成一片汪洋。面对挡在眼前的一片海水，法军悻悻离去。

⦿ **法国国王路易十四**

路易十四（1638—1715年），全名路易·迪厄多内·波旁，自号太阳王，是波旁王朝的法国国王和纳瓦拉国王。在位长达72年3月18天，是有确切记录的欧洲历史中在位最久的独立主权君主。

英国国王查理二世与法王路易十四是表兄弟，查理二世的母亲是法国公主，也是路易十四的姑姑。

第九章 英荷战争 | 169

索尔湾海战

公元1672年，英国皇家海军在没有宣战的情况下对荷兰商船发动袭击，荷兰舰队虽然抵挡住了英国军舰的袭击，但仍被击沉1艘军舰、被俘3艘商船。

为了报复英国，同年6月7日，65岁高龄的德·鲁伊特指挥荷兰海军偷袭了停泊在英国东南部索尔湾的英法联合舰队。

当时港内泊有英法联合舰队大约150多艘船，其中有45艘英国战舰和26艘法国战舰，其余的多为小型船只、运输船只或后勤补给船只等，大约有5100门火炮以及3.3万人。

荷兰海军事先在港外布置了封锁线，利用涨潮放出纵火船，造成英法联合舰队陷入混乱。不过英法联合舰队很快就控制了局面，荷兰海军随即撤退。

虽然这次海战并未造成英法联合舰队多大的损失，但是却粉碎了英国对荷兰本土的入侵计划。

第三次英荷战争结束

之后，英国对荷兰的作战就变得更不容易了，荷兰当局则派人到英国花重金游说国会议员，并煽动反法舆论，激化英国和法国的矛盾，使得英国国会逐渐反对与法国结盟，舆论指责日益高涨。

● 荷兰拦海大坝

尼德兰的意思是"低地之国"，它的国土低于或几乎水平于海平面的土地面积超过一半，从13世纪开始，荷兰（低地之国）人为了保卫赖以生存的土地而大量的修建堤坝。

图片中的须德海堤坝是1932年建造的宽90米、高出海面7米的拦海大坝，彻底把须德海湾与北海隔开了，为荷兰向大海争夺了更多的土地。

"须德海工程计划"是由荷兰著名水利工程师莱利设计的。荷兰人民为了纪念他的功绩，在大坝的西端建有他的塑像，并将在围垦地上建成的新省省会命名为莱利市。

查理二世迫于议会压力，不得不在公元1674年与荷兰执政威廉三世签订《第二次威斯敏斯特和约》，英国得到荷兰部分的殖民地与贸易特权的同时，还必须给予荷兰20万英镑的战争补偿，第三次英荷战争就此结束。

三次英荷战争，荷兰虽是战胜国，却越打越疲软

三次英荷战争，荷兰胜了两次，但是由于其国内的经济体制过度依赖对外贸易，没有战略纵深，以及国土狭小的短板，特别是第三次英荷战争后，荷兰被迫卷入欧陆争霸的漩涡之中，之后便一发不可收拾。此后，荷兰不得不留出精力来提防大陆虎视眈眈的对手，被迫放弃了自己海上霸主的地位。公元1674年11月10日，按照之前签订的和约，荷兰正式将新阿姆斯特丹割让给英国，"海上马车夫"就此退出北美大陆，属于荷兰的海洋霸主时代宣告落幕。

◉ 英国"圣·安德烈"号战列舰

"圣·安德烈"号战列舰建造于公元1673年，重达1338吨，载有96门大炮，属于当时第一流的旗舰，是第三次英荷战争期间的一艘英国海军旗舰。

公元1673年，荷、英舰队在北海进行了三场海战，每支舰队都包括130～150艘大型战舰，即现在所说的主力舰，每方都拥有9000～10 000门大炮，双方进行了持续数天的猛烈炮火攻击，场面非常壮观。

◉ 荷兰执政威廉三世

荷兰执政威廉三世和英国打得不可开交，后来却鬼使神差地做了英国国王。

第十章
英法争夺印度

在印度东海岸有英国的马德拉斯和法国的本地治里商业据点,这两个地方有军事据点设防,并且各约有 500 名欧洲人和 25 000 名印度人。为了获得更多的东印度的贸易权利,英法双方矛盾一触即发。

英国东印度公司的发展

东印度公司是历史上欧洲列强们进行印度香料贸易以及殖民扩张的专属机构,自葡萄牙开始,西班牙、荷兰都有这样的公司,英国自然也不例外。英国东印度公司的正式名称是"伦敦商人在东印度贸易的公司",由一群有创业心和有影响力的商人组成。

英国东印度公司的成立

公元 1600 年,一群英国商人向伊丽莎白一世请求一份皇家特许状,允许他们代表王室在东印度群岛开展贸易。商人们拿出了近 7 万英镑资金,成立了英国东印度公司。

公元 1613 年,英国东印度公司的船队打败了苏拉特附近的一支葡萄牙人船队,此举增强了英国人的威信,大大地提升

◉ 英国东印度公司徽标
公元1600年12月31日,英格兰女王伊丽莎白一世授予该公司皇家特许状,给予它在印度贸易的特权。

◉ 荷兰东印度公司旗帜　　◉ 葡萄牙东印度公司徽标　　◉ 法国东印度公司徽标

172　海洋与文明:英国

苏拉特是印度西部古吉拉特邦港口城市。在孟买北 250 千米，西距坎贝湾 23 千米。历史悠久，物产资源丰富。苏拉特作为古吉拉特最古老的城市之一，从 14 世纪以来就是繁荣的国际贸易中心，这座城市极具战略意义，它坐落在距阿拉伯海大约 20 千米的塔普蒂河南岸上。苏拉特是莫卧儿帝国的主要港口，其造币厂也坐落于此。

了英国在印度的地位，并受到印度莫卧儿帝国皇帝贾汗吉尔的青睐。

英国东印度公司在印度的立足

公元 1615 年，时任英国国王的詹姆斯一世派大使访问莫卧儿帝国，其目的是让莫卧儿帝国皇帝贾汗吉尔授予英国东印度公司定居和建立工厂的权利。作为交换，公司愿意向贾汗吉尔赠送欧洲市场上的货物和珍品。

在莫卧儿帝国的保护下，英国东印度公司在苏拉特建立首家工厂，其规模很快就超过了葡萄牙人在果阿和孟买建立的基地。

英国东印度公司在印度发展

随着英国东印度公司的发展，到了 17 世纪，英国已经不再满足于经营小小的苏拉特。这时候正逢莫卧儿帝国衰落期，由于莫卧儿帝国皇帝昏庸无能，周边小国纷纷举兵侵犯，使得莫卧儿帝国入不敷出，为了筹备更多的军费，莫卧儿帝国做出了一个愚蠢的决定。

◉ 贾汗吉尔

贾汗吉尔是统治印度次大陆的莫卧儿帝国的第 4 任皇帝，生于公元 1569 年，死于公元 1627 年。他被认为是莫卧儿帝国最伟大的皇帝之一，也是一个爱好文化艺术的皇帝。

◉ 詹姆斯一世

公元 1567 年，苏格兰贵族立詹姆斯一世为国王，称詹姆斯六世，由几个大贵族执政。公元 1583 年亲政。
公元 1603 年，伊丽莎白一世指定詹姆斯为其继承人后驾崩。詹姆斯即位为英格兰国王。

莫卧儿帝国将加尔各答出卖

公元 1698 年，莫卧儿帝国将位于孟加拉湾恒河口岸的加尔各答卖给了英国东印度公司。加尔各答的面积比苏拉特大很多，其周围盛产大米、黄麻，河流纵横交错，平原一望无边，英国东印度公司获得加尔各答之后，立刻将这里建设成贸易总部，把印度的粮食和工业原料源源不断地运回英国，从中获得了丰厚的利润。

训练有素的雇佣军为占领印度起到了重要作用

英国东印度公司有一支训练有素的雇佣军。虽然这支雇佣军表面上为印度封建王公所拥有，但这些王公与英国东印度公司之间有着大量的经济往来，他们能从中获得大量财富，所以这支雇佣军实际上是为英国人服务的。这支雇佣军由欧洲军官指挥，对英国占领印度起到了极其重要的作用。

⦿ 沙贾汗

贾汗吉尔死后，其子沙贾汗继位，在沙贾汗统治期间，为了对抗周边国家的入侵，穷兵黩武吸干了帝国的财力，即便如此，莫卧儿帝国在财源不足的情况下再次扩张。
公元 1657 年，沙贾汗得了重病，他的几个儿子们开始互相争斗夺权，从此之后莫卧儿帝国开始衰落。

⦿ 莫卧儿帝国时期的细密画

沙贾汗在位期间，为他的第二个妻子阿姬曼·芭奴修建了举世闻名的泰姬陵。这幅细密画讲述的就是莫卧儿帝国泰姬陵的主角沙贾汗和爱妃阿姬曼·芭奴的爱情故事。阿姬曼·芭奴被封为"泰姬·玛哈尔"，意为"宫廷的皇冠"，这也是泰姬陵名字的由来。

●鸦片战争

英国东印度公司征服印度后，强迫印度农民种罂粟，扩大鸦片生产，然后运往中国。英国东印度公司为了垄断鸦片贸易，排斥葡萄牙、荷兰、法国、美国等西方竞争者，于公元1773年确立了鸦片专卖权。在英国东印度公司的垄断下，向古老封建的中国发动了一次对华鸦片贸易的侵略战争，历史上叫作鸦片战争。英国东印度公司致使鸦片在中国泛滥，影响了民众的身心健康，使吏治败坏，导致中国白银外流，政府财政收入短绌。著名的林则徐虎门销烟事件就是发生在那个时代。

细密画是一种精细刻画的小型绘画。主要用作书籍的插图和封面、扉页、徽章、盒子、镜框等物件上和宝石、象牙首饰上的装饰图案。在东方，波斯细密画享誉世界，印度细密画也颇负盛名。印度细密画大体上可以分为印度本土宗教细密画、莫卧儿细密画和拉杰普特细密画三类。

早期英国东印度公司的贸易中，英国输入中国的商品主要是毛纺织品、印度棉花和檀香等；中国输出英国的主要商品有茶叶、丝绸、瓷器、漆器等，而以茶叶为大宗。双方贸易额非常不对等，英国为了抹平贸易逆差，于是向中国输出鸦片。

英国东印度公司的实力越来越强

随着英国东印度公司的实力越来越强，逐渐占领了更多的印度城市，其中包括马德拉斯、加尔各答和孟买，并设立了三个管区，每个区各设一名省督，成为进一步侵占印度其他地区的根据地。经过17世纪一个世纪的活动，英国东印度公司在印度的东、西、南海岸都建立了军事、贸易的立足点，打下了向印度进一步展开殖民扩张的基础。

黄麻纤维是天然纤维之一，种植量和用途的广泛度仅次于棉花，具有吸湿性能好、散失水分快等特点，主要用于纺织麻袋、粗麻布等。在当时广泛应用于造船业，比如船帆、缆绳等。

● 英国东印度公司银币

这是一枚1840年的英国东印度公司1卢比银币，非常罕见。

第十章 英法争夺印度 | 175

⊙ 英国东印度公司总部

⊙ 纳狄尔（纳迪尔沙）

卡纳蒂克战争

莫卧儿帝国的困境

莫卧儿帝国最尖锐的矛盾就是皇帝与大封建主之间的斗争，无论是在帝国巅峰时期还是萎靡时代都没有间断过。

混乱中的莫卧儿帝国成了争夺世界霸权的战场

随着争夺帝位的内战和农民起义的爆发，莫卧儿帝国日益衰败。莫卧儿帝国这种积弱不振、边防空虚的状况被它的邻邦利用。公元1736年，来自波斯的纳狄尔率部入侵印度，并在卡尔拿耳战役中击溃了莫卧儿帝国的军队，打开了莫卧儿帝国的大门。

● **战象－工艺品**

战象是古代一些地区的重要作战武器。在战场上主要用于冲散敌军的阵列以及踩踏敌军。在战争中发挥着现代部队中坦克的作用。战象经过特殊训练，作战时冲锋陷阵，勇猛无敌，能破城门、毁营垒、折武器、踏敌军、陷敌阵，常给敌方造成极大的杀伤。

公元 1760 年，携带 2400 头象和多门大炮的 10 万马拉特人战士出现在印度，不久便被阿富汗人彻底歼灭了。

纳狄尔的军队抢劫了印度的珍宝，并强迫印度把印度河以西的土地割让给他。莫卧儿帝国濒临破产之境。

继纳狄尔之后，整个印度成了一块大肥肉，阿富汗人和马拉特人又趁乱入侵。在莫卧儿帝国危难之际，欲涉足印度的欧洲列强们纷纷将目光投向印度，使这里成为英法两国争夺世界霸权的战场。

公元 1740 年，欧洲奥地利王位继承战争爆发。英国与法国成了敌对的双方，使得两国的商业公司也陷入交战状态。

奥地利王位继承战争双方站队国家

公元 1740 年 10 月，哈布斯堡王室奥地利大公查理六世去世，他的长女玛利亚·特蕾莎继承了王位，但是遭到了同样有继承权的普鲁士国王腓特烈二世的反对。

● 英国维多利亚女王的王冠和上面的"光明之山"

腓特烈二世纠集了法国、巴伐利亚、萨克森、西班牙、皮埃蒙特、撒丁、那不勒斯等国家，组成了强大的军事集团，率兵进入奥地利，企图用武力推翻特蕾莎女王的政权。

特蕾莎女王则联合了英国、捷克、匈牙利、荷兰、西里西亚、俄国等国家积极对抗来犯之敌，就这样，名义上为王权而战的奥地利王位继承战争，发展成了全欧洲的一场利益争夺战。

法国站队普鲁士国王腓特烈二世，英国站队特蕾莎女王，于是两国矛盾再次爆发。

◉ 查理六世

查理六世，哈布斯堡王室奥地利大公爵、德意志神圣罗马帝国皇帝、匈牙利国王兼波希米亚国王。

公元1713年，哈布斯堡家族的查理六世发布国事诏书，承认女性同样可以继承管理家族世袭领地奥地利大公国。由于神圣罗马帝国的皇位不能由女性继承，查理六世迫使德意志诸侯们在"1713年国事诏书"上签字以确保女儿的继承权（玛利业·特蕾莎有权承袭其奥地利大公之位，神圣罗马帝国帝位由玛利亚·特蕾莎的丈夫承袭），但这份诏书对诸侯缺乏约束力。

被诅咒的绝美钻石

"光明之山"的英文名称为 Koh-I-Noor，产于印度可拉矿山，最初名为"库稀努尔"，是世界上已知最古老的钻石。原石据说重达800克拉。据传说这是一颗被诅咒了的钻石，印度教经文中有这样一段文字描述它："谁拥有它，谁就拥有整个世界，谁拥有它，谁就得承受它所带来的灾难。唯有上帝或一位女人拥有它，才不会承受任何惩罚。"事实上，从这颗钻石面世开始700年来，引发了无数次的血腥屠杀和争斗，而许多拥有它的君主难逃厄运。

公元1526年曾归苏丹巴卑尔所有，后来被莫卧儿帝国夺取，1738年又成为波斯王纳狄尔的战利品。公元1849年，英国入侵印度时，"光明之山"由英国东印度公司总督作为战利品呈献给维多利亚女王。1862年"光明之山"被重新琢磨成圆钻形后镶在维多利亚女王的王冠上，重量减至105.6克拉（21.6克）。

◉ 奥地利王位继承战争

第一次卡纳蒂克战争

公元1746年,英国海军在印度海域捕获了法国的船只,使得英法第一次卡纳蒂克战争爆发。

法国攻下马德拉斯

当时,法国在印度海域没有舰队,法属印度总督约瑟夫·弗朗索瓦·迪普莱克斯只好向毛里求斯总督杜·布尔东奈请求援助。

杜·布尔东奈派出8艘战列舰驶抵印度海域,从海上进攻卡纳蒂克地区的马德拉斯,陆上的法国军队也同时向马德拉斯进发。

法国军队从海、陆同时向守卫马德拉斯的英国人发起了进攻,让英国守军慌了神,法国人只以阵亡6个人的轻微代价便占领了马德拉斯。此战使法国人在南印度诸王公心中留下了所向无敌的威武形象。

法国攻占马德拉斯后,英国东印度公司欲和谈,答应奉上赎金赎回马德拉斯,但是被法属印度总督拒绝了,随后他纵容攻城士兵洗劫了马德拉斯,留下守军后撤离了舰队。法国舰队返回毛里求斯的途中遇到大风,损失惨重。

> 卡纳蒂克战争指的是公元1746—1763年,英国与法国为争夺南印度在卡纳蒂克地区进行的三次殖民战争。

> 马德拉斯是印度东南部一座拥有几百万人口的海滨城市,已有300多年的历史。公元1639年英国东印度公司在此设立贸易站,到公元1652年,马德拉斯已是英国掠夺南印度棉纺织品和手工艺品的基地,随着海外贸易不断扩大,开始设市并成为英属马德拉斯省的首府。

● 马德拉斯的英国人投降

奥地利王位继承战争结束

法国舰队撤离后，法国人虽然控制着马德拉斯城堡，但是英军随后获得了此地的制海权。为了报复法军之前的洗劫行为，英军同样从陆地和海上两路包围了法国人在卡纳蒂克地区的商业据点本地治里。

但是英军攻城不利，加上雨季将至，于是只能暂时撤军。当英军再度包围本地治里时，欧洲的奥地利王位继承战争以缔结《艾克斯拉沙佩勒条约》而结束，特蕾莎女王保住了王位，英法两国也只能按照条约停止战争。

根据条约规定，马德拉斯交还给英国，与英国在法属加拿大所夺取的路易斯堡相交换。英法之间爆发的第一次卡纳蒂克战争以任何一方都没有获得对方领土而告终。

第二次卡纳蒂克战争

第一次卡纳蒂克战争让法属印度总督迪普莱克斯发现了军力配置不足的问题，于是他开始积极地活动，希望能够获得印度当权者的支持，同时也一直在等待再次与英国开战的时机。

● 玛利亚·特蕾莎

公元 1740 年查理六世去世之后，玛利亚·特蕾莎依照诏书的规定成为奥地利首位女大公，诸侯们群起而攻之，奥地利王位继承战争就此爆发。

> 本地治里位于印度东岸，其名在泰米尔语中意为"新村"。这里很早就有泰米尔人居住，法国东印度公司于公元 1673 年在本地治里建立商贸据点，成为法国在南亚次大陆的主要根据地。其后荷兰和英国皆曾为争夺该地而与法国发生战争。

> 第一次卡纳蒂克战争时，法国的势力实际上只限于卡纳蒂克部分地区，而英国除此之外在孟买和孟加拉都有重要的殖民地，法国明显处于劣势。

● 法属印度总督约瑟夫·弗朗索瓦·迪普莱克斯

法国东印度公司成为德干地区和卡纳蒂克地区的掌权者

时逢莫卧儿帝国的海德拉巴和阿尔科特爆发皇位继承战争,法属印度总督迪普莱克斯便把法国的傀儡扶上了皇位。上位后的傀儡统治者任命迪普莱克斯为克里希纳河以南莫卧儿帝国全境的总督(包括德干地区),并划给法国一大片领土,使法国东印度公司迅速成为印度的德干地区和卡纳蒂克地区的掌权者。

从此,印度的法国领地成了法国人的"聚宝盆"。法属印度总督迪普莱克斯则从印度属地王公那里得到大量贵重"礼物"并获得了广阔的土地。迪普莱克斯的助手和将军们也效仿他对下属国尽情地敲诈勒索。

英国总督也不甘落后,支持了印度地方势力

法国东印度公司借助印度内部的王位斗争获得了丰厚回报,而且对英国在马德拉斯的统治发起了挑战。于是,英国新印度总督桑德斯也支持了另一位印度王公投入到权力斗争中。与此同时,英国政府也认识到局势的严重性,利用一切可以利用的资源来支持桑德斯,操纵地方王公势力与法国人作对。

虽然英法两国当时没有在欧洲正式宣战,甚至也没有公开承认敌对,但它们却在印度支持互为敌对的地方势力进行了一场关系着生死存亡的战争。

◉ 法属印度总督迪普莱克斯亲自发射火炮

第二次卡纳蒂克战争,英国围魏救赵

双方开始不停地攻击对方的贸易据点,比如法军围攻英军据点特里奇诺波利,久攻不克。为了救援这个据点,英方

第十章 英法争夺印度 | 181

派出由 200 名欧洲人和 300 名印度人组成的军队，由罗伯特·克莱武率领，迅速占领了法国在印度的重要城市阿尔科特。

英国的这一招"围魏救赵"，使法国不得不分出兵力企图夺回被英国占领的阿尔科特，但是英军英勇地守卫了阿尔科特 53 天之久，迫使法国不断从围困特里奇诺波利的军队中抽调兵力攻打被英国占领的阿尔科特，最后法国围困特里奇诺波利失利，反而被英国打败。

英国人的这次"围魏救赵"，提高了英军在印度的威望，打击了法军。法国政府对此战大失所望，召回了法属印度总督迪普莱克斯，并与英国再次缔结条约，约定双方均不得参与印度王国的争斗之中，双方保持缔结条约时各自实际占有的领土。

第二次卡纳蒂克战争结束了。

● 英军指挥官罗伯特·克莱武

第二次卡纳蒂克战争中，以"围魏救赵"计策攻占并坚守阿尔科特 53 天之久的英国将领罗伯特·克莱武。

争夺印度最富庶的地区，普拉西战役

特里奇诺波利之围被解之后，英国赢得了第二次卡纳蒂克战争的胜利，失势的法国人不再被印度德干地区的贵族欢迎，加上法国人统治时期的盘剥，德干地区的贵族和平民千方百计地想将他们赶出去，法国人只能维护着与北方属地印度孟加拉王公之间的友好关系。

孟加拉是印度最富庶的地区，英国人又怎么会不眼馋呢？

公元 1756 年，英国东印度公司入侵法国在孟加拉的属地，而法国则支持印度孟加拉王公西拉杰·乌德·达乌拉，与英国东印度公司爆发了战争。

普拉西战役双方兵力对比

法国与支持的印度孟加拉王公共有 7 万名士兵，英国东印度公司与支持方王公米尔·贾法尔总兵力为 900 名英军和 2000 名印度士兵。

战争结果：英国只以死伤 75 人的代价（22 人死亡，53 人受伤），击溃了孟加拉的 7 万大军（死伤 500 余人），战败的孟加拉王公西拉杰·乌德·达乌拉被处死，战胜的孟加拉王公米尔·贾法尔成为英国人的"傀儡王"。

英国同样支持了孟加拉的另一位王公米尔·贾法尔，双方在孟加拉的普拉西发生正面冲突，英国以少胜多打败了法国，并建立了傀儡政权。英国东印度公司取得了24个"帕拉加拉"的封地，此战虽然不大，但是为英国全面征服孟加拉，以至于最后征服整个印度铺平了道路。

第三次卡纳蒂克战争帮英国获得印度洋控制权

普拉西战役使法国丧失了对孟加拉的控制，英国乘胜追击，企图继续染指法国在孟加拉附近的属地，此消息一经传出，急坏了法国国王路易十五，于是匆忙派出舰队到达印度领海，企图进攻被英国控制的马德拉斯。

法国人围点打援，并未奏效

英国军队在法军到达之前就派舰队到达马德拉斯，并且派大量士兵登陆守城。然而法国军队并没有直接进攻马德拉斯，而是迅速包围了英国在印度的圣大卫城堡，迫使该城堡投降并占领了这里。法国原打算使用围点打援的方式来消灭马德拉斯的英国军队，可是法国这招并没有使英国分兵救援，反而给英国提供了更多的备战时间。

法军攻城空前艰难，只能撤除包围

法国人见英国人并未派兵救援圣大卫城堡，围点打援计划失败，只能硬着头皮攻打马德拉斯。

⊙ 圣大卫城堡

英军统帅克莱武由于在卡纳蒂克战争中的卓越表现，在公元1758年6月加尔各答参事会上被选举为孟加拉总督。到那一年底，这一职位因得到公司的任命而合法化。克莱武加强了对傀儡控制的有效措施，使英国东印度公司在孟加拉的霸权保持了将近100年。

早就做好迎战准备的英国军队加固了马德拉斯城堡，在城堡的海域有舰队扼守重要位置。法国海、陆大军攻城时遇到了空前的艰难，久攻不下，使得法国人士气跌落，法军中厌战情绪严重，时有暴动发生，军官和士兵不听指挥，在这种情况下，英国扼守马德拉斯城堡海域重要位置的舰队又打败了法军海上舰队，法军全面溃退，只能撤除了对马德拉斯的包围。

法属最后一块属地也无条件投降了

匆匆撤退的法军在途中又遭到了来自孟加拉的一支英军的进攻，法军惨败，还丢失了法属印度北方行政区的一些地方，当地统治者与英国东印度公司缔结了条约。此后，只要有法国舰队出现在印度洋，就会被英国舰队攻击和驱赶，英国皇家海军成了这片印度洋的主人。

在陆地上，英国军队对法军控制的卡纳蒂克境内的堡垒和属地发动全面攻势，在万迪瓦什要塞战役之后，法国军队全线崩溃，被英军封锁在陆上和海上，法国最后一块属地本地治里也无条件投降了。

法国丧失了在印度的一切属地之后，英军随后占据了整个南印度、东印度和西印度，使英国东印度公司在孟加拉的霸权保持了将近100年，英国东印度公司变得越来越像一个国家，而不像一个贸易企业了。

> 英国虽然拿下了全部法属印度殖民地，但后来根据结束七年战争的1763年的《巴黎条约》，这些地方又归还给了法国人。法国在印度沿岸保留了5个城市，但必须拆除防御工事。尽管如此，这些城市仍然长期作为勾结与英国人为敌的印度王公们的基地，法国人从这里向他们出售武器，并派遣教官和顾问。

◉ 进攻法属殖民地

> 三次战争之后，卡纳蒂克城内的炮台被拆掉了，连这个城市本身也被毁坏了。据描写："这个一度美观而繁荣的城市，几个月之内连一所房子都不剩了。"

第十一章
英法争夺美洲

英国东印度公司在印度一步步驱逐法国人的同时,在美洲大陆上,法国人的日子也并不好过。

英法在美洲的殖民利益争夺

早在公元1607年,英格兰国王詹姆斯一世就已经授权在弗吉尼亚的詹姆斯敦建立了第一个海外殖民地。之后英格兰在美洲的殖民势力扩张到北美洲加拿大的魁北克地区。英格兰人在北美洲建立的殖民地被统称为新英格兰。

法国自公元1608年在北美洲的加拿大建立第一个永久殖民地开始,逐渐把魁北克地区发展成为法国在北美洲的殖民中心,这些在美洲的法国殖民地被称为新法兰西。随着新法兰西的扩张,与新英格兰之间的利益冲突越来越激烈。

公元1607年,英格兰在美洲的第一个殖民地只有108人,早期开拓北美殖民地的英格兰先民的生存条件相当艰苦。

公元1688年英国爆发光荣革命,法国的大革命虽然尚未发生,但是金融贵族已经悄然崛起,封建王权沦为第三等级的债奴。于是英国这个欧洲的海上霸主和法国这个陆地强国自然而然就要进行一场霸权争夺战。

◉ 骑马的威廉三世

荷兰执政兼英格兰国王威廉三世

荷兰的威廉三世即英格兰的威廉三世(1650—1702年),也是苏格兰的威廉二世,他是荷兰执政威廉二世与英国国王查理一世之女的儿子。他自己也娶了英格兰国王詹姆斯二世之女玛丽为妻,也因此登上了英格兰王位。

威廉三世在成为英格兰国王之前,一直与入侵荷兰的英法联军作战。公元1673年年底,法国军队全部被赶出荷兰,年轻的威廉三世威信达到顶点,获得了"护国英雄"的称号,就任荷兰执政。为了削弱法国的盟军势力,威廉三世选择与英格兰国王詹姆斯二世的女儿玛丽联姻。

公元1688年,詹姆斯二世置国内大多数新教徒不顾,企图重新将天主教定为国教,而且强行镇压反对派,在英国议会的邀请下,威廉三世带兵进入英格兰将岳父赶往法国,自己和妻子成了英国国王。

威廉三世期间的北美争夺战

> **奥格斯堡同盟**：法荷战争结束后，欧洲各大强国都对法国的扩张野心感到十分不安，它们生怕法国扩张的下一个目标会是自己，所以这些欧洲的大小国家在德意志的奥格斯堡聚会，声讨法国的扩张而形成一个反法同盟。

随着英法这两个老牌资本主义国家的原始积累不断激增，商人资本渗入到国家的王权当中，资产阶级革命应运而生。

威廉三世成为英格兰国王，法国并不承认

公元1688年年底，英格兰的天主教国王詹姆斯二世在光荣革命中被废黜，并逃到了法国，国王的女婿、新教徒威廉三世（荷兰执政）和詹姆斯二世的女儿玛丽登上了英格兰王位。封建专制转变为君主立宪制，同时，英格兰加入奥格斯堡同盟，共同抵抗法国的军事行动，然而法国并不承认威廉三世为英格兰国王。

新法兰西阻挠了新英格兰的皮毛贸易

威廉三世成为英格兰国王之后，英荷两国被合并，在北美的新英格兰，包括了荷兰在北美洲的殖民地和英格兰原有的美洲殖民地，疆域以及贸易能力远远大于新法兰西。于是，在北美，新法兰西和新英格兰北部殖民地之间的关系相当紧张。

一直以来，掌控着北美洲五大湖皮毛贸易的是北美洲土著易洛魁族人，自公元1680年后，伴随着新法兰西殖民贸易推进，易洛魁族人掌控的皮毛贸易受到法国人的挤压，阻挠了北美洲五大湖与荷兰及英国海岸居留地之间的皮毛贸易。

● 易洛魁族的男人

易洛魁族，又称易洛魁联盟，是美国殖民史中由上纽约州的6个印第安人部落组成的联盟，他们分别是摩和克人、奥奈达人、奥农达加人、卡尤加人、塞内卡人和图斯卡罗拉人，在17—18世纪法国和英国争夺北美的战争中起过重要作用。

英法在北美战争不断

在新英格兰的怂恿下，易洛魁族人切断了新法兰西和西部易洛魁族塞内卡人部落间的贸易。

新法兰西则袭击了塞内卡人的土地作为报复，而后新英格兰支持易洛魁族部落袭击了新法兰西控制下的拉欣市。

公元1688年4月，北美新英格兰的总督安德罗斯劫掠了佩诺布斯科特湾上的村庄；8月，突袭了北美新法兰西殖民属地盖斯伯勒村。

新法兰西为了报复，在公元1689年6月怂恿美洲当地的印第安人冲进了新英格兰的殖民属地多佛，杀了20多人，还俘虏了29人，并把这些俘虏卖给了法兰西人。

双方竭尽所能地给对方制造麻烦，并且尽力拉拢当地土著，就这样英法之间一直你来我往地下黑手，双方谁也没有把对方干掉，一直到公元1697年签订《雷斯威克条约》，才结束了两股殖民地之间的战争，一切恢复原样，双方归还彼此占领的领地，互不侵犯。

◉ 塞内卡人

塞内卡人住在今纽约州西部和俄亥俄州东部，是易洛魁联盟6个原有成员中最大的部落，也是最重要部落之一。

◉ 《雷斯威克条约》的签订

> 安茹公爵腓力可以继承西班牙本土、西属尼德兰（今比利时等地）、意大利部分领土和海外殖民地（主要是美洲、非洲和亚洲的领土）。

对英国而言，这个条约的签订不仅仅是带来了和平，最重要的是在战争结束后，法国承认了威廉三世为英格兰国王。因为此次战事发生在威廉三世在位期间，故又称"威廉王之战"。

安妮女王之战

"威廉王之战"结束之后，英法两国并没有在美洲土地上维持几年和平，随着公元1701年西班牙王位继承战争爆发，英法两国又在北美殖民地开始了角逐。

公元1702年，威廉三世病死，没有留下子嗣，英格兰王位由玛丽二世的妹妹安妮继承（玛丽二世已于1694年去世），通常把该时期英法在北美殖民地进行的战争称之为"安妮女王之战"。

> ◉ 卡洛斯二世
> 为了保持王室血脉的纯正，欧洲王室往往会选择同族通婚，西班牙哈布斯堡王朝也是如此，一直以来都是优先选择同宗的奥地利哈布斯堡王室通婚，按照如今的医学观点，认为近亲通婚导致王室子嗣不旺盛。卡洛斯二世无子嗣也源于这个原因。

西班牙王位继承战争

公元1700年，西班牙国王卡洛斯二世（1665—1700年在位）去世，死后无嗣。

卡洛斯二世的遗嘱中将王位传给侄孙安茹公爵腓力，安茹公爵腓力是卡洛斯二世的姐姐玛利亚·特蕾莎和法国国王（波旁王朝）路易十四的孙子。但规定法国和西班牙永远不得合并为一个国家。

卡洛斯二世的遗嘱对法国来说是个好消息，但是哈布斯堡王室却非常不满，兼任神圣罗马帝国皇帝、奥地利大公、波希米亚（今捷克）国王和匈牙利国王的利奥波德一世认为，西班牙公主玛利亚·特蕾莎在嫁给法国国王路易十四时，曾承诺自己及自己的后代永远放弃西班牙王位。西班牙的王位应该由同是哈布斯堡王室的奥地利大公查理（利奥波德一世的次子）继承。

公元1701年，法国国王路易十四宣布安茹公爵腓力为西班牙国王，称腓力五世（1700—1746年在位），并开始对西班牙海外殖民地指手画脚（主要是美洲、非洲和亚洲的领土）。

英国不能容忍法国独霸欧洲，因而与荷兰结成反法联盟，支持查理大公继承西班牙王位，先后加盟的有普鲁士王国，还有葡萄牙以及数个德意志小邦国及大部分意大利城邦。

法国的结盟国家有西班牙和巴伐利亚、科隆及数个神圣罗马帝国治下的德意志邦国等。

公元1702年年初西班牙王位继承战争爆发，主要战场在意大利地区、尼德兰、德意志地区和西班牙。经过多国的围剿，西班牙王位继承战争结束了法国在西欧的霸权地位。

英国企图趁机蚕食西班牙属地，而法国则悄悄搞事

英国一直在美洲不断地蚕食各国的殖民地，这次也不例外，趁着西班牙王位更迭之际，企图浑水摸鱼。公元1702年，新英格兰派出军队攻打西班牙美洲属地佛罗里达的圣奥古斯丁。作为英国宿敌的法国，在英国出兵攻打西班牙美洲属地的时候，指使印第安人抢劫了新英格兰的殖民村落。

英国对法国在美洲的属地进行报复性入侵

虽然英法两国在公元1697年签订的《雷斯威克条约》中约定彼此保持美洲属地互不侵犯，但是法国的这一行为让英国很恼火，于是英国放弃了进攻西班牙属地，直接入侵法国在北美洲的领地加拿大。

公元1710年，英军占领新法兰西的阿加迪，改名新斯科舍；公元1711年，英国派遣9艘战舰及60余艘运兵船，载员1.2万人，进攻新法兰西的魁北克，同时派遣一支2300人的陆军夺取纽约，然后沿哈得孙河谷北上，直捣蒙特利尔。

看似有转机，但是法国依旧选择了和谈

英国军队一路北上蚕食法国的地盘，但是法国也不是吃素的，英国陆军在善普伦湖受到法军阻挡不得前进，而英国军舰则在圣劳伦斯湾触礁搁浅，舰船遭到损失，余下的船只匆匆返回英国。英国海、陆均遭到损失，看似法国在美洲战场有了转机，但是此时在欧洲战场上（西班牙王位继承战争）法国却连连失败，根本无暇应对如今美洲的局面，只能在英国挫败的情况下请求和谈。于是，交战双方于公元1713年4月在荷兰的乌特勒支签订了《乌特勒支条约》，法国失去了被英国夺取的北美新斯科舍半岛以及纽芬兰及哈得孙湾沿岸地区。

◉ 圣奥古斯丁港的灯塔

圣奥古斯丁是西班牙殖民者在佛罗里达的第一个定居点，因此它是建立在美洲大陆上最古老的欧洲风格的城市，亦是历史最悠久的港口城市。

● 鲟鱼

鲟鱼是现存起源最早的脊椎动物之一，其肉质鲜美，是欧洲人的美味之一。另外，欧洲人还喜欢食用鲟鱼鱼子酱，由于鲟鱼鱼子酱稀少，味道特美，逐渐演变成王公贵族和富商的专用食品，食冰上鲟鱼鱼子酱，同戴昂贵钻石一样，成了显示显赫身份的象征，使鲟鱼鱼子酱的价格居高不下。不仅如此，鲟鱼皮制作的皮革也是稀有之物。
如今鲟鱼的濒危状况受到国际社会的广泛关注。此时法国人的鲟鱼贸易指的是波罗的海鲟，体型较欧洲鲟小。

路易斯堡要塞争夺战

西班牙王位继承战争后，英国不光打击了法国，还获得了西班牙殖民帝国的30年黑奴贸易垄断权，占领了西班牙海港直布罗陀和米诺卡岛，使英国的海军可以深入美洲加勒比海与地中海，获取制海权与商贸权。英国在海上取得了优势。

英国是西班牙王位继承权战争中的绝对赢家，不仅打击了法国的海上军事力量，还彻底打击了西班牙殖民帝国地位，并且间接削弱了另一个潜在商贸竞争对手荷兰（战争时与英国同盟），英国在海洋贸易上已经占据主导地位，垄断了大西洋两岸的殖民贸易，从而走上海洋殖民帝国之路。

法国修建了路易斯堡要塞

《乌特勒支条约》签订后，英国依旧不断扩张在北美的殖民势力，法国在北美洲的殖民势力不断被削弱。为了保护在北美的殖民地，法国不惜花了3000万里弗尔的巨款，在加拿大的大西洋岛屿布里敦角岛上修建了一座巨大的路易斯堡要塞。法国在这个地方苦心经营了30年，不但把这里建设成了大西洋沿岸重要的军事堡垒，还发展出了繁荣的鲟鱼贸易。

● 法国古钱币里弗尔

里弗尔，法国的古代货币单位名称之一。又译作"锂""图尔锂"或"法镑"。最初1里弗尔相当于1磅白银。
里弗尔作为货币名称最早出现于查理曼大帝时代。法国加洛林王朝国王矮子丕平（查理曼之父）宣布1磅重的白银铸造为240便士的硬币。这一货币体系随后扩散到大多数西欧国家。公元1360—1795年期间，里弗尔与法郎共存。

路易斯堡对英国捕鱼业造成威胁，被英国皇家海军占领

路易斯堡的鲟鱼贸易对英国的捕鱼业造成了严重的威胁，所以英国在大西洋沿岸的殖民地做梦都想吞并路易斯堡。

公元 1745 年 5 月，一支装备精良的新英格兰军队在加勒比海英国皇家海军的护卫下，悄无声息地突袭了路易斯堡，经过 6 个星期的重重围困，路易斯堡最终被迫投降。

路易斯堡被占领之后，港口内的法国居民被全数驱逐回法国，大西洋沿岸的法国军事力量被尽数摧毁。

法国选择了忍让，将殖民重心转移

法国很大部分粮食进口和殖民贸易都通过路易斯堡转运到本土以及其海外属地，如今被英国占领，法国却选择了忍让，因为此时法国国内正处于动荡之中，而英国也没有选择乘胜继续入侵更多法国的属地，甚至归还了被战火摧毁的路易斯堡要塞。在权衡之下，法国面对强敌，只能将殖民扩张和海外贸易的重点转移到北美的魁北克城。

> 早在公元 1360 年，法兰西国王约翰二世就铸造出叫法郎的硬币，法国大革命后推行公制，1795 年，法郎开始作为标准货币在法国流通，取代了原有的里弗尔。

⊙ **路易斯堡要塞**

路易斯堡要塞位于加拿大布里敦角岛东临大西洋的沿岸，公元 1745 年，英国占邻了这里，后经《亚琛条约》把这里还给了法国，公元 1758 年英国再次夺取了路易斯堡要塞，10 年后又彻底废弃。200 年后，加拿大政府出资按照路易斯堡要塞的原样重新建成公园和历史博物馆。

英法苦战夺北美

为了获得大西洋霸权，英国企图征服法属美洲，当时新法兰西殖民势力虽然一再避让英国人，但是却扼守着新英格兰向西扩张的门户，这是英国殖民者所不能容忍的。

英法七年战争爆发

法国一再避让英国入侵者的锋芒，但是英国从没有领情，没有真正停止与法国为敌。公元1749年，英国殖民地兵团又开始大量招募新兵，并且悄悄地前往新法兰西边境谢布科托湾，建立了哈利法克斯移民点，后来又在加拿大东南部建立了卢嫩堡。在北美地面上的两国殖民地接壤面不断增大，冲突也更加激烈。

英法矛盾冲突

英国对法国殖民地的蚕食行为终于惹恼了法国。一开始双方还只是冒充海盗洗劫对方的商船，屠杀当地的土著，用以切断陆上交通线，后来两国殖民地的态度越来越强硬，正面的军事较量已经不可避免。

在《乌特勒支条约》签订之后，英国垄断了大西洋两岸的三角贸易，有了钱就能迅速扩充海军。到公元1758年，英国已有156艘外洋军舰，而法国只有77艘。

英国海军上将爱德华·博斯科恩于1759年4月在葡萄牙外海摧毁了一支法国舰队，随后又在基伯龙湾战胜法国舰队……英国海军一步步削弱法国海军军力，使得法国及其殖民地的贸易额，从公元1755年的3000万里弗尔降到公元1760年的400万里弗尔。

● 油画里的卢嫩堡

卢嫩堡面向海港，城市小巧精致，沿山丘呈井字形铺开，横向不超过10条街，纵向不过8条街。这里的建筑仍保留着殖民时期的风貌，是英国在北美殖民地城市规划的最佳典范，如今被列入世界遗产。

◉ 乔治·华盛顿

公元1753年，法国为了阻止英国蚕食其在美洲的领土，与当地土著合作，在俄亥俄河流域建立了大量的堡垒，阻挡英国军队。时年22岁、担任英国殖民军少校的华盛顿，受命向法国指挥官递交了最后通牒书，并要求法国人撤离。华盛顿将整个交涉过程透露给当地的报纸，而他也因此成为传奇人物。但法国人拒绝撤离，因此英国采取了进一步的行动。

英国出兵北美十三州，失利

公元1755年，英国派遣了两个军团登陆北美十三州，这是自大航海时代以来英国往美洲派兵最多的一次。英军在俄亥俄河流域与法国军队展开激战，结果非但没有驱逐走法国军队，英军主将还被打死了。

从此之后，英法两国对美洲殖民地的争夺进入白热化。公元1756年春天，欧洲两个最大军事强国的七年战争终于爆发了。

魁北克遭遇

七年战争爆发之初，由于法国是陆地强国，所以占据了一定的优势，但是后来逐渐失利。

英国远征军没有占到多少便宜

在美洲战场上，从路易斯堡到黎塞留河，英法两国军队在海、陆两个战场摆开架势，整个新法兰西全部卷入其中。法国殖民地内16～60岁的成年男子经过短暂的军事训练后全部开赴战场，根据粗略统计大约有1/4的人口上前线参战。

◉ 哈利法克斯城堡

公元1749年英国的苏格兰移民在此定居。公元1841年建市，1905年前为英国陆、海军基地，并且是大英帝国最重要的四个海外海军基地之一。如今是加拿大大西洋舰队司令部所在地和重要海军基地。

魁北克位于加拿大东南部，北濒哈得孙湾，东临拉布拉多地区和圣劳伦斯湾，南接美国，西连安大略省和詹姆斯湾，为加拿大和北美洲东部的交通要道。

● 路易斯堡要塞上的大炮

● 德·蒙卡尔姆将军
德·蒙卡尔姆，全名路易斯·约瑟芬·德·蒙卡尔姆，圣维朗侯爵，法国名将，因在北美指挥七年战争而闻名。

开战的前两年，法国殖民地艰苦防御，让英国远征军没有占到多少便宜。

法军连连丢失要塞，只能收缩兵力防守

公元1757年，法国的德·蒙卡尔姆将军获得法国国王支持，特许不受总督节制，完全按照个人战略行动，从此开始，法国的优势便一步步地丧失。

公元1758年，法国在北美西部防线俄亥俄河上的丢克森要塞和安大略湖上的伏龙特奈克要塞被英军摧毁。

法国失去了对西部防线的控制，路易斯堡再次沦陷之后，法军的防线更是迅速崩溃，只能收缩兵力，蜷缩在中心腹地防守。

英军分兵三路收割法国的殖民地

英军的进攻十分凌厉，将军队分成三路进攻，不断地收割法国的殖民地：

一路从纽约出发，经由哈得孙河、乔治湖和香普兰湖向北推进，最后沿黎塞留河向北，直攻蒙特利尔；

一路向西横扫，剑指尼亚加拉要塞；

第三路是英军的主力部队，沿圣劳伦斯河而上，目标是法军的军事指挥中心所在地——魁北克。

易守难攻的魁北克

公元1759年7月，英军主力开始围困魁北克。

魁北克坐落在高高的山崖上，夹在圣劳伦斯河和圣詹姆斯河之间，西面有悬崖状海岸拱卫，该城的石质结构工事坚不可摧。除非敌军绕到该城的西面，否则很难威胁到它的陆上补给线。加上圣劳伦斯河在此处开始变宽，形成一个波涛汹涌的入海口，可以有效防止从水路而来的入侵者。

魁北克被公认为易守难攻，德·蒙卡尔姆还在魁北克周围修建了一条长达10多千米的外围防线。德·蒙卡尔姆认为，只要魁北克能够坚持到10月，秋季的大雾和风向就会迫使英国舰队离去。

魁北克被英军围困

战争开始后，魁北克城并没有德·蒙卡尔姆想象的那么坚固，英国围困魁北克的士兵越战越勇，而魁北克守城士兵则士气低迷，虽然魁北克有地形优势，但是终敌不过英军往魁北克不断地增兵，而法军的组成大部分都是短暂训练的民团，为了维持战场的局面，法国殖民地甚至把征兵的条件放宽到13～80岁，但是依然无法抵挡英军猛烈的炮火，大战整整打了一个夏天，魁北克被英军团团围困。

双方主帅阵亡，法国丧失了在加拿大的所有殖民地

为了不至于输得那么憋屈，同时防止英军声东击西，法军主帅德·蒙卡尔姆带着4000人冲出魁北克城，在亚伯拉罕平原与4800名英军对战，从双方实力来看差距不大。

> 《乌特勒支条约》签字时，位于美洲加拿大的法国人还不到2万，而新英格兰却有15.8万人，而在其他的美洲殖民地英国人还有21.8万之多。35年之后，法国在加拿大的人口增加到8万人，而英国殖民地的白种人口已有100万人了。
> 从这可以看出英国和法国兵源的情况，实力相差实在太大了。

⊙ 战马上的德·蒙卡尔姆将军（魁北克战场）

第十一章 英法争夺美洲 | 195

在经过历史上著名的"10分钟排枪"对射之后,法军战线开始崩溃,陷入了空前的混乱。当苏格兰高地团吹起冲锋的风笛时,英军掷弹兵开始上刺刀发起冲击,慌乱的法国士兵完全丧失了斗志,在旷野上四处溃逃。

此战,英格兰陆军主帅沃尔夫被流弹打中身亡,法国主帅德·蒙卡尔姆也被流弹打中,逃回魁北克城后死亡。

德·蒙卡尔姆死后,陆路英军先扫荡了赶往魁北克城的法国援军,然后联合海军进攻魁北克城。城内残余的法国守军最终在9月18日向英军投降。

魁北克大战和亚伯拉罕平原大战的结局对于法国来说是毁灭性的,公元1760年9月8日,新法兰西最后的部队宣布投降,从此丧失了在加拿大的所有殖民地,加拿大全部被英国所占领。

● 重伤的法国主帅德·蒙卡尔姆逃回魁北克

魁北克之战英法双方军力比较

法国
法国主帅:德·蒙卡尔姆将军
兵力:主力部队是6000人的法国本土正规军(其中包括雇佣军),加上美洲殖民地的民兵,总兵力达到了1.3万人,另外还有1000名印第安土著,配置约有300门火炮。

英国
英国主帅:陆军由詹姆斯·沃尔夫少将指挥,海军由查尔斯·桑德斯海军上将指挥
兵力:陆军主要是由苏格兰高地人组成的9200人的正规军,编为3个旅。海军是一支"北美所见到过的最好的舰队",包括29艘战列舰、13艘护卫舰、119艘运输船只和辅助船只,共有3万名水手和登陆兵。

● 苏格兰高地团

英国陆军的正规军最早征召的就是苏格兰人,苏格兰地域传统上分成两个部分:苏格兰高地和苏格兰低地。高地被认为是蛮荒地带,高地人野蛮和原始,但能征善战,在欧洲战场上一直充当雇佣军的角色。

◉ 排枪作战

排枪战法：敌对的双方士兵分别列队成一排或者多排，然后前排统一端枪，朝对方发射，第一排扣动扳机之后，就退到后排或者蹲下装填子弹，再由第二排、第三排轮流射击。这是欧洲人在冷兵器时代形成的骑士精神的延续，他们那时认为打仗时就应该光明正大，让战斗变得"有秩序"。此外，那时欧洲军队作战时双方士兵是不可以射击对方军官的，因为如果军官阵亡就会使战斗变得无序，使战场混乱。

七年战争结束后的英属殖民地

公元1763年2月10日，英法签订《巴黎和约》。同年2月15日，英法分别支持的普鲁士和奥地利、萨克森联盟也签订了结束七年战争的《胡贝尔图斯堡和约》，这两个和约的签订标志着七年战争的全面结束。

这次战争是英法两大军事集团的战争，可谓牵扯甚广，而英国则成了这次战争中最大的赢家。因为根据和约规定，法国将美洲的新法兰西殖民地割让给英国，而且从印度撤出，只保留5个市镇，英国成了真正的海外殖民霸主，日不落帝国名副其实。

◉ 纪念《胡贝尔图斯堡和约》发行的纪念币

第十一章 英法争夺美洲 | 197

第十二章
丢失美利坚

经过100多年的发展,英属北美各殖民地的经济来往日益密切,逐渐产生了共同的文化,形成了统一的美洲民族和民主意识。加上一直以来英国对殖民地进行剥削,对北美殖民地经济的发展起到严重阻碍作用,为了对抗英国的经济政策,北美人民奋起抗争。

英属北美殖民地的叛乱

英属北美殖民地的叛乱一直存在,公元1681—1691年的J.莱斯勒起义与公元1676年的培根起义是早期两次最大的反叛运动。七年战争后,由于英国变本加厉地压迫殖民地,殖民地人民反抗宗主国的斗争日益激烈。

◉ 库克船长

公元1758年,库克船长曾参与英国海陆军的联合军事行动,从法军手中成功夺取路易斯堡。
公元1766年,库克船长被委任为"奋进"号司令,首次到太平洋探索。

◉ 哥伦布

哥伦布于14世纪末发现了美洲,15世纪末,西班牙人开辟了去往美洲的新航线。在接下来的4个世纪中,西班牙人、葡萄牙人、荷兰人、法国人和英国人围绕着北美殖民地的归属和海上霸权展开了激烈搏杀。至18世纪中叶,英国成为北美大部分土地的拥有者。

⦿ 英国国王乔治三世　　　　　　　　　　⦿ 大清皇帝乾隆

最富庶的国王乔治三世

公元1760年，乔治三世登上了英国王位，他继承了13个最富庶的美洲殖民地，这些地方是英国海外人口的聚集地，也是英国税收的主要来源地。对于当时在英国本土不怎么成功的人士和冒险家来说，去那里淘金成了一个很好的选择。

英国本土的人则经常会对去往海外的人说，"国家为了'你们'和法国的战争付出了巨大的代价，虽然'你们'富裕了，但要回报国家的恩情，所以需要向国家交税，交很多的税。"

英国国王乔治三世曾派使臣觐见乾隆

英国国王乔治三世曾派遣使臣马戛尔尼来到中国，但是要觐见大清皇帝就必须双腿下跪，三拜九叩，这让马戛尔尼觉得被侮辱，不能接受。于是讨价还价之后，双方各退一步，答应马戛尔尼单膝下跪行礼。

乾隆皇帝见到英国使者的无礼举动，心里非常不痛快，马戛尔尼跪拜完，将礼物呈给乾隆皇帝后，提出了希望中国开放通商口岸，允许英国在中国派驻使节等条件。

乾隆皇帝对英国使臣奉上的礼物不屑一顾，想都没想就直接拒绝了，并让马戛尔尼给英国国王乔治三世带回了一道圣旨，内容大概就是：你等番邦小国，不远万里来给我祝寿，我很高兴。但天朝地大物博，不需要与你们进行贸易。

第十二章　丢失美利坚　｜　199

加征印花税

虽然英国在和法国争夺美洲的战争中获得了胜利，但是英国为了维持足够的兵力，其消耗也是巨大的。一组数字可以说明：公元1763年，英国国债已经达到了1.3亿英镑，比公元1756年的总额几乎增加了一倍。而驻美洲的军官费用在公元1748年只需7万英镑，如今已增加到35万英镑。

在如此巨大的支出面前，时任英国内阁首相的乔治·格林维尔认为对美洲殖民地增加捐税，以此来应付维持美洲官兵的费用是公正的，也是必要的。

公元1765年，在美洲的人们被告知，为了应对因不断战争而持续增加的国债，他们必须交印花税。

《印花税法案》规定：殖民地若要签署任何文件，无论是遗嘱、票据、契据、汇票还是收据等，都需要加盖英国政府的戳，当然只要盖了戳，就需要交税。

美洲殖民地的叛乱："不输入运动"

对于英属北美13个殖民地来说，《印花税法案》违背了《自由大宪章》，所以这里的人们意见统一地明确表示：他们不会缴纳这笔印花税。

公元1765年3月，《印花税法案》获得英王签署，

◉ 乔治·格林维尔
美国革命初期的一个里程碑事件是格林维尔为了提供北美驻军的经费来源在公元1765年通过的《印花税法案》。

◉ 英国为北美殖民地印制的印花税票

接着又出了《营舍法案》，依照该法案，殖民地还应供应部队的营房。

英属北美13个殖民地对英国本土的这项法案非常抵触，殖民地人民开展了"不输入运动"，拒绝接受一切为增加美洲税收而输入的物品。"不输入运动"极为有效，美洲与母国（英国本土）之间的贸易额一下子少了60万英镑之多，伦敦的商人受到了沉重打击。他们施加压力，迫使现内阁倒台，接替者罗金厄姆内阁于公元1766年废除了《印花税法案》，才平息了殖民地人民的愤怒。同时，英国国会又通过了《直陈法案》，认定国王与议会有权制定法律并迫使殖民地接受。但是美洲人民却因为取消印花税而忙于庆祝，并未注意到这个法案的通过。

北美人民（来自英国的北美殖民者）坚信《印花税法案》侵犯了他们作为英国臣民"无代表不纳税"的权利。所谓的"无代表不纳税"，指的是北美人民认为在英国国会中没有自己的直接代表，就等于剥夺了他们作为英国公民的权利，而这是不合法的。

《印花税法案》实施后，反印花税法的地下组织遍布整个英属北美殖民地，例如，一群反印花税的人攻击了英国的要塞，冲进纽约总督府，焚毁印花税票，副总督科尔登被迫逃到英国军舰上寻求保护。这群人随后又冲进一位曾威胁要"把《印花税法案》塞进抗法群众口中"的守备军官家里，砸烂了他的房子并洗劫了他家。

◉《波士顿男孩和将军盖奇》——1887年凹版蚀刻版画

◉ 公布《汤森法案》

一位美洲殖民者正在阅读英国国会宣布对殖民地征收茶税的公告，在公布栏一旁有一名持枪的英国士兵。

之后，英国内阁几经重组，大权落于财政部长汤森之手。公元1767年，汤森又出台了《汤森法案》，主张降低土地税，结果造成40万英镑的税差。为了弥补这个税差，汤森建议削减部分殖民地军事费用；另一部分则对进口贸易，如纸张、玻璃和茶叶增加新税，估计一年可收入4万英镑。

为了增加税收，汤森还在波士顿成立了一个关税委员会，主张税收不仅用来养兵，还要用来建立殖民地的文官制度。这样一来，身在殖民地的英国政府的行政官和法官都将不受殖民地议会控制。

◉ 波士顿大屠杀

波士顿大屠杀

英国内阁出台的这一系列税收政策，使得英属北美殖民地人民大为不满，其中波士顿地区的反应最为激烈。公元1768年7月1日，英国政府关税委员会要求驻北美的盖奇将军派遣部队协助税吏执法。但是，盖奇将军因为英国内阁要削减军费而拒绝了。无奈之下，英国政府从英国本土派出了两个兵团前去波士顿协助税吏执法。

然而这两个兵团到达波士顿之后，波

士顿拒绝为他们提供营房，他们只好强迫执行《营舍法案》，占领了这座城市，这引起了波士顿更进一步的抵触，北美人民再次抵制英货。公元1770年3月5日，在波士顿发生了冲突，暴乱之中部队开枪，打死了5个平民，伤了6人。这个事件被称为"波士顿大屠杀"。

紧接着在英属北美殖民地爆发了更为严重的反叛事件，英属北美殖民地的革命志士不仅开始武力反叛，还使用舆论的力量向英国政府施压，而英国政府的一系列镇压行为及应对政策，不仅未能平息叛乱，反而使殖民地人民更加团结。

为了纪念乔治·温哥华的功绩，北美太平洋西北地区多处以其名命名，其中包括温哥华岛和两个温哥华市（一个位于加拿大不列颠哥伦比亚省，另一个则位于美国华盛顿州）等。

英国探险家乔治·温哥华

乔治·温哥华出生于英国诺福克郡的金斯林，15岁时即随库克船长远航太平洋。其后，他作为英国海军的一员参与了许多次战斗。公元1792年，他奉英国国王乔治三世之命，率领军舰对北美太平洋西北海岸进行勘探。虽然早在一年前西班牙人就来过这里，但是当时并未受到欧洲人重视，乔治·温哥华来到这里后，对此地进行了详细地勘探，编撰了考察报告，从此，欧洲人知道了这里拥有"数不尽的宜人美景"。温哥华沿着北美太平洋西北海岸继续北上，他还发现西北航道与大家原以为的纬度并不吻合，使得之后的航海者能更精确地航行。

火上浇油的《茶税法》

公元1773年，乔治三世为了帮助财政困难的英国东印度公司处理存储在伦敦仓库中的大量茶叶，颁布实施了新的税法——《茶税法》。

《茶税法》大致内容

《茶税法》于公元1773年5月10日获得批准，包括以下条例：

英国东印度公司有权将茶叶出口至北美。

英国政府不再强制要求英国东印度公司在伦敦茶叶拍卖行销售茶叶。

在英国征税的过程中，对销往北美的茶叶会退税或不再征税；

⦿ 茶叶

茶叶源于中国，最早是被作为祭品使用的。从春秋后期就被人们作为菜食，在西汉中期发展为药用，西汉后期才发展为宫廷高级饮料，普及民间作为普通饮料那是西晋以后的事。

收到英国东印度公司茶叶的代销商需要缴纳一定的保证金。

波士顿倾茶事件

英国东印度公司因此垄断了北美殖民地的茶叶运销，其输入的茶叶价格较"私茶"便宜50%（当时北美人民饮用的走私茶占消费量的9/10）。便宜的价格打压了北美本土的茶叶销售，导致很多的走私商和本地种植茶叶的商人无法生存，北美茶叶价格被操纵，生产出来的茶叶销售受到影响。因此，北美殖民地人民很反感《茶税法》，许多人出面反对，运往纽约和费城的茶叶被当地茶商拒绝接收，这些茶叶只能运回英国，最终在查尔斯顿的码头慢慢腐烂；停在新英格地区波士顿港口的英格兰贸易船只，被波士顿总督亨特希森驱逐，但是这些船只迟迟不愿离开，而当地的殖民者担心这些人会悄悄登陆。公元1773年12月16日，伪装成印度人的"自由之子"涌上3艘载满茶叶的英格兰贸易船只，并将船上的茶叶倾倒在港口，发生了"波士顿倾茶事件"。

◉ 波士顿港口倾茶

自由之子指的是北美反对殖民主义的战争中最普遍的一个组织，即激进民主主义的"自由之子"协会。

◉ 波士顿倾茶事件

大陆会议

波士顿倾茶事件后，英国国会于公元 1774 年起陆续颁布了 5 条《强制法令》，又称《不可容忍法令》，作为对此事件的回应。

第一届大陆会议，鼓励所有英属北美殖民地联合起来

这些法令明显剥夺了英属北美殖民地人民的政治和司法权利。为了美洲人民的利益，公元 1774 年 9 月 5 日，第一届大陆会议在费城召开了，会议通过了《联盟协定》，鼓励所有英属北美殖民地联合起来，一致抵制英货，并停止与英国贸易。

公元 1774—1775 年冬，英属北美殖民地人民开始建立志愿武装队伍，以保卫居民免遭英国当局和英军的蹂躏。

公元 1775 年 4 月 19 日，英属北美殖民地人民的队伍与奉命前来解除其武装的英国正规军在科康德和列克星敦（马萨诸塞）附近首次发生武装冲突。列克星敦的枪声拉开了美国独立战争的序幕。

第二届大陆会议，组建了联合军队

这次武装冲突发生之后，2 万起义军在波士顿附近建立了一个营地，称为"自由营"。在革命处于高潮的形势下，"自

> 费城是美国早期的金融之城，在美国历史上有着十分重要的意义。美国第一家银行、第二家银行都坐落于费城，这里有著名的宾夕法尼亚大学，有收藏着诸多中世纪到文艺复兴时期精美画作的费城艺术博物馆，因而费城有着文化名城的美誉。

> 有 12 个州的 55 名代表（多为富商、银行家、种植园奴隶主，佐治亚州因总督阻挠未参加）参加第一届"大陆会议"。

◉ 列克星敦的枪声
列克星敦的枪声拉开了美国独立战争的序幕。

● 独立宫

美国在费城的独立宫发表了《独立宣言》。

由营"起义军将英政府派来的盖奇将军封锁在了波士顿城内。公元1775年5月10日，在费城召开了第二届大陆会议。

通过这次会议，起义军收编了被封锁的波士顿的军队，将他们改组成"联合殖民地陆军"，任命原英军上校华盛顿为总司令。之后起义部队又建造了13艘巡航舰和轻巡航舰，建立了海军。

第三届大陆会议，发表独立宣言

由乔治·华盛顿率领的"联合殖民地陆军"，用计攻占了

● 硬币上的独立宫

● 硬币上的自由钟

美国的费城自由钟象征着美利坚彻底摆脱了过去。

◉ 《独立宣言》—绘画

提孔德罗加，缴获轻重火炮 120 门。接着又占领了王冠角，击败了圣约翰的驻兵。

起义部队一连串的胜利让英属北美殖民地人民坚定了战争与独立的决心。公元 1776 年 5 月，英属北美殖民地人民代表在费城召开了第三届大陆会议，并于 7 月 4 日发表《独立宣言》，痛斥了英国国王对殖民地的暴政，宣布一切人生而平等，人们有生存、自由和追求幸福的权利，宣言还同时宣布 13 个殖民地脱离英国独立，美利坚合众国——美国诞生了！

◉ 托马斯·杰斐逊

托马斯·杰斐逊是美国《独立宣言》的主要起草人，美国开国元勋之一，与华盛顿、本杰明·富兰克林并称为"美利坚开国三杰"。

美国独立战争

战争初期，双方力量悬殊，这是一场英属北美殖民地人民为独立自由而进行的战争。

英国在北美的兵力

英国是当时最强大的殖民帝国，工业发达，海军实力位于世界前列，驻北美英军约有3万人，装备精良，训练有素，且以加拿大为依托；但军队远离本土，不谙当地情况，人力、物力补充困难；英政府内部在战争指导上存在分歧，未形成统一指挥。

英属北美殖民地人民为正义而战

英属北美殖民地人口仅300万人，其中约50万人为亲英的"效忠派"；正规美军刚组建，兵力不足，兵源主要依靠不脱产的民兵和短期服役的志愿兵补充，装备落后，缺乏训练；各殖民地地方保护主义严重，大陆会议的领导软弱无力；但进行的是正义战争，为独立自由而战，得到革命人民和国际进步力量的支持。

美军战略战术灵活

美国执行灵活的外交政策，利用国际矛盾，于公元1778年2月与法国签订军事同盟条约，法国正式承认美国，之后西班牙、荷兰也相继加入到对抗英国的战斗中。

美军战略战术灵活，采取正规战与游击战相结合的作战样式，摒弃传统的线式战斗队形，

◉ 乔治·华盛顿

乔治·华盛顿，公元1775—1783年美国独立战争时殖民地军的总司令，公元1789年成为美国第一任总统（其同时也成为全世界第一位以"总统"为称号的国家元首）。通常被称为美国国父。

华盛顿是独立、民主、自由的象征，他同时又是奴隶主。这两面都是真实的，甚至可以说密不可分。

◉ 美国独立战争期间使用过的大炮

◉ **法国著名油画《约克敦战役》**
画中左手持剑、右手指向右方者是法军指挥官罗尚博，罗尚博左侧是美军指挥官华盛顿，右侧是格拉斯伯爵。

约克敦是美国弗吉尼亚州东南部小镇，现属美国国家历史公园一部分，有华盛顿与英军将领会见的穆尔大厦及很多史迹和战迹、海军基地等。

根据地形疏开队形作战，不拼消耗，不计一城一地之得失，而着眼于消灭敌人有生力量。

美国独立

美国在法国陆、海军配合下，在西班牙、荷兰加入后，这场战争的范围远远超出了英属北美殖民地之外。

公元1781年8月，华盛顿统率美法联军1.6万余人（其中法军7000余人，由罗尚博伯爵指挥），在格拉斯伯爵率领的法国舰队配合下包围约克敦，

◉ **罗尚博伯爵**
罗尚博伯爵是法国军官、军事家、法国元帅。他是一名勇敢的骑士，参加过奥地利王位继承战争、巴伐利亚、波希米亚和莱茵战争，以支援美国革命而知名。

迫使英军于 10 月 19 日投降，促使双方和谈。英国政府于公元 1782 年 11 月 30 日与美国达成停战协议。公元 1783 年 9 月 3 日，双方签订《美英巴黎和约》，英国被迫承认美国独立。这场耗时 8 年的战争总算结束了。

扩展阅读：海盗约翰·保罗·琼斯加入美国海军

美国要与海洋帝国英格兰一较高下，却没有强大的海军，于是就向英国学习，借力打力，华盛顿也召集了一大批海盗私掠船，作为海军力量的补充，对英国皇家海军进行袭扰、打击。被美国人喻为"美国海军之父"的约翰·保罗·琼斯就曾是一位美国私掠船长。

年轻的船长

琼斯本是英国人，原名保罗，公元 1747 年出生于苏格兰，12 岁时就当

● 约翰·保罗·琼斯

了见习水手，开始在大海上闯荡，19 岁成了当地最年轻的大副，在贩运非洲奴隶的船上工作。由于对奴隶交易非常憎恶，他离开了贩运奴隶船队。21 岁成为货船船长，在一次远航中，船上水手因薪酬问题造反，被琼斯杀了，结果被英国政府通缉。在万般无奈之下，他逃到美国，并将名字改为约翰·保罗·琼斯。

琼斯来到美国时，正值美国独立战争时期，于是加入了急需人才的美国海军，并很快被任命为海军中尉，成为一艘武装私掠商船的船长。琼斯成为私掠商船船长后，深入英国海域，俘虏了 16 艘英国商船，并把它们开到美国当时的政治中心费城。

> 琼斯采用惯用的海盗方式在英国海岸登陆，先是到了一个酒吧喝了一顿"霸王酒"，然后公开恐吓岸上的居民，最后放火走人，这给英国人带去了很多困扰。

> 美国的盟友法国国王路易十六对琼斯十分赏识，特拨两艘军舰归他指挥，这极大地满足了琼斯的虚荣心。

成功向被英军围困的华盛顿部队运输给养

公元 1777 年 10 月，琼斯受命向被英军围困的华盛顿部队运送急需的弹药与食品，琼斯指挥船只冲破英军的重重围困，成功将给养送到了被困的华盛顿部队，使得这支部队脱离了被英军歼灭的危险。琼斯这次航行被认为是美国独立战争的转折点之一。

迫使英国皇家海军的王牌战舰"德雷克"号投降

公元 1777 年年底，琼斯率战舰"突击兵"号，孤军深入英国海域，骚扰英国船队，俘获、击沉了许多英国商船。

在一次对英国海域私掠的过程中，琼斯的"突击兵"号与英国皇家海军的王牌战舰"德雷克"号相遇，"德雷克"号有 20 门大炮，火力很强，而琼斯指挥的"突击兵"号虽然是战舰，但只是排水量只有 318.5 吨的单桅船，顶多算是一艘加强武力的私掠船，与英国皇家海军王牌战舰根本不是一个级别，但是琼斯并没有退缩，而是凭着娴熟的驾船技巧与之激战一个多小时，将敌舰舰长打死，迫使"德雷克"号投降，俘虏了 133 名战俘。这次战役后，琼斯成为英国家喻户晓的人物。

"我还没有开始战斗呢！"

公元 1779 年 9 月 23 日傍晚，琼斯指挥一支由 6 艘船组成的舰队在北海海域与一支英国舰队遭遇。英国舰队的主力舰是一艘拥有 52 门大炮的新型战舰"塞拉皮斯"号。在战斗过

> 琼斯指挥的这支舰队有 380 名船员，其中只有 60 多人是美国人，其余分属包括英国在内的 8 个国家。而且"好人理查德"号虽然率领着一支有 6 艘船只的小编队，但其中 2 艘是私掠船，3 艘是法国海军的船只，只有 1 艘是美国海军的舰艇，而且这些船长之中还有一个精神不太正常的法国人。

● 身穿制服的约翰·保罗·琼斯

琼斯是一位传奇的海盗船长，他的才华、俊美使得民间有许多关于他的故事。此图就是他在对付"情敌"的插画。

第十二章　丢失美利坚　211

程中，琼斯驾驶的"好人理查德"号中弹受损并开始下沉。这时英国人劝琼斯投降，琼斯却豪情万丈地回击道："我还没有开始战斗呢！"这句话后来成了美国海军的名言。

琼斯驾驶开始下沉的"好人理查德"号向"塞拉皮斯"号冲去，两舰结结实实地撞在了一起。"塞拉皮斯"号受到突如其来的撞击后，甲板上的水手乱成一团，琼斯命手下用缆绳将英舰系住，并带头手持火枪跳上了英舰，开始了"近身肉搏"。经过两个多小时的激战，琼斯的英勇气概摧毁了敌人的意志。"塞拉皮斯"号舰长皮尔森摘下佩剑，向琼斯投降。

战后，美国国会授予琼斯上校军衔和一枚金质奖章，使他成为美国海军中获此殊荣的第一人；法国国王路易十六也亲自向他授勋，并赠给他一把黄金宝剑。这次胜利使琼斯的声誉达到顶峰。

> 琼斯的一生短暂而辉煌，虽然大多数时候充满了失意与挫折，但他的勇猛作风和战斗精神始终为后人所推崇，琼斯的传世名言"In Harm's Way"成了美国海军永远的座右铭。

孤独的死去

在以后的13年里，琼斯的事业陷入了衰退。于是出走俄国，希望能一展才华，最终未能如愿以偿，后来他又去了法国，事业还是没有起色。公元1792年7月18日，琼斯因肺炎在巴黎孤独地死去，年仅45岁。

◉ 备战前的约翰·保罗·琼斯
约翰·保罗·琼斯是苏格兰裔的美国海军军官、军事家。他甚至被俄国女沙皇叶卡捷琳娜二世任命为海军少将，被公认为是一个富有魅力的人。

第十三章
美国独立后英国与法国的战争

法国与英国一直针锋相对，双方多次交手，互有胜负。在美国独立战争期间，法国帮助了美国对付英国。法国大革命爆发后，趁着法国内乱，英国趁机报复。

圣文森特角海战——打击了法国的同盟国西班牙

法国由于频繁参战又未能打赢（特别是七年战争）而导致国库空虚，后来又参加美国独立战争，给国家带来了前所未有的财政压力，其国债总量高达20亿法郎。由于战争债务带来的社会负担，社会矛盾激化，导致公元1789年法国大革命爆发，革命党人推翻了君主制，大批法国贵族逃往国外。公元1793年1月21日，法国国王路易十六被送上了断头台。

法国大革命引起周边国家不安。2月，普鲁士、奥地利、荷兰、萨丁尼亚、汉诺威、英国成立了反法同盟，对法国进行武装干涉。法国大革命开始面临严重的危机。而法国则与西班牙结盟，得到了西班牙舰队的有力支持。

拿破仑在滑铁卢战役失利后，路易十八在外国军队保护下复辟了波旁王朝，恢复了国王的部分权力，保留了革命成果，并且建立君主立宪制。之后由于国王查理十世大肆血洗革命者，公元1830年7月巴黎人民发动七月革命，经过3天战斗，攻下王宫，国王查理十世逃往英国，建立了以路易·菲利浦为首的七月王朝，至此法国大革命彻底结束。

⦿ 法郎银币

公元1795年法郎正式代替里弗尔成为法国的本位货币单位，公元1834年其他货币全部退出流通领域，法郎成为法国唯一的货币，是2002年前法国的法定货币单位。

拿破仑企图完全切断英国的海外贸易线

公元1793年11月，年轻的法国少校拿破仑攻陷土伦后，击败保王党势力，因此受到了革命党人赏识，被破格升为准将，这尚属欧洲军事史上的首次。这给拿破仑提供了统兵进攻英国的机会。拿破仑认为对英吉利海峡的控制可间接控制欧洲沿海各港口。假如法国能控制这些港口，那么英国的财源——海外贸易线将被完全切断，英国政府将不可能补贴同盟国参与反法。于是拿破仑向法国国会提出：凡非法国船只载运的英国货品一概不准进口。3年后，为了刺激法国工业的发展，法国国会禁止一切敌国制品进口。

在法国的经济、军事双重夹击下，英国非常被动，法国则趁机准备进攻奥地利。为了挫败法国的野心，英国派遣霍雷肖·纳尔逊率领一支分舰队打击法军的海上补给线。

◉ 法国国王路易十六

◉ 处死路易十六

欧洲历史中被处死的国王一共有三位：查理一世（英国国王，1649年在英国内战后被处死）、路易十六（法国国王，1793年在法国大革命中被处死）、尼古拉二世（俄罗斯帝国皇帝，1918年被苏俄政府枪决）。他们都是在由封建社会到现代社会的过渡时期的社会革命中被处决的。

圣文森特角海战，西班牙舰队战败

公元1797年2月5日，法国盟军西班牙的舰队从卡塔赫纳出发，欲通过直布罗陀海峡，北上与法国舰队会合。

纳尔逊获知消息之后，为了阻止西班牙舰队北上，他将舰队兵分两路向直布罗陀进发，沿海岸线经土伦与封锁土伦港的英国统帅杰维斯海军上将会合，没有发现西班牙舰队，于是纳尔逊和杰维斯一起，继续前行到卡塔赫纳（西班牙海港），依旧没有发现西班牙舰队。

公元1797年2月13日，英国舰队在位于伊比利亚半岛西南角的圣文森特角发现了西班牙舰队，原来西班牙舰队出航不久就遇到强劲的东风，舰队被吹进了大西洋。

纳尔逊和杰维斯指挥舰队从两个方向成合围之势冲向西班牙舰队，同时炮火齐发。双方对战了5个小时，西班牙舰队被英国舰队分割包围，首尾不能相顾，损失惨重。此战英国舰队以少胜多，西班牙舰队有4艘战舰被俘，10艘受重创，

> 土伦坐落于法国南部地中海沿岸，这里以造船业为主，拥有军火制造、冶金业和轻工业等。

> 为了争夺海上霸权和海外殖民地，英国地中海舰队在大西洋圣文森特角同西班牙舰队遭遇，展开了一场激烈的海战。

◉ 圣文森特角海战

被击毙和俘虏的人员达5000余人，而英国舰队损失很小，纳尔逊在此战后被晋升为海军少将，并荣获勋爵封号。

圣文森特角海战的失利给西法同盟以沉重的打击，破坏了法国的战略企图。更重要的是，它表明西班牙在海上已不是英国的对手了，英国则恢复了因为从地中海撤退而受到打击的信心。

特拉法尔加海战——终结法国统治世界的梦想

公元1799年11月9日，拿破仑发动军事政变，掌握了法国的军政大权。拿破仑执掌法国政权后，于公元1800年6月战胜奥地利，而后俄国、土耳其等国家接连与法国缔结和约，反法联盟彻底解体，英法两国签订《亚眠和约》，暂时休战。

英法两国在表面上达成了妥协，但这绝不是英国能真心接受的，因为英国输掉了北美十三州的殖民地，岂能善罢甘休，因此后来多次与各国组成反法同盟，与法国作战。

法国在与英国作战的过程中，多次被英国海军打败，为了能消灭这个劲敌，从公元1803年开始，拿破仑就开始策划法国海军穿越英吉利海峡以登陆英国本土的战略意图。

维尔纳夫成了法国舰队司令

法国有着强大的陆军，却没有像样的海上力量，原本准备借助盟友西班牙的海军力量来打击对手，没想到西班牙海军在圣文

● 英国名将霍雷肖·纳尔逊

霍雷肖·纳尔逊，英国风帆战列舰时代最著名的海军将领及军事家，在公元1798年尼罗河口海战及公元1801年哥本哈根战役等重大战役中率领皇家海军获胜，他在公元1805年的特拉法尔加战役中击溃法国及西班牙组成的联合舰队，迫使拿破仑彻底放弃海上进攻英国本土的计划，但自己却在战事进行期间中弹阵亡。

森特角被英国海军打得落花流水。

公元 1804 年 11 月 6 日，拿破仑加冕称帝，把法兰西共和国变成了法兰西帝国。他渴望建立一支强大的能与英国皇家海军匹敌的海军。然而，此时的法国因为经历了法国大革命与动荡，国内海军技术人员以及战斗人员大量流失，加之原来的舰队司令病逝，维尔纳夫便因此成了法国舰队司令。

拿破仑登陆英国本土的计划天衣无缝

拿破仑计划由维尔纳夫率领舰队从土伦出发，通过直布罗陀海峡与西班牙舰队会合，将法国的陆军驳运到加勒比海，然后再到马提尼克岛，与其他法国舰队会合，协助法军攻打西印度群岛上的英国势力。

其目的是将英国舰队从欧洲引至西印度群岛，使英国本土的海上力量削弱，以便法国精锐陆军能迅速控制英吉利海峡，入侵英国本土。此时，法国在面临英伦海峡的隐蔽处部署了 15 万陆军，随时等着登陆英国。

成功将英国舰队吸引到西印度群岛

维尔纳夫还没出发，就开始抱怨舰队良莠不齐，补给不足，还给法国海军大臣写信，内容是"预料法国舰队必然惨败"，同时还提出了辞呈。

当然他的辞呈未被通过，维尔纳夫只能硬着头皮从土伦港出发，突破了英国海军中将纳尔逊舰队的封锁。维尔纳夫的舰队成功通过直布罗陀海峡，与西班牙舰队

● **法国海军司令维尔纳夫**

维尔纳夫在 15 岁时就加入了海军，法国大革命爆发时，他支持革命，因此升迁很快。公元 1796 年，维尔纳夫晋升为海军少将。

公元 1798 年，拿破仑埃及远征队的舰队在尼罗河口被纳尔逊的舰队歼灭，仅维尔纳夫指挥的一艘主力舰和其他一艘主力舰和两艘护航舰全身而退，保存了法国海军力量。

会合，法西联合舰队越过大西洋，于公元1805年5月12日抵达马提尼克岛。英国舰队确实被吸引到了西印度群岛，纳尔逊舰队紧紧尾随其后，寻找机会战斗。

然而法西联合舰队到达马提尼克岛后，未能与其他法国舰队会合，维尔纳夫指挥舰队在离岸不远处抛锚休整，没有执行拿破仑的命令去攻打岛上的英国势力，而是眼睁睁地看着马提尼克岛上的其他法军和英国势力作战。

纳尔逊的坐舰："胜利"号

"胜利"号风帆战列舰于公元1759年开始建造，公元1778年开始服役，可以说是英国海军最具有代表性的一款风帆战列舰。整舰全长69.3米、舰宽15.8米、吃水深度为8.8米，配备有100门主炮，能贮存35吨火药和120吨炮弹，这些炮合起来一次性可发射半吨重的炮弹，"胜利"号的武器配备可以说是当时风帆战列舰中最高一级的配置了，而且"胜利"号一次性携带的物资可供舰上850人连续海上对敌6个月，这艘战舰几乎就是一座海上城堡。

这是一艘几乎完全由橡木构成的船，造型非常优美，是当时英国风帆战列舰的代表之一。

在特拉法尔加战役中参战的"胜利"号后来永久停泊在朴次茅斯，为了保护这艘著名的舰艇船体不被压坏，英国政府将"胜利"号的主炮更换为木质模型，以供后人参观。

⦿ "胜利"号

⦿ "胜利"号上的大炮

法西联合舰队逃亡过程中遭受打击

当法西联合舰队在马提尼克岛海域抛锚休整的时候，纳尔逊的舰队已经到达离马提尼克岛不远的巴贝多，维尔纳夫心中惧怕英国舰队的实力，于是急忙命人起航躲避，慌乱中整个舰队朝欧洲开去。纳尔逊则指挥舰队又一路追回欧洲。

维尔纳夫指挥的法西联合舰队逃至菲尼斯特雷角外海时遭遇了一支英国巡航的舰队,维尔纳夫担心尾随其后的纳尔逊舰队和这支舰队将法西联合舰队合围。于是无心应战,边打边逃,结果英军 15 艘主力战舰与 2 艘护航舰,打败了法西联合舰队 20 艘主力战舰与 7 艘护航舰,英军以少胜多,还俘获了两艘西班牙军舰。

维尔纳夫此时对英舰的恐惧已经达到了极点,指挥着剩下的军舰继续向西逃窜。

特拉法尔加海战

公元 1805 年 10 月 21 日,在西班牙加的斯东南方约 45 千米处的岬角——特拉法尔加,纳尔逊指挥的舰队追上了逃窜的法西联合舰队,双发爆发了激战。

经过持续 5 个小时的战斗后,由于英军指挥、战术及训练皆胜一筹,法西联合舰队被击溃,主帅维尔纳夫被俘,法西联合舰队阵亡 3243 人(法国 2218 人,西班牙 1025 人),受伤 2538 人(法国

◉ 菲尼斯特雷角

在古罗马人统治伊比利亚半岛时,他们认为菲尼斯特雷角是欧洲大陆的最西端,因为再往前走就是大海了,连太阳都在此地淹没于海水中,于是他们在这里建造太阳神庙,并将此地称为"天涯海角"。

◉ 威灵顿公爵在伊比利亚半岛得到了当地人民的支持

公元 1808 年 3 月,法国军队以保护西班牙领土和解决王室矛盾为名,进入西班牙并占领首都马德里,遭到了西班牙军民的强烈反抗,袭扰使法军苦不堪言,拿破仑不得不挥师西班牙,镇压马德里起义。英国于公元 1808 年 8 月介入了西班牙争端,并于 8 月 8 日登陆伊比利亚半岛的蒙得戈湾,8 月 30 日占领了整个葡萄牙。随后英国威灵顿公爵在当地人民的支持下,经过几年的作战,逐步将法军赶出了伊比利亚半岛。法军陷入了两线作战的苦境,西线在伊比利亚半岛作战,东线则跟反法同盟周旋。

1155人，西班牙1383人），被俘约7000人，1艘战舰被击沉、7艘被俘。

英国皇家海军方面阵亡458人，受伤1246人，军舰无一损失，但英军主帅纳尔逊在战斗中阵亡。

特拉法尔加海战是帆船海战史上以少胜多的一场漂亮的歼灭战，也是19世纪规模最大的一次海战。纳尔逊在这场海战中突破陈旧的战斗序列理论，运用灵活机动的战术，使法西联合舰队一败涂地。

此役之后法国海军精锐尽丧，从此一蹶不振，拿破仑被迫放弃进攻英国本土的计划，而英国海洋霸主的地位得以巩固。

日不落帝国的海上版图扩大至南非

特拉法尔加海战之后，英国向世界证明了可以通过海洋来掌控局面，英国的海洋霸权到达巅峰。

趁荷兰被法国吞并的契机，英国成功接管了非洲南端布尔人的地盘

法国虽然在海上输给了英国，但是在欧洲大陆依旧势不可挡。公元1806年，在拿破仑的铁骑下，荷兰被吞并，然而法国还没来得及将荷兰在非洲建立的势力收服，英国就朝非洲下手了。

● 特拉法尔加广场上的纳尔逊雕像

纳尔逊深受英国人民的尊敬，救国于水火之中，他死后民众所流露的悲戚和不舍都体现在伦敦特拉法尔加广场上的纳尔逊铜像之上。

法国海军司令维尔纳夫被抓后送到了英国，公元1806年4月获释，4月22日在巴黎死亡，胸口有6处刀伤，但记录上则是写的自杀，当晚即被草草埋葬。据说，因为英国英雄纳尔逊在特拉法尔加海战中阵亡，英国民众将仇恨发泄在维尔纳夫身上，于是维尔纳夫被释放不久便被暗杀了；另一种说法是因为在特拉法尔加海战中他指挥不利导致法国海军几乎全军覆没，拿破仑派人把他干掉了。

英国接收了布尔人的地盘

在17世纪荷兰殖民者征服了南非的科伊桑人后,成了这里的主人,荷兰人在这块土地上定居下来,并繁衍了近200年,他们的后裔被称为布尔人。

公元1806年,荷兰被法国吞并,南非布尔人的母国没了,英国趁荷兰被法国吞并之机,立马派人接收了布尔人的地盘,之后英国军队、官员、传教士都来了。英国人还不断与周边土著作战,把殖民地的边界朝东推进了100千米。

非洲形成了三大势力

布尔人失去母国荷兰的庇佑后,只能将经营了近200年的南非拱手交给英国管理,然而布尔人并不服从英国人的税务盘剥和法律制约,更让他们无法接受的是官方语言都变成了英语。

一部分布尔人开始携带家眷从非洲的最南端朝北方迁徙,寻找新的家园,沿途经过不断与当地土著血战,建立起一个个政权。随着这些小政权之间互相争斗,然后结盟,最后在非洲形成了三大势力,占据好望角地盘的英国人、占据北端的布尔人和以祖鲁王国为首的土著政权。

> 海权国家不像陆权国家那样跑马圈地,把领土和势力范围在地图上画得清清楚楚,而是注重对海洋的开发利用和海上航行规则的掌控。

◉ **科伊桑女人**
图为19世纪早期的一位科伊桑女人被掠到英国伦敦进行展览时的海报。科伊桑人曾广布于撒哈拉南部的非洲,后来因为受到黑人的驱赶、强奸和屠杀,现在生活在非洲南部的沙漠地区。其长相更类似蒙古人。其最大特点是女人的超级巨大的臀部。

> 科伊桑人是非洲最古老的民族之一,简称桑人,是目前世界上最为古老的种族,分为布须曼人(意即丛林人)和霍屯督人(意为"笨嘴笨舌者"),系荷兰殖民者初抵南部非洲时对本地土著的蔑称,后渐改为当地居民的自称"科伊桑",意为"人"或"真正的人"。

● 金伯利钻石矿

金伯利钻石矿位于南非开普省,是传说中最大的纯手工挖掘的大坑,深 1097 米,在 1914 年被关闭之前生产了超过 3 吨的钻石。

三方势力的平衡被打破

非洲的三方势力相互掣肘,保持了一段时间的和平。直到公元 1868 年占据非洲北端的布尔人的地盘中发现了金伯利钻石矿,其中一颗"南非之星"重达 83.5 克拉!这个钻石矿使得布尔人迅速富有了起来。

公元 1868 年 3 月 31 日,有一位名叫科洛尼的黑人牧民在砂砾中偶然看到一颗光彩夺目的晶体碎块,经鉴定为宝石级金刚石。其重量达 83.5 克拉(1 克拉为 0.2 克),被命名为"南非之星"。"南非之星"曾先后在荷兰的阿姆斯特丹、英国的伦敦、法国的巴黎等城市展览过。1974 年,"南非之星"在瑞士的日内瓦展销时被英国一位伯爵以高价买走。

● 南非之星

祖鲁王国被英国消灭

如此巨大的财富,使得三方势力的平衡被打破,英国企图占有这个钻石矿。但是狡猾的英国人没有直接去攻打布尔人的地盘,而是向落后的祖鲁王国开刀。公元1879年,经过血战,祖鲁国王开芝瓦约被俘,祖鲁王国被英国消灭,分割成10多个小政权,后来这些小政权都成了大英帝国的殖民地。

挑衅布尔人的地盘,第一次布尔战争失败

消灭了祖鲁王国后,英国人开始有恃无恐地挑衅布尔人的地盘,尤其是大英帝国海军封锁了非洲海岸线,使得布尔人的"钻石"贩运成本提高,而且风险变得巨大。

公元1880年,布尔人为了冲破英国人的封锁,开始与英国人作战,第一次布尔战

> 公元1816年英国《金本位法案》公布,从法律上确立了金币作为英国货币单位标准,并确定了黄金和货币单位(英镑)之间的固定关系,它具有里程碑式的意义:正式开启了英国的金本位时代,也让英国成为全球最早确立金本位的国家。

● 祖鲁国王开芝瓦约

开芝瓦约,祖鲁王国国王,杰出的抗英豪杰,公元1872—1879年在位。战败后,起初被英国流放到开普敦,后又流放到英国。开芝瓦约一生为之奋斗的独立事业被英国殖民主义者扼杀了,但他为捍卫祖鲁的独立和统一做出了贡献,在南非近代历史上是有功绩的。

● 乔治三世时期的Sovereign金币

此币铸于公元1820年,是机器铸造的标准金币,重7.89克,直径22毫米,纯度为91.67%,面值1英镑。

◉ 拿破仑加冕时佩戴的宝剑

公元 1804 年 12 月 2 日，拿破仑佩戴着这把剑在巴黎圣母院举办了加冕大典。宝剑上镶了 42 颗来自法国国库的宝石。据收藏界记载，拿破仑平时喜欢使用的一把镀金宝剑如今市值已经达到 120 万~150 万欧元。而这把加冕时佩戴的宝剑更是价值连城，不过其最大的价值是历史价值和政治意义。

争爆发。在非洲待了数百年的布尔人非常熟悉非洲地形，而且枪法精准，占据了天时、地利、人和，使英国人招架不住，只能与布尔人休战。

英国人和布尔人结盟，开始携手欺负当地的土著

原本休战的双方后来因为布尔人的地盘上又发现了一座大金矿而再次变得不太平。英国人虎视眈眈地盯着布尔人的地盘，总想逮住咬一口，而且加强了非洲海岸线的封锁。布尔人因为有"钻石矿"和"金矿"，所以财大气粗地招兵买马，与英国人对抗。

公元 1899 年，第二次布尔战争爆发，这次英国从国内调集了大量军队，经过 4 年的战争，布尔人坚持不住了，放下武器向英国人投降。之后，英国人和布尔人结盟，开始携手欺负当地的土著，到了 1910 年，英国人将南非的开普、纳塔尔和布尔人的地盘合成一块，称之为"南非联邦"。

法俄战争使法国彻底没有能力再和英国纠缠

拿破仑的海上力量无法阻止英国在海外扩张，眼睁睁地看着南非被英国掌控，但是他却在欧洲大陆获得了空前的军事胜利。公元 1812 年，拿破仑大军几乎占领了整个意大利、德意志地区（成立了受法国控制的莱茵联邦），为了获得整

◉ 阿拉伯弯刀

据传拿破仑喜欢阿拉伯弯刀，他认为阿拉伯弯刀在战马上使用起来极其方便，而且弯刀弯曲的形状在砍下敌人脑袋时很方便，所以拿破仑作战时所使用的宝剑是按照阿拉伯弯刀的形状打造的。

个欧洲的霸权，让死敌英国臣服，法国联合其他欧洲大国发起了"大陆封锁"政策，但俄国对法国的扩张存有强烈的戒心，所以不愿意和法国联盟，成为阻止拿破仑的中坚力量。

拿破仑集结61万军队向俄国进军

俄国的敌对行为招致拿破仑的愤怒，萌生了通过战争迫使俄国投降的念头。

公元1812年夏，拿破仑集结61万军队（包括各个盟国的军队），分为三路，中路军由其亲自指挥，这支庞大的军队被拿破仑称为"大军"，渡过涅曼河，对俄国不宣而战。

⦿ 奔向俄国的拿破仑大军

俄军边打边撤，不与法军大规模正面交战

此时的俄国虽然强大，但也无法与如今欧洲大陆上的老大法国相比，但是俄国人天生就是强悍的民族，他们并不畏惧法国的大举入侵，而是边打边退，坚壁清野，法国大军在拿破仑的指挥下很快就深入了俄国腹地。俄国和其他欧洲国

⦿ 拿破仑戴过的帽子

2014年，法国枫丹白露市的拍卖会上，一顶拿破仑曾经戴过的帽子拍出了180万欧元的高价。

第十三章 美国独立后英国与法国的战争 | 225

● 拿破仑的对手库图佐夫

库图佐夫是俄国军界一个罕有的大才子，不但精通兵法、战史、几何学、数学，还深通德语、拉丁语、波兰语、土耳其语和英语。
拿破仑入侵沙俄的时候，库图佐夫被任命为主帅，将法国人赶出了沙俄领土。

● 火烧莫斯科

家不一样，其领土太辽阔了，追击俄军的法国军队因为战线拉得太长而不能及时获得供给，加上俄国的天气很快进入了秋冬，寒冷的气候让法国士兵水土不服，士气开始动摇。

法军被俄军打败，损失惨重

公元1812年9月7日，在距离莫斯科不远的博罗季诺，拿破仑的大军和俄军进行了一场空前惨烈的战斗，法俄双方展开血拼（俄军12万多人，法军13万多人），从日出拂晓杀至夜幕降临，一方玩命猛攻，一方顽强死守，打到最后双方都筋疲力竭，法军遭到重创，伤亡5万多人，俄军亦损失惨重，伤亡4万多人，大军退到莫斯科。

博罗季诺会战后，拿破仑打算在莫斯科与俄国人再拼一次，没想到俄国人却莫名地让出了莫斯科。

在补给不足的情况下，法国人很轻松地进入了莫斯科城并开始大肆掠夺，这时，不知道从哪里开始首先烧了起来（据说是俄国军队撤退时安排的），整个莫斯科成了一片火海，烈火将整个城市化为一片废墟，法军在慌乱中只能撤退。

拿破仑见势头不妙，下令大军沿南方往西撤退，南下寻找粮食和温暖的住所。然而就在法国大军撤退、无心作战的时候，俄国大军突然从法军撤退的途中冲杀了出来，法军崩溃败逃，拿破仑

● 撤出莫斯科的拿破仑军－油画

关于莫斯科的这场大火到底是谁放的有几种说法：一是俄国人撤退时安排的；二是法国军队在抢劫莫斯科时不慎引发了大火；三是拿破仑进入俄国后未遇到像样的抵抗，所以火烧莫斯科而泄愤。至于究竟是谁放的火，已经无从考证。

被迫率领残部逃离俄国，公元 1812 年 12 月 6 日回到巴黎。拿破仑这次远征俄国，使得法军损失了约 23 万人。

法国已经无力和英国对抗，英国变得更加强大了

公元 1815 年 6 月 18 日，拿破仑大军在滑铁卢战役中的失败，彻底击垮了拿破仑帝国，其建立的欧洲秩序很快就发生了根本性的逆转，遭到了毁灭性的打击，很多被法国占领的领土发起民族独立运动。拿破仑本人也因为战败而退位，被放逐到意大利沿海的一个小岛——厄尔巴岛上。

> 公元 1890 年，英国制定"两强标准"，规定英国海军实力应相当于任意其他两个强国之和。后来英国甚至开始讨论起"三强标准"。这是英国制霸大洋最直接的表现。

> 海洋帝国不同于大陆帝国，制海权并不意味着把每一寸海洋控制起来，而是指海洋态势感知、航线控制、港口封锁和海底资源开发能力。

第十三章 美国独立后英国与法国的战争

○ 油画中的拿破仑

威灵顿公爵

拿破仑的克星是阿瑟·韦尔斯利，第一代威灵顿公爵（1769—1852年），爱尔兰裔英国军人和政治家，被公认是19世纪上半叶最具影响力的军事及政治人物之一。

威灵顿公爵最初以捐官的方式获得少尉军衔，加入英国陆军，后来凭借在拿破仑战争中的出色表现获连番擢升，最终成了英国陆军元帅。他一生总共参与了60场战役，终生担任英国陆军总司令，在公元1815年6月18日的滑铁卢之战中击败拿破仑，结束了拿破仑帝国。

威灵顿公爵曾任第25、第27任英国首相，在公元1846年淡出政坛以前，一直是上议院最重要的领导人物之一。

拿破仑

拿破仑是法兰西第一帝国的缔造者。历任法兰西第一共和国第一执政（1799—1804年），法兰西第一帝国皇帝（1804—1815年）。

拿破仑于公元1804年11月6日加冕称帝，把共和国变成帝国。在位期间称"法国人的皇帝"，也是历史上自查理三世后第二位享有此称号的法国皇帝。

拿破仑是一名出色的军事家，对军事知识深有研究，善于将各种军事策略运用到实战之中，尤其是主张将火炮集中使用，以及充分发挥骑兵的机动作用。

拿破仑率军5破英、普、奥、俄等国组成的反法联盟，打赢50余场大型战役，沉重地打击了欧洲各国的封建制度，捍卫了法国大革命的成果。

他在法国执政期间多次对外扩张，发动了拿破仑战争，成了意大利国王、莱茵邦联的保护者、瑞士邦联的仲裁者、法兰西帝国殖民领主（包含各法国殖民地、荷兰殖民地、西班牙殖民地等）。在最辉煌时期，欧洲除英国外，其余各国均向拿破仑臣服或结盟，形成了庞大的拿破仑帝国体系，创造了一系列军政奇迹与短暂的辉煌成就。

后来法国又在与普鲁士的战斗中失败了，普鲁士（德国）完成德意志统一，取代了法国在欧洲大陆的霸主地位。

从此之后，法国已经无力和英国对抗了。

从16世纪起，英国逐渐崛起，最终成为显赫一时的日不落帝国。到19世纪时，英国国力达到极盛时期，其国土及殖民地面积几乎占据了全球陆地面积的1/4，达到约3367万平方千米，成为名副其实的日不落帝国。

○ 威灵顿公爵

第十四章
第一次世界大战导致英国海权收缩

由于亚洲、非洲、拉丁美洲、大洋洲的殖民地和半殖民地基本被先发展起来的列强瓜分完毕,后来强大起来的国家想进来分一杯羹,就必须通过战争的方式才能获得,第一次世界大战就这样爆发了。

英国"无畏"号下水,巨舰大炮时代来临

20世纪初期,英国皇家海军是世界上最强大的海上力量之一。在经过工业革命的洗礼之后,英国皇家海军迎来了掌舵人——年迈的费舍尔。

"无畏"号的英文为HMS Dreadnought,HMS为"Her Majesty's Ship",意为"女王陛下的军舰"。它是英国皇家海军的划时代标志。

"无畏"号上的火炮有2种,一种是口径为304毫米的主炮,另一种是小口径的76毫米火炮。"无畏"号上增加了主炮的数量,因此产生了一种新的战术,即在鱼雷射程之外进行远距离炮战的新作战方式。

英国第一海务大臣约翰·费舍尔曾有一句名言:"高速就是最大的防御。"所以"无畏"号装有蒸汽轮机,排水量17 900吨,航速21节。而以往旧式战列舰的最高时速只有18节,这使得"无畏"号的航速比以往任何战列舰都要快,并能够更长时间地在海上游弋。

在国际上通用的是1节=1海里/小时,1海里=1.852千米。1节也就是1.852千米/小时,"无畏"号21节的时速很容易就能算出来。

⊙ "无畏"号
"无畏"号始建于1905年,它是世界上第一艘采用蒸汽轮机驱动的战舰,1906年2月10日下水试航,全部完工耗资750万美元,装有10门直径为12英寸的重炮,与之前的战列舰相比,在战斗力上有了成倍地提升。

◉ 费舍尔

约翰·阿巴斯诺特·费舍尔（1841—1920年），英国皇家海军历史上最杰出的改革家和行政长官之一，费舍尔成为英国第一海务大臣后，便给英国皇家海军来了一场大升级，并引导了一场海军界的革命风暴，世界海军史迎来了巨舰大炮时代。

费舍尔认为："英国必须改变海军使用煤炭作动力燃料的现状，应该使用新型油燃料。"他坚持认为，在未来控制海洋的竞争中，油作为动力燃料将给英国带来决定性的战略优势。

63岁的费舍尔在成为英国第一海务大臣的时候，德意志帝国开始蠢蠢欲动，而且德国皇帝威廉二世的野心很大，他上任后即将阿尔弗雷德·冯·提尔皮茨任命为德国海军部长，大力发展德国海军力量，并且高薪从西班牙、葡萄牙、威尼斯甚至英国聘请技术人员、水手以及海上作战人员，大有与英国争夺海洋霸权的意思。

英国皇家海军舰队升级

拆——释放更多资源

费舍尔非常忧心，他认为如今英国虽然是海上霸权国，但是舰船老化，而且很多舰

> 19世纪起逐步制定的海洋法规规定：离岸3海里外皆为公海，各国船舶都可以自由航行、捕捞开发。各国必须对外开放，实行自由贸易。英国海军靠着众多巡洋舰和少量主力舰，以众多的海外殖民地为依托，巡航四海，维护世界秩序。

◉ 阿尔弗雷德·冯·提尔皮茨

提尔皮茨是一个冷酷和狡诈的领导者，也是一个忠实的军国主义者和右翼分子。他是德国远洋舰队之父，他为德国创建了一支真正能与英国皇家海军相匹敌的舰队。

船的武力配置极其不合理，为了使英国不在未来海战中丧失海上的地位，费舍尔经过统计和调查之后，将大部分舰队中的一些老旧和问题舰船调回来，把它们全部拆除，能用的零件就继续使用，不能用的就报废。

建——打造更多新战舰

费舍尔除了拆除、修缮了许多老旧舰船，还建造了新战舰：这种战舰舰体庞大，外壳超厚超硬，配备统一大口径主炮，可以以密集火力轰击远距离目标，这就是被称为"无畏"号的战列舰。

"无畏"号成为现代战列舰的始祖，确立了其后35年世界海军强国战列舰火炮与动力的基本模型，它的名字也成了现代化战列舰的统称。

各国掀起了建造新舰的狂潮

"无畏"号的问世掀起了许多有野心的国家建造新舰的狂潮，尤其以德国和美国最为热心。

德国"拿骚"号下水

德国在看到"无畏"号的成功之后，眼红得不行，于是他们也设计制造了"拿骚"号。该舰在公元1907年开工建造，按前后和两舷侧的六角形配置6座主炮

● 著名船只之"肯特"号

"肯特"号重巡洋舰是为了对抗炮战而专门研发的重巡洋舰，在第一次世界大战中有着非常突出的表现。

为了抗衡英国，德国也生产了"无畏"级别的战列舰，即"拿骚"号，而它为抵抗英国的进攻而设计。"拿骚"号将主炮口径缩小到280毫米，将炮省下的重量用在了加厚水线和其他部分的装甲上，以提高战舰的防护能力，也就是说，德国将英国列成了第一敌人。因此，在第一次世界大战中，德国与英国的海战就成了两国战争的焦点。

德国战列舰和战列巡洋舰的主炮口径一般要比英国的小，但由于德国工业发达，火炮设计先进，弹道特性好，所以其射程与英国战舰相差无几，而带有延时的德国炮弹具有更大的穿透力和破坏力。
另外，德舰加强了儿重防护措施，所以德国战列巡洋舰的防御性能要比英国的更胜一筹。

这个时期世界大国除了建造军舰的比拼，在其他领域也开始暗地里较劲，比如早期的飞机和坦克都已经开始在研发和制造。在后来的"一战"中也都成了战争中的主要武器。

● 著名船只之"厌战"号战列舰

"厌战"号战列舰于公元1913年12月26日在达文波特英国皇家船厂下水，该舰至今仍是英国海军最负盛名的舰只之一。

炮塔，装备 12 门 280 毫米主炮，主炮口径小于"无畏"号，但射速较快。

该级战列舰是德国海军为了与英国皇家海军"无畏"号战列舰对抗而建造的首级现代化无畏舰。

造舰大比拼风暴

德国在短时期内组建了一支实力强大的公海舰队，成为仅次于英国皇家海军的海上力量，同时，看到德国这么"努力"，又刺激了英国，为了维护自己的海上霸权，保持皇家海军的海上优势，必须要造更多、更强的新式战舰……就这样，海上军备竞赛陷入白热化，大舰巨炮时代走上历史巅峰，各国间的矛盾也因为军备竞赛日益恶化。

第一次世界大战爆发

从 19 世纪初期开始，俄国渴望打通南下地中海的通道，奥匈帝国企图向南扩张到亚得里亚海，英国和法国则要保护通往印度洋和远东的交通命脉，因而巴尔干半岛地区成为俄、奥、英、法激烈争夺的地区，多次发生战争，有"欧洲火药库"之称。

第一次世界大战的导火线

公元 1912—1913 年曾发生过两次巴尔干半岛的战争，

> 19 世纪七八十年代，德国、奥匈帝国和意大利建立了针对俄国和法国的三国同盟。为了对付"三国同盟"，英国、法国和俄国于 1904 年和 1907 年分别签署了英法协约和英俄协约。欧洲开始出现两大军事集团对峙的局面，这两大集团即是后来一战时期的"同盟国集团"和"协约国集团"。

> 公元 1763 年，英国在七年战争中战胜法国后，夺取了全球海洋霸权，日不落帝国持续一个半世纪统治着大洋，此时没有一个国家能够撬开英国海权的一条缝隙。

● 德国"拿骚"号

推动了巴尔干地区波斯尼亚和黑塞哥维那斯拉夫人的民族解放运动，它们要求和塞尔维亚合并，建立大塞尔维亚国。奥匈帝国反对塞尔维亚扩张，图谋吞并塞尔维亚，然而塞尔维亚又岂能善罢甘休？

奥匈帝国皇储被枪杀

公元 1914 年 6 月 28 日是奥匈帝国皇储斐迪南大公和他的妻子索菲亚结婚 14 周年纪念日，夫妇二人在这天访问波斯尼亚首都萨拉热窝，他们和随行人员以及当地的军政长官乘坐 6 辆豪华敞篷汽车，按照既定的行车路线行驶在萨拉热窝街道上，去往城外参观由数千名奥匈帝国军人组成的阅兵仪式。

车辆行到街角拐弯时，车速下降，藏匿在街角的塞尔维亚青年杀手普林西普朝斐迪南大公夫妇乘坐的车内开了两枪，一枪击中大公的脖子，一枪打在索菲亚的腹部，10 多分钟后，抢救无效的大公夫妇相继死去。

挑起了第一次世界大战

奥匈帝国立即以萨拉热窝事件为借口，在德意志帝国的支持下向塞尔维亚宣战，该事件也成了第一次世界大战的导火线。

◉ "一战"时备战的法国军队

◉ 奥匈帝国皇储斐迪南大公夫妇在萨拉热窝被枪杀

第十四章　第一次世界大战导致英国海权收缩 | 233

◉ "一战"时备战的德国军队

◉ "一战"时的俄国军队

◉ "一战"时的英国军队

公元1914年7月28日，奥匈帝国对塞尔维亚宣战。7月30日，俄国宣布支持塞尔维亚。8月1日，德国对俄宣战，8月3日，又对法国宣战。8月4日，英国借口德军破坏了比利时中立，对德宣战。8月6日，奥匈帝国向俄国宣战。8月15日，为了夺取德国在亚洲的殖民地，日本向德国发出通牒，8月23日向德国宣战。意大利在战争初期宣布中立，后来又转向协约国方面，对德、奥宣战。奥斯曼帝国于11月参加到同盟国方面作战。

欧洲主要帝国主义国家都卷入了战争。这场以英、法、俄为首的协约国集团和以德、奥为首的同盟国集团之间的战争大约有6500万人参战，导致1000多万人丧生，2000万人受伤，世界经济遭受严重破坏。

欧洲列强的主要矛盾

围绕着世界范围内的殖民地利益争夺和世界霸权，欧洲国家主要矛盾有三个：

法德矛盾

法国在与普鲁士（德国）的战斗中惨败，使其失去了在西欧和中欧大陆的霸主地位，但是法国一直在寻找机会和德国再决高下，甚至和往日的劲敌俄国结盟，德国则为了坐稳霸主的地位，极力扩充军备，时刻防范法国及其他国家挑战它的权威。

◉ "一战"后受伤的士兵

俄奥矛盾

俄奥矛盾主要表现在对巴尔干半岛的争夺上。俄国打着同属斯拉夫人的旗号，向被奥匈帝国统治下的巴尔干半岛上的南方斯拉夫人居住区渗透，这让奥匈帝国很不满，时刻防止南方斯拉夫人脱离奥匈帝国的统治而独立。

英德矛盾

◉ 头戴防毒面具的英国士兵

英国着眼于海外殖民，所以对欧洲大陆只求稳定，不希望自己的后院起火。当初法国强大的时候，它与法国作战，如今法国被德国打趴下了，它又担心德国过于强大会祸及其本土，加上强大后的德国对英国控制的殖民地虎视眈眈，这使得英德矛盾开始激化，逐渐成了帝国主义国家之间的主要矛盾。

第一次世界大战开始后，不仅是法德、俄奥、英德之间战火纷飞，而且牵涉的国家太多，本书仅介绍与英国有关的"一战"内容。

德国放弃无限制潜艇战，默认英国的封锁

德国西海岸并不长，往北是丹麦，再往北是挪威；往西是荷兰，再往西是英国。德国要从西海岸进入大西洋，要么走北海，要么走英吉利海峡。此时德国西海岸和大西洋之间的北海控制权在英国手里。

德国军舰不管走哪条海路，都置于英国的严密监视之下。

德国在打败法国成为欧洲陆地上的霸权之国后，就开始不甘心仅仅是陆地称霸了，为了突破僵局，在"一战"开始之前，德国就开始大肆建设海军。

英国封锁德国进口贸易

> 英国是个地理呈开放性的岛国，又是全球殖民大国。所以，德国封锁不了英国，而英国可以轻而易举地封锁德国。

在第一次世界大战爆发之后，英国第一时间派出大量驱逐舰游弋在北海。北海通往大西洋的出海口以及英吉利海峡到处是英国舰队，其目的是拦截所有从海外开向德国港口的船只，不管军用还是民用，一律必须接受英国的检查，不是军需物资的可以通过，或者商人们可以直接将货物卖给英国。对商人来说，卖给谁都无所谓，只要真金白银落到自己口袋就行，于是德国就这样被英国从海上封锁了。

德国军舰伪装成商船，被英军识破

德国被逼急了，因为英国人多地少，有60%的生活物资需要进口，每天有大量商船开往英国贩卖生活物资。于是德国计划将军舰伪装成商船，将大炮武器都藏匿起来，士兵们穿着商人和水手的服装，然后悄悄进入英国附近海域，袭击驶往英国的商船。

德国"商船"刚离开德国海岸线，就被监视德国海岸线的英国舰队发现，一顿群殴后只能退回港口，此计不但没有解围德国被封锁的问题，反而使英国皇家海军加强了对北海的封锁，尤其是对德国海岸线的监视。

海面上玩不过，那就从海底入手

看来海面上的行动是行不通了，德国海军上将霍尔岑多夫决定从海底大做文章，于是派出大量的潜艇，悄无声息地靠近英国沿海，然后悄悄地趴在海床上面，伸出潜望镜，只要发现有商船靠近英国海岸线，就从水下发射炮弹，这导致各国商船都不敢靠近英国海岸线，乃至整个北海区域，商船都不敢进入，这里成了商船的坟场。

除此之外，德国潜艇还神出鬼没地从水下对落单的英国舰船进行打击。英国皇家海军虽然封锁了水面，但是对来自水下的打击束手无策。

潜艇被称作是"不诚实的武器"，它隐蔽在水中，趁人不备伺机攻击，让敌军防不胜防。在第一次世界大战期间，潜艇大规模出现在海战中，展示了令人恐惧的威力，德国的"无限制潜艇战"让英国险些弹尽粮绝。

1906年以前，德军连一艘潜艇都没有。但从1914年8月开始，他们却在28艘潜艇的基础上建成了一支第一次世界大战中技术最先进、规模最大的潜艇部队，而潜艇总数到战争结束时则增加到350艘左右。

第一次世界大战爆发前，主要参战国在役的潜艇大约有280艘。法国海军装备了76艘潜艇和3艘试验型潜艇、英国73艘、德国28艘、俄国22艘、意大利22艘、美国18艘、日本12艘、奥匈帝国5艘。这些潜艇排水量大多数百吨，主要攻击武器是鱼雷，也装备火炮用于水面海战。

◉ 被潜艇击沉的商船

◉ "无限制潜艇战"后的英国人生活

由于英国大量的生活物资需要靠进口，德国潜艇的神出鬼没导致许多商船不敢靠近，因而英国人的生活物资就供应不足，不但出现了断供，甚至一度威胁到正常生活。

英国海军拥有的潜艇数量上虽然超过德国，但是一直没有重视潜艇作战，所以在水下的作战能力远不如德国，加上德国潜艇会避开英国海军舰艇，选择随机性的打击封锁区的商船，所以英国人面对德国潜艇的水下搞事，总是来不及应对，很头疼。

◉ 达·芬奇设计的巨弩

在15—16世纪，达·芬奇为战争设计过坦克、飞行棋、连发炮和巨弩等。

达·芬奇曾构想设计"可以在水下航行的船"，但这设计被视为"邪恶"的，所以他没有画出设计图。

碍于强大的美国，德国被迫放弃了潜艇战

英国对海面进行封锁，而德国则使用"无限制潜艇战"对英国也实施了封锁。英国害怕了，因为没有商船敢再给英国运输物资了，英国国内物资开始短缺，英国政府要求海军赶紧想办法对付德国潜艇。

英国派出大量的潜艇在水下寻找德国潜艇，可是德国潜艇神出鬼没，在万般无奈之下，英国海军对着有可能存在德国潜艇的水域狂轰滥炸之后，使得德国潜艇损失不少，但也确

英国　　　　　　　法国　　　　俄国

◉ "一战"时的士兵

实没有更好的办法来对付德国潜艇。

公元1916年3月的一天，一艘法国商船在北海海域被德国潜艇击中，船中有3名美国人随着商船一起沉没。于是英国和美国合作了，美国总统威尔逊大骂德国无耻，威胁要和德国断绝关系。

德国不想得罪如今已经强大的美国，只好向美国保证："以后绝不针对有任何美国人在的船只。"可是在北海海域、英格兰海域的船只中，谁又能知道哪艘船上有没有美国人呢？于是，德国只能暂时放弃"无限制潜艇战"，实际上是碍于强大的美国，只能默认英国对德国的封锁。

◉ 参战的美国战舰

达达尼尔海峡战役

达达尼尔海峡北接马尔马拉海，南通爱琴海，是黑海沿岸国家去往外海的唯一通道。

第一次世界大战时，这里属于奥斯曼帝国。起初，在协约国和同盟国两大集团开战之时并没有牵扯到奥斯曼帝国，但其后来也被卷入了战争中。

德国将数艘军舰送给了奥斯曼帝国

强悍的英国皇家海军不但封锁了德国海岸线，连在地中海上航行的德国舰艇都无法逃脱他们的打击。

这一天，在地中海执行任务的英国皇家海军发现了德国地中海分舰队，双方发生了交战，几个回合下来，德国地中海分舰队狼狈逃窜，在慌不择路的情况下躲进了中立国家奥斯曼帝国首都伊斯坦布尔，奥斯曼人不但没有驱赶德国地中海分舰队，而且还不许英国皇家海军进入其海域。

事后，德国为了答谢奥斯曼帝国的"援手之情"，将包括"戈本"号战列巡洋舰在内的数艘军舰连人带船送给了奥斯曼帝国海军，就这样奥斯曼帝国顺理成章地成了德国的盟军。

奥斯曼帝国与英国的矛盾

曾经灭亡拜占庭帝国、雄霸三大洲的奥斯曼帝国，已远不是当初那个不可一世的庞大帝国了，它已经衰败了整整一个世纪之久，如今已经沦为列强争霸的一颗棋子。为了能在海洋贸易中分得一杯羹，奥斯曼人全国上下一心、勒紧裤腰带凑了770万英镑，向英国定制了两艘超无畏舰。公元1914年，就在合同期满交付的当天，当时的英国海军大臣温斯顿·丘吉尔却以第一次世界大战爆发为由，把两艘奥斯曼人的超无畏舰给"征用"了。这个事件让奥斯曼人很生气，却又拿英国这个霸权国家没办法，所以后来才会发生德国军舰躲到伊斯坦布尔、德国人赠送军舰的事件。

丘吉尔的企图

德国企图通过与奥斯曼帝国联盟，从政治和经济上对近东地区进行渗透，以阻止俄国与英、

> 第一次世界大战初期，参战各国约有1500架飞机，而到了战争末期，各国在前线作战的军用飞机达到了8000多架。

● **最早的飞机**
自从美国莱特兄弟在1903年制造了"世界上第一架飞机"后十几年，飞机基本上是一种娱乐工具，主要用于竞赛和表演。但是当第一次世界大战爆发后，这个"会飞的机器"逐渐被派上了用场。

◉ "一战"时的奥斯曼帝国军队

法进行联系,因而大力支援奥斯曼帝国。

奥斯曼帝国斗胆跟德国走在一起,参加同盟国,意味着和英国敌对。于是,英国海军大臣温斯顿·丘吉尔决定教训不识相的奥斯曼帝国,丘吉尔决定与法国一起控制达达尼尔海峡,切断奥斯曼帝国与德国的交通,迫使奥斯曼帝国退出战争,诱使意大利参加协约国,从而挫败德国在近东地区的军事行动。

◉ 英军登陆

英法联军兵力

英法联军在达达尼尔海峡战役中的作战方案是:以海军舰队轰击海峡两岸,强行攻占海峡,随后进攻伊斯坦布尔。

公元1915年2月中旬,卡登将军将英法舰队集结在利姆诺斯岛(爱琴海北部)的穆德罗斯湾,兵力如下:11艘战列舰(包括英国最新的战列舰"伊丽莎白女王"号)、1艘战列巡洋舰("不屈"

◉ "一战"时的印度军人

号）、4艘轻巡洋舰、16艘驱逐舰、7艘潜艇、1艘水上飞机母舰、21艘扫雷舰和一些辅助船只,共有大口径火炮282门。

德国与奥斯曼帝国联军兵力

德奥联军统帅部得知英法军队即将进攻达达尼尔海峡后,便加强了海峡地区的防御,把奥斯曼帝国的第1、第2集团军从博斯普鲁斯海峡调到达达尼尔海峡地区,增强了海峡两岸的防御工事。将199门火炮分别部署在三道防线上。

第一道防线的26门火炮配置在海峡入口处的两岸;

第二道防线的85门火炮配置在其后面;

第三道防线的88门火炮配置在查纳卡罗地域。

在达达尼尔海峡以南,奥斯曼军此前已经布设9个水雷障碍,共334枚水雷,在作战过程中又布设了第10个水雷障碍。

战争结果:英法联军失败

原本在丘吉尔眼中这场战争很快就会胜利,可没想到达达尼尔海峡战役历时259天后以英法联军失败而告终。

这次英法联军登陆的总兵力为48万人,其中英军41万人,法军7万人。英法联军在此战中死伤、失踪、被俘约25.2万人,大量作战物资滞留在半岛上。

德奥联军的兵力为70万人,损失21.8万人。

在达达尼尔海峡战役中,由于英国海军大臣丘吉尔低估了敌方的防御能力,付出了巨大代价,使得英国在战事之初的优势丧失,最终导致了这场失败。这场战役之后,不仅英法两国,其他各国都在思考如何制定更有效的登陆作战的方法。

英国人的"香烟计"

德国支持奥斯曼帝国在近东地区与英国军队(印度人)作战,双方打得都很吃力,虽然奥斯曼帝国实力大不如前,但是在德国的帮助下,战斗力依旧非常强悍,使得印度人连连败退,最后双方进入了僵持,陷入焦灼的"堑壕战",双方都无力攻克敌方阵地,这种情况就要比拼后勤供应能力了,衰弱的奥斯曼帝国,又怎么能比得上此时的大英帝国呢?

即便有德国的帮助,但是由于运输不畅,奥斯曼帝国几乎弹尽粮绝,全靠储备度日,士兵一个个面黄肌瘦、憔悴不堪。奥斯曼人有"嗜烟"的习惯,这些士兵长期作战却没有烟草供给,早苦不堪言,精神萎靡不振。

于是,英国派出运输飞机假装错投目标,将一箱添加了鸦片和麻醉剂的高级英国香烟投入奥斯曼人的阵地。奥斯曼的士兵见到英国香烟后如狼似虎的享用了起来,最后一个个的都在鸦片和麻醉剂的作用下,在逍遥之中被英国人给俘虏了。

◉ 达达尼尔海峡战役一幕

日德兰海战

德国一直以来靠强大的陆军立身于世界强国之列，第一次世界大战爆发后，德国依旧想靠陆军赢得战争胜利，所以在海军方面并没有太在意得失。

但是通过一年的作战，德国强大的陆军进展并不是那么顺利，尤其是在凡尔登战役后，德国陆军陷入持久作战的困境，企图在陆上结束战争的梦想破灭了。德国最高统帅部不得不改变初衷，把战略重心转到海上。

为了突破英国的海上封锁，保证德国在海上的行动自由，扭转被动局面，德国准备在海上寻找机会与英国进行决战。

舍尔的决断

公元1916年1月，原德国公海舰队司令冯·波尔上将因病离职。他的继任者是莱因哈特·舍尔海军中将，此人以争强好斗、果断、执着著称，他一上任就组织编写了《北海海上作战大纲》，强调德国海军要主动出击，力求突破英国海军的封锁，并且寻找适当的时机削弱英国海军的实力，使之不能威胁到德国的海岸安全。

德国皇帝对此大加赞赏，命令其尽快准备舰队决战，"好好教训英国佬"，还亲赴舰队驻地鼓舞士气。

● 凡尔登战役

凡尔登战役是第一次世界大战中破坏性最大、时间最长的战役。战事从1916年2月21日延续到12月19日，德、法两国投入100多个师的兵力，军队死亡超过25万人，50多万人受伤，被称为"凡尔登绞肉机"。

经过凡尔登战役之后，德意志帝国逐步走向失败。

在凡尔登战役中，德军的炮火使法军遭受了沉重的打击，而法军因炮弹不足只能对德军的炮兵阵地和重兵集结地进行报复性还击。一天，一名法国士兵无意间将一发炮弹击中了德军的弹药库。顿时，德军弹药库开始爆炸，只留下一片焦土。
可见，法军在凡尔登战役中最终取胜，那枚歪打正着的炮弹功不可没。

德国的诱敌计划完美

德国公海舰队司令舍尔很快制定了诱敌计划：把英国皇家海军分别小股诱入圈套，然后各个击破。

公元1916年5月31日凌晨，弗兰茨·冯·希佩尔海军中将率领的德国"诱敌舰队"驶向北海。舍尔则率领主力舰队跟随在后，这支舰队包括了德国海军最强大的27艘主力舰，规模相当于德国海军总兵力的9成。两支舰队相距50海里。按照舍尔的计划，待这支"诱敌舰队"成功把英军小股分舰队引诱到伏击海域后，德主力舰队将从两侧包抄，"诱敌舰队"则掉头杀一个回马枪。力求一次性击溃英国海军。

英国反诱敌计划更是巧妙

让德国人没有想到的是，英国情报机构在此前沉没的德国军舰上找到了德军密码本，所以德国人的诱敌计划在实施前就完全暴露了。

英国皇家海军不动声色地以其人之道还治其人之身，以一支小股舰队假装跟踪追击德国"诱敌舰队"，随后边打边逃，

◉ 德国公海舰队司令舍尔

◉ 19世纪末的发报机
19世纪末20世纪初，造船、航海等技术发生突飞猛进的变革，鱼雷、潜艇、飞机、无线电的出现挑战着传统舰队作战方式。

将德国舰队引诱到主力舰队的埋伏圈。在德国人实施计划前,公元1916年5月30日,英国海军包括37艘主力舰在内、共计151艘战舰组成主力舰队,从斯卡帕湾出发开向北海海域,静待德国主力舰队的到来。

日德兰大海战,双方都称自己获得了胜利

当德国海军发现英国舰队被诱至北海海域的日德兰半岛附近后,德国主力舰队冲出来将其围困,在激战中,英国主力舰队又将德国舰队包围了起来,一场混战打响了。

这场日德兰海战持续了2天,英国方面共有6094人阵亡,3艘战列巡洋舰、3艘装甲巡洋舰、8艘驱逐舰被击沉。德国方面有2551人阵亡,1艘战列巡洋舰、1艘前无畏舰、4艘轻巡洋舰和5艘鱼雷艇被击沉。

战后两国都宣称自己获得了胜利。从战略上来看,德国虽然击沉英国军舰更多,但此战后却失去了与英国海军叫板的实力,只能龟缩在港内,直至战败。为了不被英国缴获军舰,德国将部分军舰凿沉。此后德国人开始大力发展潜艇。

◎ 日德兰海战中英军指挥官约翰·杰利科海军上将

◎ 日德兰海战

日德兰海战,亲手教会了两个海洋巨兽

在日德兰海战中,美、日两国都派出了舰队近距离地观摩学习,为了学习,美、日也付出了不小的代价,就拿日本来说,混战中英国战列巡洋舰"玛丽王后"号被4枚300毫米炮弹击中,引发弹药库大爆炸沉没,随舰的日本观察员下村中助海军中佐阵亡。但这些观察员以及海军研究机构拿回了第一手资料,并对其进行研究,其结果深刻地影响了之后海军的战略和战术发展,甚至影响了"二战"海战的格局。

英国方面也宣称自己是获胜的那一方，因为"一战"击败了德国，德国海军没能打破英国的海上封锁，全球海洋仍然是英国海军的天下。但从折损数量来看，英国付出的代价也是巨大的。

"一战"后全球海洋秩序的变化

公元1918年11月，德国宣布投降，第一次世界大战以同盟国的失败而告终。

在第一次世界大战中，为了打败德国海军，英国海军主力尽数回国，海外舰队实力大为削弱，不得不依赖法、意保护地中海航线；请日、美守住太平洋地区。

然而，意大利趁机打败了奥匈帝国海军，控制了东地中海；日本击败了驻守青岛的德国舰队，并借机夺取德国其他太平洋殖民地，企图成为西太平洋的霸主。"鹬蚌相争、渔翁得利"，英国维持了一个半世纪的海洋霸权轰然崩溃，大洋被往日的协约国瓜分，成了英、美、日、法、意五大国争雄的战场。

第一次世界大战以英国为首的协约国胜利了，在肢解了庞大的德国海军之后，也分割了英国的海洋霸权，于是产生了世界上第一个全球性的裁军条约——《华盛顿五国海军条约》。条约规定，英、美、日、法、意五国间海军实力对比为5∶5∶3∶1.75∶1.75。

"一战"后，世界经济格局出现重大变化，美、德工业实力超越了英国，法、俄也紧追不舍，昂贵的无畏舰已并非英国专属，英国海权的危机迫在眉睫。

◉ 报纸报道第一次世界大战的结束

> 《华盛顿五国海军条约》是世界现代史上大国之间签订的第一个裁军协议。于1922年2月6日签字，有效期至1936年12月31日。这个条约迫使英国承认了美国的地位，并使日本的扩军计划受到限制。

英国的海军实力被压制到与美国相当，英国无奈地交出海权，世界大洋变成了大国的公有物，此后各国开始积极划分海上势力范围，就像它们在陆地上做的那样：地中海是法、意的地盘；太平洋是美、日的地盘，英国仅在大西洋和印度洋维持微弱的优势地位。

海洋规则回归到了大航海时代初期的局面，各国都在忙着"跑船圈海"。英国海洋霸权时代已然成为过去，世界海洋进入到短暂的"公共海权"时代。

在"公共海权"时代，各国商船乃至军舰可以随意航行在海洋上，使原本划定的范围变得毫无用处，实力强大的国家开始寻找、等待机会，夺取更大的海洋权利。

世界大洋依旧是大国表现实力的舞台，当然这其中也少不了英国。

◉ 《华盛顿五国海军条约》签订现场